노동재해실무

최창민 · 김영진 · 방정환 · 최경섭

박영사

머리말

우리나라는 단기간에 산업화를 거치면서 눈부신 경제성장을 이루었습니다. 그 과정에서 노동자들의 많은 희생이 있었습니다. 과거에는 성장을 위해 안전에 다소 소홀한 시기도 있었지만, 지금은 노동자의 생명과 안전이 어느 가치보다 우선되어야 한다는 점에 사회적 공감대가 형성되었습니다. 노동자가 보다 안전한 환경에서 일할 수 있도록 정부, 기업, 노동단체, 노동자, 학계 등이 모두 힘을 합쳐야 합니다. 이러한 노력의 일환으로 기존 산업안전보건법에 이어 중대재해처벌법이 제정되었습니다. 중대재해처벌법 제정 과정에서 기업에 대한 과도한 규제, 경영책임자에 대한 처벌 위협으로 투자 의욕 저하라는 비판도 있지만 그만큼 노동자의 안전에 대해서 우리 사회가 한 발 더 나아갔다고 볼 수 있습니다.

기존 노동법 분야는 개별적 근로관계를 규율하는 근로기준법, 집단적 노사관계 기본법인 노동조합및노동관계조정법에 대한 연구가 다수였습니다. 노동자들의 권익 보호와 노사관계를 노동법에서 주로 다루었으나, 이제는 노동안전 관련 법률에 대한 많은 연구가 필요한 상황입니다. 중대재해처벌법 제정 이후 중대재해에 대한 연구가 많이 이루어지는 것은 고무적인 현상이나, 중대재해처벌법에 대한 비판 중심으로 연구가 이루어지고 있는 것은 다소 아쉽습니다. 중대재해 처벌 등에 관한 법률이라는 법 명칭처럼 처벌을 중심으로 법이 만들어지고 주된 규율대상인 기업과 경영책임자들을 잠재적 범죄자로 간주하게 된다는 비판도 일각에서 제기되고 있으나, 산업현장, 공공시설 등에서 발생한 참사로 인한 피해를 감소하기 위해서는 일정 부분 엄벌이 필요하다는 의견도 상당합니다.

이 책은 중대재해처벌법의 당위성이나 비판보다는, 저자들이 관련분야에서 익힌 지식과 경험을 토대로 하여, 법의 적용을 받는 기업 실무가, 노동자들이 현장에서 실무적으로 참고할 수 있는 내용으로 서술하였습니다. 중대재해처벌법 시행 이후 기업은 경영책임자들의 사법리스크를 감소하기 위한 방법을 모색하고 있지만, 안전관리 실무자들 입장에서는 어떠한 경우 중대재해처벌법이 적용되고, 어떠한 기준을 준수해야 처벌대상이 되지 않는지 아직은 막연한 상황입니다. 기업의 실무자들이 안전관리 업무를 하면서 도움이 될 수 있도록 노동부의 특별감독, 수사기관의 수사 절차, 대법원의 양형기준도 가급적 자세히 설명하였습니다.

또한, 노동자들도 자신의 안전은 자신이 지킬 수 있어야 하므로 재해가 주로 발생하는 건설, 제조업 현장에서 노동자가 지켜야 할 안전보건기준에 대해서도 설명하였습니다. 재해가 발생한 경우 노동자의 과실이 쟁점이 되는 상황이 종종 있는데 어느 경우 노동자의 과실이 될 수 있는지 노동자도 알고 있어야 자신의 안전을 지킬 뿐 아니라 억울한 상황이 발생하는 경우를 줄일 수 있을 것입니다.

부족한 시간을 쪼개서 이 책을 공동집필한 저자 분들과 자신의 경험과 귀한 자료를 아낌없이 제공해주신 법무법인 인화의 변호사님들과 직원 여러분들, 그리고 이 책의 출판을 기꺼이 허락해주신 박영사 관계자분들에게 깊은 감사의 인사를 드립니다.

공저자를 대표하여 최창민 씀.

차 례

제2장 산업안전보건법상의 규제

제3장 중대재해처벌법상의 규제

총론

제1장

총론

제1장

제1절 서설

1. 노동재해의 개념

최근 기업에서 관심있는 분야는 ESG경영, 중대재해처벌법(정식 명칭은 중대재해 처벌 등에 관한 법률이나 '중대재해처벌법'이라고 약칭한다)이라고 할 수 있다. 특히 2022. 1.부터 시행한 중대재해처벌법은 정치권, 기업, 노조, 언론에서 적용 여부 및 범위에 대해 많은 관심을 가지고 있다. 그러나 법 시행 1년이 지난 지금도 법원의 판례나 노동부, 검찰의 명확한 기준은 제시되지 않고 사안에 따라 적용 대상자와 범위가 달라지게 된다. 실제로 중대재해가 발생하면 언론에서 오너에 대해 중대재해처벌법 적용 여부를 보도하고 기업은 오너가 수사대상이 되지 않기 위해 노력한다. 중대재해처벌법은 OECD 국가 중 산재 사망률이 가장 높은 우리의 현실을 개선하고, 노동자의 생명권과 근로의 권리를 실질적으로 보장하기 위한 목적이었음에도 원래의 취지보다는 기업 오너에 대한 형벌 부과 여부가 관심을 받고 있다.[1] 물론 중대재해에 대

---

1) 중대재해처벌법 제1조 목적에서 안전보건조치의무를 위반하여 인명피해를 발생하게 한 사업주, 경영책임자, 공무원 및 법인의 처벌 등을 규정함으로써 중대재해를 예방하고 시민과 종사자의 생명과 신체를 보호함을 목적으로 한다고 규정하여 사업주의 처벌을 통해 근로자등의 생명 신체를 보호하겠다고 규정하고 있다.

한 엄벌주의를 통해 기업에 경각심을 갖게 할 수 있으나 산업재해를 줄일 수 있는 근본적인 대책은 아니라고 본다.[2)]

이 책에서는 기존 중대재해처벌법에 대한 찬반이나 조문 분석보다는 현장에서 노동자의 노동조건 향상과 기업 실무자들의 안전예방조치에 도움이 될 수 있도록 기존 산업안전보건법상의 안전보건조치, 중대재해처벌법상 안전보건확보의무에 대해 실무자들이 알아야 하는 내용 위주로 서술하고자 한다. 그런 차원에서 중대재해나 산업재해를 포괄할 수 있는 노동재해라는 용어를 이 책에서 사용하고자 한다. 노동재해는 노동 과정에서 작업 환경 또는 작업 행동 따위의 업무상의 사유로 발생하는 사고 때문에 근로자에게 생긴 신체상의 재해를 의미하는데[3)] 중대재해처벌법상 중대재해가 산업안전보건법상의 산업재해 중 사망자 1명 이상, 6개월 이상 치료가 필요한 부상자 2명 이상, 부상자 또는 직업성 질병자가 동시에 10명 이상 발생한 경우를 의미하고, 산업재해는 노무를 제공하는 자가 업무에 관계되는 건설물·설비·원재료·가스·증기·분진 등에 의하거나 작업 또는 그 밖의 업무로 인하여 사망 또는 부상하거나 질병에 걸리는 것이라고 규정한 점에 비추어 두 법률상 재해를 포함하여 노동재해로 표현할 수 있다.

물론 중대재해처벌법 제2조에서 중대재해란 산업재해 중 사망 등 재해 정도가 심하거나 다수의 재해자가 발생한 경우로서 고용노동부령이 정하는 재해를 말한다고 규정한 점에 비추어 중대재해법상 중대재해는 산업안전보건법상 산업재해를 전제로 하고 있으나 산업안전보건법상 중대재해가 발생한 경우 사업주의 보고의무, 고용노동부의 작업중지 명령권 등 중대재해처벌법과는 다른 규정이 있는 점에 비추어 두 법의 중대재해가 완전히 같은 개념으로 보기는 어렵다.[4)]

---

2) 이에 대한 논의는 김·장법률사무소 중대재해대응팀, 중대재해처벌법(2022), 6쪽 이하 참고.
3) 국립국어원, 표준국어대사전.
4) 산업안전보건법 시행규칙 제3조에서 중대재해는 1. 사망자가 1명 이상 발생한 재해, 2. 3개월 이상의 요양이 필요한 부상자가 동시에 2명 이상 발생한 재해, 3. 부상자 또는 직업성 질병자가 동시에 10명 이상 발생한 재해로 규정하여 중대재해처벌법상 중대재해와 다소 차이가 있다.

한편, 산업재해보상보험법상의 업무상재해는 업무상 사유에 따른 부상, 질병 부상, 질병 사망만이 아니라 부상 또는 질병이 치유되었으나 정신적 또는 육체적 훼손으로 인하여 노동능력이 상실되거나 감소된 상태인 장해와 출퇴근 재해도 포함되므로 사업주의 예방가능성을 전제로 한 산업안전보건법의 산업재해를 개념요소로 한 중대재해처벌법의 중대산업재해에는 해당하지 않는 경우에도 산업재해보상보험법의 업무상재해에는 해당할 수 있다고 한다.[5]

2. 노동재해에 대한 서술 범위

우리나라에서 노동재해는 주로 추락 등 건설현장, 끼임사고 등 제조업 공장에서 주로 발생하는 점을 고려하여 이 책에서는 건설업, 제조업을 중심으로 예방조치 및 재해 발생시 대처 방안 중심으로 서술하겠다. 그러므로 산업안전보건법상 사업주의 보건조치의무와 중대재해처벌법상 시민재해에 대해서는 간략히 언급하거나 생략하도록 하겠다. 가스, 증기, 분진, 소음 및 단순 반복 작업으로 인한 재해도 증가하고 위험성도 커지며, 제조물, 공중이용시설 또는 공중교통수단의 제조, 관리상의 결함으로 사망자가 발생한 경우 적용되는 중대시민재해도 위험성이 너무나 크지만 실무자들이 자주 접하게 되는 분야에 한정하여 논의를 이어나가기 위해 건설업, 제조업 중심으로 서술하고자 한다.

중대재해처벌법에서는 중대시민재해를 정의하면서 중대산업재해에 해당하는 재해를 제외한다고 규정하고 있다.[6] 이에 대해 재해가 중대산업재해에도 해당하고 중대시민재해에도 해당할 경우 중대산업재해가 먼저 적용된다는 견해와[7] 중대시민재해와 관련된 규정의 적용은 배제되고 중대산업재해와 관련된 규정이 적용된다는 견해가 있다.[8]

---

5) 고용노동부, 중대재해처벌법해설(2021), 9쪽.
6) 중대재해처벌법 제2조 제3호 "중대시민재해"란 특정 원료 또는 제조물, 공중이용시설 또는 공중교통수단의 설계, 제조, 설치, 관리상의 결함을 원인으로 하여 발생한 재해로서 다음 각 목의 어느 하나에 해당하는 결과를 야기한 재해를 말한다. 다만, 중대산업재해에 해당하는 재해는 제외한다.
7) 송인택, 중대재해처벌법 해설과 대응(2022), 94쪽.
8) 김·장법률사무소 중대재해대응팀, 앞의 책, 131쪽.

그러나 어떠한 재해가 동시에 중대산업재해와 중대시민재해에 해당할 경우 피재해자의 신분에 따라 적용 법률이 달라진다고 보아야한다. 예컨대 공중교통수단인 철도, 항공기 내에서 안전조치를 위반한 재해로 승무원 등 근로자와 승객이 재해를 입은 경우 두 법률이 각각 적용될 수 있기 때문이다. 중대산업재해는 산업안전보건법 제2조제1호에 따른 산업재해 중 각 목의 하나에 해당하는 결과를 야기한 재해를 의미하고, 산업안전보건법상 산업재해는 노무를 제공하는 사람이 작업 또는 그 밖의 업무로 인하여 사망 또는 부상하거나 질병에 걸리는 것을 말하므로 근로자가 아닌 일반 승객에게는 중대산업재해 규정이 아닌 중대시민재해 규정이 적용될 것이므로 무조건 중대산업재해 규정이 먼저 적용된다는 견해는 받아들이기 어렵다.

삼풍백화점, 성수대교 붕괴, 세월호, 가습기 살균제 사건 등 중대시민재해로 불특정 다수의 시민들에게 너무나 피해가 큰 대규모 재해가 발생하였다. 이러한 중대시민재해는 안전불감 문화에 기인하였다는 반성적 고려로 중대시민재해에 대해 벌금이나 과태료가 아니라 책임자에 대한 강력한 형사처벌이 필요하다는 입장에서 중대재해처벌법에 중대시민재해 처벌 조항이 도입되었다.[9] 다만 이 책에서는 건설업, 제조업 현장에서 주로 발생하는 재해를 다루므로 중대시민재해에 대한 설명은 과감히 생략하도록 한다.

3. 노동재해와 실무자의 대응

현장에서는 노동부의 근로감독이나 환경부의 환경영향평가 등 정부의 규제에 대응하기 위해 많은 준비를 해야 한다. 안전과 환경을 위해서 당연히 필요한 분야이나 규제를 위한 규제, 중복 규제, 과잉 규제는 기업의 경쟁력을 약화시킬 수 있다. 물론 노동자의 생명과 건강은 그 무엇과도 바꿀 수 없는 중요한 가치이므로 절대 양보할 수 없는 규제이다. 다만 규제의 예측 가능성, 적용 범위, 규제의 기준, 규제를 위반한 경우 제재에 대한 예상을 할 수 있어야만 그 규제를 준수할 수 있을 것이다. 노동재해를 위한 규제는 산업안전보

---

9) 국회사무처, 2021. 1. 8. 제383회 국회(임시회) 법제사법위원회회의록 박주민 의원 대표발의 제안이유 참고.

건법이 대표적이라 할 수 있다.

2018년부터 2020년 3년간 산재사망사고 2,011건(2,041명)의 원인을 분석한 결과, 추락 방지시설 등 안전시설 미설치 1,059건(52.7%), 작업방법 미준수 737건(36.6%), 작업 절차 미수립 710건(35.3%), 안전모·안전대 등 보호구 미지급·미착용 601건(29.9%)이 주요 원인이었다.[10] 중소기업에서는 작업방법 준수 및 보호구 착용 등 기본적인 안전수칙 준수만으로도 대부분의 산재사망사고를 예방할 수 있다. 또한, 중소규모 사업장은 정부로부터 시스템비계, 방호기구 등 안전시설 설치비용을 지원받을 수도 있다.

산업안전보건법에는 사업주의 안전조치의무를 시행규칙에서 673개 조항의 각종 의무를 규정하고 있고 이를 위반하여 안전조치 등을 하지 않은 경우 5년 이하의 징역 또는 5천만원 이하의 벌금에 처할 수 있고 근로자가 사망한 경우에는 7년 이하의 징역 또는 1억원 이하의 벌금에 처해진다. 최근에는 이에 대해 중대재해처벌법이 제정되어 현장에서는 안전조치 이외에 재해가 발생한 경우 중대재해처벌법 적용대상인지, 기업의 오너가 수사대상이 되는 것은 아닌지에 대한 업무도 추가되었다. 2020년 한 해에만 산업재해로 2,062명이 산업재해로 목숨을 잃었고, 안전한 환경에서 근무할 수 있는 권리는 너무나 중요한 헌법상 기본권인 점에 비추어 노동재해를 줄이는 것은 당연한 일이다. 다만 중복적인 법률로 인해 현장에서 이에 대한 대응이 부족하여 불필요한 비용이 들거나 오너에 대한 과잉 충성으로 오히려 안전조치가 소홀해지지 않을까 하는 우려도 있다.

위에서 밝힌 것처럼 철저히 현장 실무진의 입장에서 산업안전보건법, 중대재해처벌법상의 산업재해와 중대재해, 즉 노동재해에 대해 어떤 예방조치가 필요하고, 재해가 발생한 경우 어떤 대응을 하여야 하는지 설명하겠다.

서론에서는 중대재해처벌법과 산업안전보건법의 관계를 살펴보되 너무 법률적인 내용은 생략하고 언제 산업안전보건법이 적용되고, 언제 중대해해처벌법이 적용되는지, 두 법이 동시에 적용될 경우는 언제인지 검토해보겠다. 그리고 노동재해가 발생한 경우 어떤 절차로 수사가 이루어지고, 실무자들은

---

10) 고용노동부, 산업재해 예방을 위한 안전보건관리체계 가이드북, 12쪽.

어떤 대응을 해야 하는지 검토해보겠다. 나아가 노동청의 정기·특별감독에서 주로 점검하는 사항과 이에 대한 준비는 어떻게 해야 하는지 검토하여 궁극적으로 노동재해를 어떻게 하면 줄일 수 있을지 검토해보겠다.

제2절 노동재해 관련 법률 체계

1. 산업안전보건법 개관

노동재해 관련 기본법은 산업안전보건법이라고 할 수 있다. 산업안전보건법은 중화학공업의 추진 등 급격한 산업화에 따라 위험한 기계·기구의 사용 증가, 새로운 공법의 채택 등에 의한 산업재해의 대형화와 빈발, 유해물질의 대량 사용 및 작업환경의 다양화에 따른 직업병의 발생 증가에 효율적으로 대처하기 위하여 적극적·종합적인 산업안전보건관리에 필요한 위험방지 기준을 확립하고 사업장 내 안전보건관리체제를 명확히 함과 동시에 사업주 및 전문단체의 자율적 활동을 촉진함으로써 산업재해를 효율적으로 예방하고 쾌적한 작업환경을 조성하여 근로자의 안전, 보건을 증진·향상시키기 위해 1981. 12. 31. 제11대 국회에서 제정되었다.[11]

산업안전보건법 이전에는 1953. 5. 근로기준법이 제정되면서 제6장에 10개 조문으로 산업안전보건 관련 규정이 법제화되었고 이를 근거로 대통령령인 근로보건관리규칙 등이 산업재해 예방을 위한 규범으로 역할을 수행하였다.

산업안전보건법은 그 후 개정을 거듭하여 2020. 3.에는 현장실습생에 대하여 안전보호 관련 규정 적용, 사망사고 발생시 사업주가 산업안전프로그램 이수 명령에 응하지 않을 경우 형사처벌하는 조항 신설 등의 개정이 이루어졌고, 2021. 8. 17. 건설 산업재해 예방 지도계약을 체결해야 하는 계약주체를 건설공사도급인에서 건설공사발주자 또는 건설공사의 시공을 주도하여 총

---

11) 국회 의안정보시스템, 1981. 11. 제11대 국회 산업안전보건법안 제안 이유 참조.

괄·관리하는 자로 변경하여 중·소규모 건설현장의 산업재해 예방지도가 보다 실효성 있게 이루어지도록 개정하였다.

산업안전보건법은 '사업주'에 대하여 '사업장' 단위로 산업안전보건기준에 관한 규칙에서 정한 구체적인 조치의무를 준수하도록 하고 이를 위반한 경우 신고나 사업장 감독에 의해 발각될 경우 처벌하고, 산업재해가 발생한 경우 가중하여 처벌하고 있다. 사업주의 개념에 대해서는 법에서는 근로자를 사용하여 사업을 하는 자를 말한다고 규정하고 있고 법인의 경우 법인의 대표자가 아닌 법인 자체가 사업주이므로 법인 자체가 주의의무를 부담하고 처벌의 대상이 된다. 이에 대해 산업안전보건법상 의무 부담주체가 법인인데 법인 자체는 범죄행위의 현실적인 주체가 될 수 없음에도 형사책임을 부담하는 근거에 대해 논의가 있었고 이른바 양벌규정의 역적용에 따라 법인의 대표자나 법인의 대리인, 사용인이 위반행위를 한 경우 행위자를 벌하는 외에 그 법인에게 벌금형을 부과할 수 있다고 한다.[12]

산업안전보건법은 중대재해처벌법 이전에는 물론 이후에도 여전히 노동재해에 대한 기본법의 기능을 하고 있다. 산업안전보건법은 제38조(안전조치), 제39조(보건조치)에서 사업주가 산업재해를 예방하기 위한 필요한 조치를 규정하고 구체적인 사항은 고용노동부령인 산업안전보건기준에 관한 규칙에 위임하고 있다. 사업주의 구체적인 안전조치의무에 대해서는 제2장에서 다루도록 하겠다.

기업 실무자들은 산업안전보건법 및 산업안전보건기준에 관한 규칙 중 자신의 기업에 해당하는 작업 분야에서 요구하는 안전기준에 대해 숙지하고 정기적으로 점검하여야 할 것이다. 예컨대 회사에서 프레스를 사용한 작업이 많을 경우에는 위 규칙 제103조에 따라 근로자의 신체 일부가 위험한계에 들어가지 않도록 덮개를 설치하거나, 덮개를 설치하기 곤란한 경우에는 프레스의 압력능력에 상응하는 방호장치를 설치해야 한다. 만일 이러한 장치를 설치하지 않은 경우 사업주 등은 산업안전보건법에 따라 처벌되고, 노동재해가 발생한 경우 가중 처벌될 수 있다.

---

12) 김·장법률사무소 중대재해대응팀, 앞의 책, 5쪽; 이주원, "산업안전보건법상 양벌규정에 의한 사업주와 행위자의 처벌", 고려법학 제51권(2008), 290쪽; 대법원 2010. 9. 9. 선고 2008도7834 판결 등 참조.

2. 중대재해처벌법의 신설

많은 논란 끝에 중대재해처벌법이 2021. 1. 26. 제정되어 2022. 1. 27.부터 시행되었다. 법 제정 당시부터 기업에 너무 부담이 되는 법이라거나 책임주의, 비례의 원칙, 과잉금지의 원칙, 죄형법정주의 명확성의 원칙에 반하여 위헌이라는 견해도 꾸준히 제기되었다.[13] 그러나 이 책에서는 중대재해처벌법의 위헌성을 논하기보다 중대재해처벌법의 시행 이후 현장 실무자가 챙겨야 할 사항 위주로 검토해보겠다.

중대재해처벌법의 특징은 여러 책에서 언급한 것처럼 회사 오너에 대한 책임을 묻기 위한 경영책임자라는 개념의 도입, 중대시민재해에 대한 처벌규정 신설, 산업안전보건법에 비하여 법정형의 상향, 징벌적 손해배상의 도입이라고 할 수 있다. 중대재해처벌법 제정 이후 시행령이 마련되고 법률이 적용 중이나 아직 구체적인 판례나 실무지침이 누적되었다고 보기에는 이르다. 최근에 경남지역에서 유해화학물질 급성 중독으로 직원이 독성간염에 걸리는 사고가 발생한 것과 관련하여 중대재해처벌법 위반으로 처음 기소된 기업의 법률대리를 맡은 법무법인이 중대재해처벌법에 대한 주요 내용이 불명확하다는 이유로 위헌법률심판제청을 신청하였다.[14]

중대재해처벌법은 법률 명칭에서 본 것처럼 처벌에 관한 법률이다. 근로기준법이나, 산업안전보건법처럼 어떠한 기준보다는 처벌을 중심으로 하는 법률이다. 이러한 법률 예로는 특정범죄 가중처벌 등에 관한 법률, 특정강력범죄의 처벌에 관한 특례법, 성폭력범죄의 처벌 등에 관한 특례법, 가정폭력범죄의 처벌 등에 관한 특례법이 있다. 중대재해에 관해 입법자는 강력범죄, 중대기업범죄, 성폭력 범죄에 준하여 엄벌주의를 도입하여 중대재해로 인한 노동자의 피해를 줄이고자 하는 의도였다고 보여진다.

중대재해처벌법 조항은 16개 조항으로 다소 부족해 보인다. 다만 조항 하나하나가 포괄적인 내용을 담고 있어 실무자들로서는 대응이 만만치 않아 보인다. 예컨대 법 제4조에서 사업주 등의 안전 및 보건 확보의무, 제5조에서

---

13) 송인택, 앞의 책, 63쪽 이하.
14) 2022. 10. 13.자 머니투데이, https://news.mt.co.kr/mtview.php?no=2022103112135466191.

도급사업주의 안전 및 보건 확보의무를 규정하고 이를 위반하여 중대산업재해가 발생한 경우 경영책임자를 1년 이상의 징역 또는 10억원 이하의 벌금에 처하도록 하고 있는데 실무자들로서는 어떠한 조치를 해야 안전 및 보건 확보의무를 다한 것인지 알기가 어렵다. 시행령에서 구체적인 사항을 규정하였다고 하나 시행령을 살펴보아도 안전 보건에 관한 목표와 경영방침을 설정할 것, 안전 보건에 관한 업무를 총괄 관리하는 조직을 둘 것, 재해예방을 위해 필요한 안전 보건에 관한 인력, 시설 및 장비의 구비, 유해 위험요인의 개선 등 너무나 막연하고 당연한 이야기를 규정하고 있다.[15]

그나마 시행령에서 구체적인 내용으로 보이는 의무사항은 상시근로자 수에 따른 안전보건전담조직, 안전관리자, 보건관리자, 안전보건관리담당자 배치 기준, 중대재해 방지를 위한 대응, 구호조치 마련이 실무자들에게 일응의 기준이 될 수 있어 보인다. 이에 대해서는 제3장에서 자세히 살펴보도록 하겠다.

3. 형법상 업무상과실치사상죄

노동재해가 발생한 경우 현장소장 등 실무자에게 형법상 업무상과실치사상죄가 문제될 수 있다. 업무상과실치사상죄는 업무상 과실로 인하여 사람을 사상에 이르게 한 경우 성립하는데 현장소장이 추락이 예상되는 장소에 안전난간 등을 설치하지 않아 근로자가 추락 사망한 경우 현장소장의 안전난간 미설치라는 부작위는 업무상과실에 해당하고, 한편 산업안전보건법상 주의의무위반에도 해당하게 된다. 이에 대해 고의범인 산업안전보건법위반과 과실범인 업무상과실치사상죄가 동시에 성립한다는 점에 대해 산업안전보건법에 명시적으로 과실범 처벌규정을 두어야 한다는 견해도 있다.[16] 그러나 대법원은 일관하여 고의범인 산업안전보건법위반죄와 과실범인 업무상과실치사상죄는 상상적 경합범에 해당하고 1개의 죄에 대하여 확정판결이 있으면 다른 죄에 대해 면소판결을 해야 한다고 판시하였다.[17]

---

15) 중대재해 처벌 등에 관한 시행령 제4조, 제5조 참조.
16) 우희숙, "산업재해와 형사책임", 서울대학교 법학 제54권 제1호(2013. 3.), 143쪽.
17) 대법원 2010. 11. 11. 선고 2009도13252 판결 등.

산업안전보건법은 실무자의 안전조치의무에 대해 상세히 규정하고 있고, 이를 위반하여 소속 근로자에 대하여 사상이 발생한 경우 처벌하는 구조이며, 업무상과실치사상죄는 행위자의 안전조치의무를 한정적으로 규정한 것이 아니라 일반적인 주의의무를 위반하여 사상이 발생한 경우 처벌하는 조항이며, 피해자가 꼭 근로자일 필요도 없다. 가령 현장소장이 출입금지조치를 하지 않아 지나가던 행인이 작업장비에 의해 다친 경우 산업안전보건법위반으로 처벌되지 않더라도 업무상과실치사상죄로 처벌될 수는 있다.

노동재해가 발생하면 대부분 산업안전보건법, 중대재해처벌법에 더하여 업무상과실치사상에 대한 수사가 이루어지게 된다. 실무자들이 산업안전보건법상의 안전조치의무를 다한 경우에는 실무자들에게 과실이 있다고 보기 어려우므로 업무상과실치사상죄도 적용하기 어려울 것이다. 그러나 산업안전보건법에는 사업주의 주의의무가 한정되어 있으나 업무상과실치사상은 사업주의 안전조치의무위반이 아니더라도 일반적인 과실에 해당할 경우 업무상과실치사상죄로 처벌할 수는 있다.

예컨대, 작업 현장에 산업안전보건기준에 관한 규칙에 따라 미끄럼방지 장치는 하였으나 폭우가 쏟아짐에도 작업 중지를 지시하지 않고 작업을 하다 미끄럼사고가 난 경우 산업안전보건법위반은 아니더라도 궂은 날씨임에도 작업을 중단하지 않은 과실로 사고가 난 것이라면 업무상과실치사상죄에 해당할 여지는 있다.

4. 각 법률의 관계

가. 각 법률의 공통점

1) 강행법규성

산업안전보건법, 중대재해처벌법, 형법상 업무상과실치사상은 모두 강행규정이다. 특히 산업안전보건법이나 중대재해처벌법은 노동자의 안전과 보건에 관한 기본법적 성격을 가지므로 위 법률의 기준에 미치지 못하는 근로조건 내지 계약조건은 모두 무효라고 할 것이다. 판례도 A회사(도급인)와 B회사(수급인) 사이에 체결된 계약의 조건 중 '안전망 설치는 B회사의 책임이다'라는 약정이 A회사의 안전망 설치의무를 면제하는 약정이라고 보기 어렵고, 위와 같은 약정만으로 강행법규인 산업안전보건법상 안전조치의무를 면제할 수 없다고 판시하였다.[18]

2) 적용 대상

산업안전보건법, 중대재해처벌법 모두 사업주를 적용 대상으로 하고, 사업장에서 근무하는 근로자를 대상으로 하는 법률이다. 다만 세부적으로는 중대재해처벌법은 사업주 이외에 경영책임자를 형사책임의 주체로 하고, 또한 노무제공자도 보호 대상으로 하고 있어 범위가 조금 더 넓다. 산업안전보건법, 중대재해처벌법 모두 사업장을 대상으로 적용되나, 중대재해처벌법은 5인 미만 사업장에는 적용되지 않고, 50인 미만(건설업의 경우에는 공사금액 50억원 미만의 공사)인 사업장에는 2024. 1. 27.부터 시행된다. 두 법 모두 사업장에서 지켜야 할 안전조치에 대한 법률이지만 산업안전보건법은 시행규칙 등에서 구체적인 주의의무를 상세히 규정하였고, 중대재해처벌법은 안전보건 확보의무를 명시하였으나, 구체적인 기준에 대해서는 부족하다는 평가를 받고 있다.[19]

나. 각 법률의 차이점

산업안전보건법은 사업 또는 사업장의 산업 안전 및 보건에 관한 기준을 확립하고 그 책임의 소재를 명확하게 하여 산업재해를 예방하는 데 주된 목적이 있다. 이에 따라 산업안전보건법은 사업장에 대한 구체적인 안전 보건에 관한 기준 및 그에 따른 사업주의 조치의무 그리고 해당 사업장의 산업재해 예방에 대한 책임자 등에 관하여 규정한다.

반면에 중대재해처벌법은 사업 또는 사업장의 개인사업주 또는 사업주가 법인이나 기관인 경우 그 경영책임자등이 준수하여야 할 안전 및 보건 확보의무로서 안전보건관리체계 구축 및 운영, 안전·보건 관계 법령에 따른 의무이행

---

18) 대법원 2018. 7. 26. 선고 2018도7650 판결.
19) 송인택, 앞의 책, 203쪽.

에 필요한 관리상의 조치 등을 규정하고 있다.

물론 두 법이 서로 유사한 부분이 있으나, 중대재해처벌법은 산업안전보건법처럼 안전조치 기준보다는 사업주에 대한 의무 부과와 이에 대한 처벌 중심으로 되어 있다.

적용범위에서도 중대재해처벌법과 산업안전보건법은 차이가 있다. 중대재해처벌법은 사업주 또는 경영책임자등의 안전 및 보건 확보의무에 위반하여 발생한 중대산업재해에 대한 처벌은 규정하고 있으나, 안전 및 보건 확보 의무를 위반한 행위 자체에 대한 처벌은 규정하고 있지 않다. 즉, 중대재해처벌법은 사업주 또는 경영책임자의 안전 및 보건 확보의무(중대재해처벌법 제4조 및 제5조)에 대하여는 규정하고 있으나 이에 위반하는 경우에 대한 제재는 별도로 규정하고 있지 않다. 이에 따라 중대산업재해의 예방과 처벌이라는 법집행의 효과성 및 일관성을 제고하기 위해 중대재해처벌법상 경영책임자등의 의무의 내용을 산업안전보건법에 규정할 필요가 있다는 견해가 있다.[20]

법리적으로 중대재해처벌법과 산업안전보건법위반죄의 죄수관계가 어떠한지 문제된다. 최근 검찰은 안전조치의무위반치사로 인한 산업안전보건법위반죄와 업무상과실치사죄 상호간은 상상적 경합으로 공소를 제기하는 한편, 위각 죄와 중대재해처벌법위반(산업재해치사)죄 상호간은 각각 실체적 경합으로 공소를 제기하였는데, 법원은 산업안전보건법위반죄와 중대재해처벌법위반죄는 모두 근로자의 생명을 보호법익으로 하는 범죄이고, 두 죄의 구성요건을 이루는 주의의무는 내용 면에서 차이가 있기는 하나 산업재해를 예방하기 위해 부과되는 것으로서 서로 밀접한 관련성이 있으며, 각각의 의무위반행위가 피해자의 사망이라는 결과 발생으로 향해 있는 일련의 행위라는 점에서 규범적으로 동일하고 단일한 행위라고 평가할 수 있으므로, 위 두 죄는 상상적 경합 관계라고 하였다.

또한 산업안전보건법위반죄와 업무상과실치사죄는 상상적 경합 관계에 있고, 중대재해처벌법에 따라 부과된 안전보건 확보의무는 산업안전보건법에 따라 부과된 안전보건조치의무와 마찬가지로 업무상과실치사죄에서의 주의

---

20) 노동법이론실무학회, 경영책임자의 산업재해 예방의무 강화 방안 연구(2021).

의무를 구성할 수 있으므로, 업무상과실치사죄와 중대재해처벌법위반죄도 상
상적 경합 관계라고 하였다.[21]

다. 각 법률의 적용 범위

1) 산업안전보건법의 적용 범위

산업안전보건법은 모든 사업에 적용한다. 다만 유해, 위험의 정도, 사업의
종류, 사업장의 상시근로자 수(건설공사의 경우 건설공사 금액) 등을 고려하여
대통령령으로 정하는 종류의 사업 또는 사업장에는 적용하지 않을 수 있
다.[22] 이에 따라 산업안전보건법 시행령 별표 1에서 법의 일부를 적용하지
않는 사업 또는 사업장과 적용되지 않는 법 규정을 명시하였다.

광산안전법이나 원자력안전법, 항공안전법, 선박안전법 등 특별법에 의해
안전보건조치가 강화된 사업이나 소프트웨어 개발 및 공급업, 금융 및 보험
업, 전문 서비스업 등 노동재해가 발생할 가능성이 적은 사업, 상시 근로자
50명 미만을 사용하는 농업, 어업, 환경 정화 및 복원업, 공공행정, 국방 및
사회보장행정사업, 교육기관, 국제외국기관, 상시 근로자 5명 미만을 사용하
는 사업장 등이 산업안전보건법의 일부 조항이 적용되지 않는다.

주로 노동재해가 발생할 가능성이 적거나, 공공기관에 대해서 적용 제외를
하고 있다. 다만, 최근에 신고리 3, 4호기가 아직 시운전 중으로 발전설비 가
동 전에 개구부에 덮개 등을 설치하지 않은 사안으로 단속하여 기소한 사안
에서 원자력안전법이 적용되는 발전시설이라도 아직 원자력 발전설비를 이용
하여 전기를 생산하고 있지 아니한 사업장의 경우 산업안전보건법이 적용된
다고 하였다.[23]

상시 근로자 5명 미만을 사용하는 사업장이라도 산업안전보건법의 핵심인

---

21) 창원지방법원마산지원 2023. 4. 26. 선고 2022고합95 판결, 다만 1심 판결이므로 상급
심에서 변경 가능성은 있으나, 동일 피고인이 경영책임자 또는 사업주로서 두 죄로
입건된 경우 행위가 하나인 점, 보호법익이 크게 다르지 않은 점에 비추어 상상적 경
합으로 보는 것이 타당하다. 이에 대해 산업안전보건법과 중대재해처벌법이 법조경합
으로 이해할 수 있다는 견해도 있다(김성룡, 2021. 12. 중대재해처벌법 시행 대비 법
무부 고용노동부 공동학술대회 발표자료).

22) 산업안전보건법 제3조.

23) 대법원 2019. 12. 13. 선고 2017도16418 판결.

제38조, 제39조, 제167조는 적용되므로 산업안전보건기준에 관한 규칙에 따라 안전보건조치를 취하여야 한다.

2) 중대재해처벌법의 적용 범위

중대재해처벌법은 상시 근로자가 5명 미만인 사업 또는 사업자의 사업주(개인사업주에 한정한다) 또는 경영책임자에게는 적용하지 아니한다.[24] 또한 중대재해처벌법 부칙 제1조에서 법 시행 당시 개인사업자 또는 상시 근로자가 50명 미만인 사업 또는 사업장(건설업의 경우 공사금액 50억원 미만의 공사)에 대해서는 공포 후 3년이 경과한 2024. 1. 27.부터 시행하기로 하였다. 따라서 2024. 1. 27.까지는 산업안전보건법에 비해 중대재해처벌법의 적용 범위가 좁다. 중대재해처벌법 제3조에 사업주는 개인사업주에 한한다는 규정으로 인해 법인사업주의 경우 예외없이 중대재해처벌법이 적용된다는 견해도 있다.[25] 그러나 개인사업주와 법인사업주를 구별할 이유가 없고, 영세사업주의 보호 필요성에 따라 적용 범위를 제한하는 입법취지에 비추어 개인, 법인 불문하고 상시 근로자 5명 미만인 사업주에게는 적용되지 않는다고 생각한다.[26]

중대재해처벌법 부칙 제1조에서 개인사업자 또는 상시 근로자가 50명 미만인 사업 또는 사업장에 대해 시행 시기를 3년 유예한 것과 관련하여 개인사업자의 의미가 개인사업주와 동일한 개념인지, 사업자라는 의미가 사업주와는 다른 의미인지 논란이 있으나, 고용노동부에서는 개인사업자와 개인사업주는 동일한 개념이라고 본다.[27] 아마도 입법 과정을 다소 서두르면서 용어 정리가 미흡하였던 것으로 생각한다.

3) 적용 범위가 문제되는 경우

산업안전보건법은 일부 적용을 배제하는 사업을 시행령 등에서 명확하게 규정하고 있으나, 중대재해처벌법은 상시 근로자 5명 미만 사업장 외에는 별다른 규정이 없다. 특히, 중대재해처벌법은 경영책임자등에 중앙행정기관의 장, 지방자치단체의 장, 공공기관의 장도 포함되므로 산업안전보건법과 달리

---

24) 중대재해처벌법 제3조.
25) 신승욱/김형규, 중대재해처벌법(2021), 42쪽.
26) 김·장법률사무소 중대재해대응팀, 앞의 책, 40쪽.
27) 고용노동부, 중대재해처벌법해설(2021), 37쪽.

공공기관에도 중대재해처벌법이 적용될 수 있다. 이에 대해 사무직에 종사하는 근로자만을 사용하는 사업장의 경우 산업안전보건법처럼 중대재해처벌법이 적용 제외된다는 견해가 있다.[28] 사무직에 종사하는 근로자만을 사용하는 사업장이라도 법에서 명시적인 제외 조항이 없는 한 중대재해처벌법이 적용된다고 본다.[29]

상시 근로자 산정과 관련하여 파견근로자는 상시 근로자 산정에서 제외되는지 문제된다. 그러나 파견근로자는 근로기준법 시행령에서 상시 근로자 수를 산정할 때 제외하도록 되어 있고, 파견근로자는 중대재해처벌법 제7조 종사자에 해당할 수 있으므로 파견근로자는 상시 근로자 산정에서 제외하여야 할 것이다.[30] 다만, 기간제 근로자, 일용근로자는 모두 포함되고 외국인 근로자가 불법체류자라고 하더라도 포함된다.

제3절 노동재해 감독 및 수사 절차

1. 노동청의 사업장 감독

가. 사업장 감독 일반

노동재해 담당부처는 고용노동부이고, 고용노동부 안에 산업안전보건본부가 주무 부서이다. 그러나 실무상 각 지역 고용노동청 산재예방지도과 근로감독관이 현장을 감독하고 위반사항을 단속하고 있다. 특히 근로감독관은 고용노동부 훈령인 근로감독관집무규정(산업안전보건)에 따라 현장에 대한 정기감독, 수시감독, 특별감독을 하고 있다.[31] 정기감독은 매년 사업장을 대상으

---

28) 최진원, 중대재해처벌법 관련 실무상 쟁점, 국회의원 박대수 주최 정책토론회 자료집 (2021. 11. 22.), 53쪽.
29) 고용노동부, 앞의 책, 34쪽.
30) 김·장법률사무소 중대재해대응팀, 앞의 책, 46쪽.

로 계획 수립 후 진행하는 감독이며, 수시감독은 정기감독에 반영되지 못한 사항 중 중대산업사고가 발생한 사업장에 대한 감독 또는 장관 또는 지방관서장이 필요하다고 판단한 사업장에 대한 감독이며, 특별감독은 하나의 사업장에서 2명 이상 사망한 경우 또는 1년간 3회 이상 사망재해가 발생한 경우, 하나의 사업장에서 작업중지 등 명령위반으로 중대재해 등이 발생한 경우에 지방고용노동청장이 실시하는 감독을 말한다.

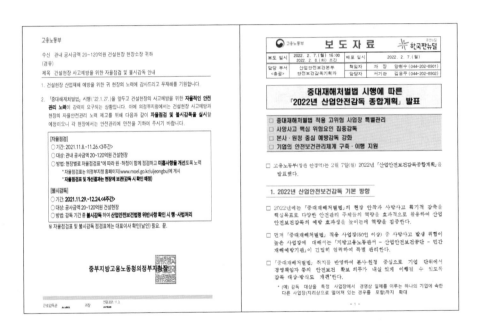

통상 정기감독은 1년에 1회 실시하는데 각 지방노동관청에서 매년 테마나 범위를 정하여 기간을 공지한 후 해당 사업장 중심으로 감독을 한다. 예컨대 A지역 노동청에서 관내 사업장 중 공사금액 20억부터 120억까지 사업장에 대하여 추락위험 방지대책, 거푸집동바리 붕괴위험 방지대책, 용접작업에 따른 화재 예방조치, 기타 동절기 위험요인 안전대책에 대한 자율점검을 지시하고, 감독기간을 정한 후 불시에 사업장을 출입하여 자율점검표 등을 점검

---

31) 근로감독관집무규정 제9조.

하고, 위반사항이 있는지 등을 감독하는 방식이다.

사업장 감독은 불시에 이루어지므로32) 현장 실무자에게는 큰 부담이 될 수 있다. 특히 근로감독관은 산업안전보건법 제155조에 따라 사업장에 출입하여 사업주, 근로자 또는 안전보건관리책임자 등에게 질문을 하고 장부, 서류, 그 밖의 물건의 검사 및 안전보건 점검을 하며 관계서류의 제출을 요구할 수 있다. 이는 행정처분이므로 압수수색영장도 필요없다. 또한 근로감독관의 검사, 점검을 거부, 방해 또는 기피한 경우 1천만원 이하의 과태료에 처해질 수 있고, 근로감독관의 질문에 대해 답변을 거부, 방해 또는 기피하거나 거짓으로 답변한 경우 300만원 이하의 과태료에 처해질 수도 있고33) 형법상 공무집행방해죄에 해당할 수도 있다.34)

현장실무자로서는 정기감독에 대응하여 고용노동부나 관할 고용노동청 홈페이지에 게시된 감독 일정이나 주제에 대하여 점검하고 자율점검을 통해 선제적으로 대응할 필요가 있다. 자율점검을 실시한 경우에는 서면으로 점검표를 작성하여 내부 결재 후 이를 보관하여야 한다. 또한 고용노동부고시인 '사업장 위험성 평가에 관한 지침'을 참고하여 정기적으로 현장에 대한 위험성 평가를 실시하고 일정한 경우 한국산업안전보건공단에 위험성 평가 실시에 대한 컨설팅 지원을 받을 수도 있다.35)

나. 근로자가 재해를 입은 경우

근로자가 부상하거나 사망한 경우는 산업재해가 발생한 경우이므로 수시감독, 특별감독이 나오게 될 것이다. 특별감독은 주로 사망재해가 발생한 경우 나오게 된다.36)

---

32) 고용노동부훈령 제398호 근로감독관집무규정(산업안전보건) 제13조 ① 지방관서장은 감독관이 감독을 수행하고자 할 경우 불시에 해당 사업장을 방문하여 실시하게 하여야 한다.
33) 산업안전보건법 제175조 제5항, 제6항.
34) 대법원 2002. 4. 12. 선고 2000도3485 판결.
35) 고용노동부고시 제2020−53호 사업장 위험성 평가에 관한 지침 제25조(위험성평가 컨설팅지원) ① 공단은 근로자 수 50명 미만 소규모 사업장(건설업의 경우 전년도에 공시한 시공능력 평가액 순위가 200위 초과인 종합건설업체 본사 또는 총 공사금액 120억원(토목공사는 150억원)미만인 건설공사를 말한다)의 사업주로부터 제5조제3항에 따른 컨설팅지원을 요청 받은 경우에 위험성평가 실시에 대한 컨설팅지원을 할 수 있다.

이 경우 근로감독관은 안전조치위반 여부에 대한 자료 조사, 관련자 진술 청취 등을 하고 필요한 자료를 확보해야 하며, 감독 기간은 원칙적으로 재해 원인이 모두 밝혀질 때까지 이루어지고 그 기간동안 작업은 중지될 수 있다.37) 근로감독관의 조사가 마무리되면 그 결과에 따라 범죄인지, 시정조치, 작업중지 처분 등이 이루어질 수 있고, 안전보건개선계획을 수립하여 시행할 것은 명할 수도 있다.38) 중대재해로 인한 감독이 이루어지고, 감독 과정에서 사업주나 현장 실무자의 중대한 고의 과실이 있는 경우 근로감독관은 구속영장을 신청할 수 있다.39)

---

36) 고용노동부훈령 제398호 근로감독관집무규정(산업안전보건) 제9조 제2항 제3호 "특별 감독"은 다음 각 목의 어느 하나에 해당하는 경우 그 사업 또는 사업장을 대상으로 산업안전보건본부장, 지방고용노동청장 또는 경기지청장이 실시하는 감독을 말한다.
  가. 하나의 사업장에서 안전·보건 상의 조치미비로 동시에 2명 이상이 사망한 경우.
  나. 하나의 사업장에서 안전·보건 상의 조치미비로 최근 1년간 3회 이상의 사망재 해가 발생한 경우.
  다. 하나의 사업장에서 작업중지 등 명령위반으로 중대재해등이 발생한 경우.
37) 위 근로감독관집무규정 제26조(조사대상재해) ① 지방관서장은 다음 각 호의 어느 하 나에 해당하는 재해에 대해서는 재해 발생 원인 등을 조사하여야 한다. 이 경우 장관 은 다음 각 호의 재해에 대한 세부기준을 시달할 수 있다.
  1. 중대재해(산업안전보건법 시행규칙 제3조).
  2. 근로자의 부상 또는 사업장 인근지역에 피해를 동반한 중대산업사고(산업안전보건법 제44조제1항 관련).
  3. 중대산업재해(중처법 제2조 제2호).
  4. 그 밖에 장관 또는 지방관서장이 필요하다고 인정하는 재해.
  ② 지방관서장은 제1항에 따른 재해 중 다음 각 호의 어느 하나에 해당하는 재해에 대해 서는 조사를 종결할 수 있다. 다만, 제1항제3호의 중대산업재해의 경우에는 다음 제2 호, 제3호에 해당하는 재해에 대해서만 조사를 종결할 수 있다.
  1. 산업안전보건법 제3조 단서에 따라 법의 일부적용대상 사업장에서 발생한 재해 중 적 용조항외의 원인으로 발생한 것이 객관적으로 명백한 재해.
  2. 고혈압 등 개인지병, 방화 등에 의한 재해 중 재해원인이 사업주의 산업안전보건법 위 반, 경영책임자등의 중처법 위반에 기인하치 아니한 것이 명백한 재해.
  3. 해당 사업장의 폐지, 재해발생 후 84일 이상 요양 중 사망한 재해로서 목격자 등 참고 인의 소재불명 등으로 재해발생에 대하여 원인규명이 불가능하여 재해조사의 실익이 없다고 지방관서장이 인정하는 재해.
38) 위 근로감독관집무규정 제27조.
39) 위 근로감독관집무규정 제32조(구속영장신청기준) ① 감독관은 피의자가 다음 각 호 의 어느 하나에 해당하는 죄를 범하였다고 의심할 만한 상당한 이유가 있고, 집무규 정 제51조제1항 각 호의 어느 하나에 해당하는 사유가 있으면 검사에게 구속영장을 신청하여야 한다.

근로자가 사망하는 등 중대재해가 발생한 경우에는 근로감독 뿐만 아니라 경찰의 업무상과실치사상 수사도 동시에 이루어질 수 있다. 특히 폭발사고, 발전소 등 중요 사업장 재해, 다수 근로자 희생사고의 경우에는 동시다발적인 수사가 이루어지게 되고 경우에 따라서는 경찰, 노동청 합동수사를 통해 현장소장 등에 대한 구속영장 신청도 이루어지게 된다.[40]

노동청 근로감독관은 노동현장에 대한 전문성, 각종 현장장비에 대한 이해, 산업안전보건법상 안전조치의무에 대한 지식을 바탕으로 사고 원인에 대한 전문적 분석을 주로 하고, 경찰은 회사 내 보고 절차, 본사의 관여도, 하청업체가 있을 경우 계약 경위 등 사실관계에 대한 수사를 주로 하게 된다.

실무자로서는 근로감독관의 현장조사, 경찰의 수사 등으로 준비할 것이 더욱 많아지겠으나 감독관에게 제출한 자료는 경찰도 공유할 수 있도록 사본을 준비하고, 경찰, 노동청 등 중복 소환이 이루어지면 기존 진술조서를 제출하는 형식으로 절차를 간소화하는 방안도 고려해야 할 것이다.

노동재해로 인한 사업장 수시, 특별감독의 경우 이미 재해에 대한 근로감독관, 경찰의 초동수사가 이루어졌고 재해의 원인이 사업장의 안전조치 미비로 인한 것인지 사업주를 포함한 관계자에 대한 처벌 여부를 위한 심층 조사

---

1. 재해가 예견되는 충분한 징후가 있음에도 사업주가 산업안전보건법 제51조에 따른 작업중지 등 필요한 조치를 취하지 아니하여 중대재해가 발생한 경우
2. 산업안전보건법 제38조, 제39조 및 제63조에 따른 안전·보건상의 조치미비로 동시에 2명 이상이 사망하거나 최근 1년간 3회(건설업의 경우 2회) 이상의 사망재해가 발생한 경우
3. 다음 각 목의 어느 하나에 해당하는 법령에 따른 작업중지 등 명령 위반으로 중대재해가 발생한 경우
   가. 산업안전보건법 제45조제1항, 제87조제2항, 제108조제4항, 제109조제3항, 제118조제4항 및 제5항, 제131조제1항
   나. 산업안전보건법 제42조제4항, 제43조제3항, 제53조제1항 및 제3항, 제55조제1항 및 제2항, 제119조제4항
4. 산업안전보건법 제39조를 위반하여 근로자가 해당 작업과 관련된 직업병에 이환(진폐, 소음성난청 제외)되어 사회적 물의를 야기한 경우
② 제1항의 규정 중 "동시에 2명 이상의 근로자가 사망한 재해"란 해당 재해가 발생한 시각부터 그 사고가 주원인이 되어 72시간 이내에 2명 이상이 사망한 재해를 말한다.
40) 울산지방법원 2016. 4. 1. 선고 2015노1489 판결, 케미컬공장에서 집수조 내 용접작업 중 가스 폭발로 근로자 6명이 사망한 사고에서 노동청, 경찰이 합동수사를 통해 공장장 등 4명을 구속하였다.

가 대부분이므로 실무자로서는 새로운 조치를 취하기보다 현장을 유지하고 이전에 작성된 점검표 등을 확인하여야 할 것이다. 또한 재해 현장을 목격한 근로자나 출동한 구급대원들을 상대로 재해 당시 안전조치에 미비한 점은 없었는지, 재해 직후 현장의 조치가 적절했는지 여부를 확인하고 필요한 경우 현장 사진 등을 첨부한 사실확인서 등을 받아놓아도 감독에 도움이 될 수 있다. 또한 재해를 입은 근로자에 대한 치료, 지원 등이 신속하게 이루어지도록 필요한 절차나 조치를 취해야 한다. 그리고 감독이 조속히 종료되어 작업이 다시 원상복구될 수 있도록 감독에 최대한 협력하고, 감독 범위 외의 현장에서는 원활한 작업이 이루어지도록 작업장 분리 등도 고려해야 할 것이다.

다. 단순 안전보건조치 위반의 경우

1) 단속 경위

계단 난간 미설치, 개구부 덮개 미설치 등 안전조치 의무위반이 있으면 재해가 발생하지 않았더라도 행정처분 또는 처벌 대상이 될 수 있다. 근로감독관은 사업장 감독시 산업안전보건법상 안전조치 의무위반사항을 발견한 경우 시정조치, 작업중지 또는 입건할 수 있다. 또한 상급노조나 시민단체, 근로자들이 사업장의 위반사항에 대해 고발 등을 할 수도 있다. 사업주와 마찰이 있는 경우 일부 노조나 근로자들이 몰래 사진을 찍어 고발장을 제출하여 수사가 개시되는 경우도 있다. 물론 사업주들은 안전조치를 당연히 해야 하지만 예컨대 개구부 덮개를 열어서 교체하는 경우 그 덮개가 열린 장면만 사진으로 찍어 고발한다면 사업주로서는 해명하기가 쉽지 않다. 기업 실무자들이 주의하여야 할 점은 안전보건조치 의무위반으로 작업중지 처분을 받거나, 입건되어 형사처벌 대상이 되는 경우일 것이다.

2) 위반의 효과

노동청 근로감독관은 안전보건조치 위반을 적발한 경우 과태료 부과, 시정지시, 시정명령 등을 할 수 있고, 이를 이행하지 않은 경우 범죄인지 보고 후 수사를 개시할 수 있다.[41] 근로감독관은 사업장의 건설물 또는 그 부속건설물

---

41) 근로감독관집무규정 제21조 제1항.

및 기계, 기구, 설비, 원재료에 대하여 안전보건조치를 하지 아니하여 근로자에게 현저한 유해 위험이 초래할 우려가 있다고 판단될 때에는 시정조치를 명할 수 있다.

사업주가 시정조치 명령을 이행하지 않아 위해 위험상태가 해소 또는 개선되지 아니하거나 근로자에 대한 유해 위험이 현저히 높아질 우려가 있다고 판단될 때에는 해당 기계, 설비등에 대하여 사용중지, 대체, 제거 또는 시설의 개선, 그 밖의 안전 및 보건에 관하여 필요한 조치(시정조치)를 할 수 있고 시정조치 명령을 이행하지 않을 경우 작업의 전부 또는 일부의 중지를 명할 수 있다.[42]

그러므로 실무자로서는 안전보건조치 위반이 적발된 경위가 근로감독관의 사업장 감독이든지, 노조의 고발이든지 일단은 그 위반사항을 해소하고 안전조치를 즉시 취한 후 사진 등을 촬영하여 근로감독관에게 제출하는 등 시정조치를 완료하여야 할 것이다. 통상 근로감독관은 시정기간을 재해발생과 직접적인 관련성이 높은 안전보건상의 조치는 10일 이내, 그 밖의 사항은 20일 이내에서 부여하므로 시정기간을 확인한 후 즉시 시정조치를 하고 부득이한 사유로 기간 내 시정조치를 하지 못할 경우 기간 연장 요청을 하여야 한다.[43]

노동청 근로감독관이 사용중지 등 시정조치를 하는 위반사항은 산업안전보건법 제168조부터 제171조까지의 벌칙에 해당하는 법조항 및 제38조, 제39조, 제63조, 제118조 제3항, 제123조 제1항, 제64조 제1항·제2항, 제81조, 제108조 제2항, 제138조 제1항·제2항, 진폐의 예방과 진폐근로자의 보호 등에 관한 법률 제10조, 제11조, 제12조, 제16조제1항·제3항, 제21조제1항·제2항, 제22조, 제29조 위반사항으로 사실상 산업안전보건법 제38조, 제39조에 따른 산업안전보건기준에 관한 규칙상 모든 안전조치의무를 위반한 경우 입건 대상이 될 수 있다.[44]

---

42) 산업안전보건법 제53조 제1항, 제3항.
43) 근로감독관집무규정 제16조 제4항, 제5항.
44) 근로감독관집무규정 제16조에서 범죄인지 기준을 명시하고 있으나, 근로감독관의 재량 여지가 다소 있고, 과태료, 시정조치 대상이더라도 이를 이행하지 않을 경우 위 집무규정 제21조에 따라 입건대상이 되므로 사실상 사업장 감독에서 위반사항이 적발된 경우 형사처벌을 받을 가능성이 매우 크다.

작업중지 기준

① 집무규정 제34조(사용중지 등)의 규정에 의한 명령이 지켜지지 아니한 때
② 집무규정 제34조(사용중지 등)의 규정에 의한 조치에도 불구하고 유해 또는 위험상태가 해제 또는 개선되지 아니하였다고 판단될 때
③ 산안법 제28조의 규정에 의하여 노동부장관의 도급인가를 받아야 하는 작업을 인가 없이 도급한 때
④ 중대재해발생에 따른 현지 조사결과 재해재발의 우려가 있을 때
⑤ 기타 산업재해 발생의 급박한 위험이 있을 때 <붙임 1>
⑥ 상기의 규정에 불구하고 관계법령이나 집무규정 별표 2의 위반사항 조치기준에서 작업중지의 기준을 별도로 정한 경우에는 그에 따름

작업중지 명령 및 해제 절차

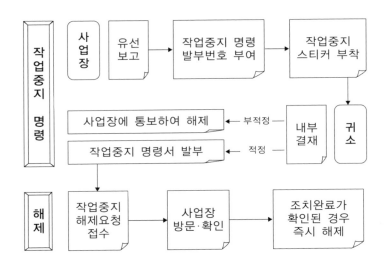

발부번호 :   호

작 업 중 지

산업안전보건법 제53조 규정에 의거 작업중지를 명령하니 안전조치를 완료한 후 지방노동관서장의 확인을 받아 작업을 재개하기 바라며, 만일 이를 위반할 때에는 동법 제168조 규정에 의해 5년 이하의 징역 또는 5천만원 이하의 벌금에 처하게 됩니다.

작업중지 대상	
위반내용	

202 년   월   일

지방노동청(사무소)장

근로감독관   (인)

※ **표지에 발부번호가 없는 것은 효력이 없으며**, 이 표지는 지방노동관서장의 허가없이 제거할 수 없습니다.

※ **문의전화:**

2. 경찰의 업무상과실치사상 수사

사업장에서 노동재해가 발생한 경우 위에서 본 것처럼 1차 수사책임자는 노동청 근로감독관이다. 다만 사망이나 상해의 결과가 발생한 경우, 특히 사망의 결과가 발생한 경우 변사발생보고 등으로 경찰이 초동 수사에 개입하게 되고 업무상과실치사상죄로 수사를 개시하게 된다. 이 경우 노동청 수사와 중복되는 경우가 대부분이고 노동청에서 재해 원인에 대한 한국산업안전보건공

단 등의 감정 등이 이루어지게 되면 경찰 수사가 더 빨리 진행될 수도 있다.

실무자로서는 경찰 수사에도 최대한 협조해야 하겠지만 노동청의 특별감독, 재해원인 감정 등이 이루어지면 경찰에 이를 알려주고 감정 결과 등을 경찰에서 참고할 수 있도록 함으로써 불필요한 중복수사가 이루어지지 않도록 해야 한다.

최근 수사권 조정으로 검사의 수사지휘가 폐지되어 경찰이 자체적으로 인지, 소환 등 독자수사를 진행하지만 영장 신청 단계에서 검사의 검토가 이루어지므로 검사가 경찰 기록만이 아닌 노동청 근로감독관의 조사결과도 참조할 수 있도록 적극적인 의견 개진을 해야 한다.

업무상과실치사상 수사는 대체로 노동재해에 직접적 원인이 되는 과실 제공자를 중심으로 이루어진다. 예컨대 공사 현장에서 신호수가 크레인이나 작업 차량에 충격하여 사망한 경우 운전사를 주요 피의자로 입건하여 수사하고, 현장소장 정도까지 입건하여 수사가 이루어진다. 이 점에서 안전조치 의무위반에 대한 사업주까지 수사를 하는 노동청 근로감독관의 수사 범위와 다소 차이가 있다. 실무자로서는 노동재해의 직접 원인제공자인 근로자, 현장소장 등에 대해 사고 경위를 확인하고, 어떠한 안전조치를 위반하였는지 미리 검토하여 재발방지 조치를 해야 할 것이다. 다만 이러한 경위 확인이 수사기관에 증거인멸, 진술회유 등으로 비쳐지지 않도록 각별히 유의해야 한다.

3. 검찰의 수사

2022. 9. 10.부터 시행된 검사의 수사개시 범죄 범위에 관한 규정에서 기존의 대형참사범죄는 빠져서 노동재해를 검사가 직접 수사개시할 가능성은 거의 없다. 기존에도 노동재해 사건은 노동청, 경찰의 1차수사 이후 검찰에 송치된 다음 보완수사가 이루어지는 형식이었고, 현재도 이러한 방식으로 검찰이 수사를 진행한다. 그러나 영장 청구는 검사만이 할 수 있으므로 노동청, 경찰 수사단계에서 영장 청구를 위한 검사의 기록 검토가 이루어진다.

중대재해처벌법이 시행될 당시 근로감독관의 전속적 수사권한이 인정되는 산업안전보건법과 달리 중대재해처벌법은 경찰도 수사권한이 인정되는지 논란이 있었다.[45] 현재는 사법경찰관리의 직무를 수행할 자와 그 직무범위에 관한 법률 제6조의2에서 중대산업재해는 근로감독관의 전담수사권을 인정하고 있다. 다만 중대시민재해는 경찰에 1차적 수사권한이 있다고 할 것이다.

검찰은 송치된 노동재해 사건을 검토하여 보완수사 등을 거친 다음 기소여부를 결정하게 되며, 보완수사단계에서 혐의 유무를 다툴 기회가 있으므로 실무자는 이를 최대한 활용하여야 한다. 최근 중대재해처벌법 시행 이후 처음으로 중대재해처벌법을 적용하여 기소한 사례가 있었다.

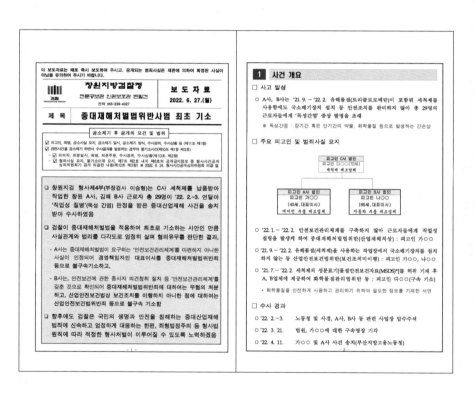

---

45) 송인택, 앞의 책, 62쪽.

○ '22. 5. 9. 검찰, 나○○에 대한 구속영장(부산지방고용노동청 신청) 기각
○ '22. 6. 7. 다○○ C사 사건 구속 송치(경남도경) ※ 5. 31. 영장 발부
○ '22. 6. 14. 나○○ B사 사건 송치(부산지방고용노동청)

2 **중대재해처벌법상의 중대산업재해**

○ 중대재해처벌법 제2조 제2호는 중대산업재해를 △사망자 1명 이상 발생, △동일한 사고로 6개월 이상 치료 필요한 부상자 2명 이상 발생, △동일한 유해요인으로 직업성 질병자가 1년 이내에 3명 이상 발생한 경우로 정의

○ 이 사건 근로자들의 증상인 독성간염은 중대재해처벌법이 적용되는 직업성 질병에 해당하고, 동일한 유해요인(트리클로로메탄)으로 인해 직업성 질병자 3명 이상 발생한 경우 사망자가 없더라도 중대재해처벌법 적용 대상

3 **검찰 사건처리**

○ A사 대표 가○○

- 유해 화학물질 취급 사업장의 경영책임자로서 유해·위험요인을 확인하여 개선하는 업무절차 마련 등 '안전보건관리체계'를 구축하지 않고, 최소한의 보건조치인 국소배기장치도 설치하지 않아 근로자들이 독성간염에 이르게 된 사실이 인정되어 중대재해처벌법위반죄 등으로 불구속 기소

○ B사 대표 나○○

- 안전·보건에 관한 종사자의 의견청취, 유해·위험요인 확인·개선 절차를 마련하고, 재해예방 필요 예산을 편성하는 등 법에서 정한 '안전보건관리 체계'를 구축한 사실 인정되어 중대재해처벌법위반 혐의는 불기소 처분

- 다만, 작업장에 성능이 저하된 국소배기장치를 방치한 잘못으로 근로자들이 독성간염에 걸리게 한 혐의는 인정되어 산업안전보건법위반죄 등으로 불구속 기소

4 **수사의 의의 및 향후 계획**

○ 이 사건은 중대재해처벌법이 제정·시행된 이후 발생한 중대산업재해에 대해 처음 기소하는 사건으로, 근로자들에게 '직업성 질병'이 발생하고 법 위반 내용이 중한 경영책임자에 대해서는 구속영장을 청구하는 등 법 제정 취지에 따라 엄정하게 처리함과 아울러,

○ 법률이 정한 절차와 내용대로 '안전보건관리체계구축 의무'를 준수한 사실이 확인된 경영책임자에 대해서는 중대재해처벌법위반의 점에 대해 불기소함으로써 합리적이고 예측 가능한 형사법집행이 이루어지도록 함

○ 향후에도 검찰은 노동청 등 유관기관과 긴밀하게 협력하여 국민의 생명과 안전을 침해하는 중대산업재해 범죄에 신속하고 엄정하게 대응하는 한편, 죄형법정주의 등 형사법 원칙에 따라 적정한 형사처벌이 이루어질 수 있도록 노력하겠음 ☑

- 3 -   - 4 -

4. 노동재해 양형기준

대법원은 2007. 4.부터 양형위원회를 구성하여 주요 죄명에 대한 양형기준을 설정하여 시행하고 있다. 양형기준이 실무상 법원을 구속하는 강제력은 없으나, 법원이 양형기준을 이탈하는 경우 판결문에 양형이유를 기재해야 하므로 어느 정도 기속력은 있으며, 피고인들은 자신의 형량 범위를 어느 정도 예측할 수 있으므로 노동재해로 기소된 경우 어느 유형에 해당하는지 살펴볼 필요가 있다. 노동재해로 사망한 경우 산업안전보건법 법정형은 7년 이하의 징역 또는 1억원 이하의 벌금이고, 중대재해처벌법은 1년 이상의 징역 또는 10억원 이하의 벌금이다. 형법상 업무상과실치사는 5년 이하의 금고 또는 2천만원 이하의 벌금이다. 위와 같이 중대재해처벌법이 법정형이 가장 높으므

로 중대재해처벌법에서 정한 형으로 처벌한다.[46] 중대재해처벌법에 대한 양형기준은 아직 마련되어 있지 않으나, 유사한 산업안전보건 범죄에 대한 양형기준이 참고가 될 것이다.

형종 및 형량의 기준[47]

유형	구분	감경	기본	가중
1	도급인의 안전·보건 조치의무 위반	~6월	4월~10월	8월~1년6월
2	사업주의 안전·보건 조치의무 위반	4월~8월	6월~1년6월	1년~2년6월
3	안전·보건조치의무 위반치사	6월~1년6월	1년~2년6월	2년~5년

▷ 3유형 범죄 확정 후 5년 이내 3유형 범죄를 다시 저지른 경우, 형량 범위의 상한과 하한을 1.5배 가중

감경요소 및 가중요소

구분	감경요소	가중요소
특별양형인자	사고 발생 경위에 특히 참작할 사유가 있는 경우	안전·보건조치의무 위반의 정도가 중한 경우 유사한 사고가 반복적으로 발생한 경우 다수의 피해자가 발생한 경우(다수 범죄 처리기준이 적용될 때는 제외)
	청각 및 언어 장애인 심신미약(본인 책임 없음) 처벌불원 또는 실질적 피해 회복(공탁 포함)	동종 누범

---

46) 형법 제40조 한 개의 행위가 여러 개의 죄에 해당하는 경우에는 가장 무거운 죄에 대하여 정한 형으로 처벌한다.
47) 대법원 양형위원회, 과실치사상 산업안전보건범죄 양형기준(2022. 3. 1. 시행), 591쪽.

	자수, 내부고발 또는 조직적 범행의 전모에 관한 완전하고 자발적인 개시	
일반양형인자	위반 사항을 시정한 경우 보험 가입 진지한 반성 형사처벌 전력 없음 상당한 피해 회복(공탁 포함)	사고 후 구호조치를 취하지 아니한 경우 범행 후 증거은폐 또는 은폐 시도 이종누범, 누범에 해당하지 않는 동종 전과 합의 시도 중 피해 야기(강요죄 등 다른 범죄가 성립하는 경우는 제외)

대법원 양형위원회 양형기준에서 양형인자를 정의하고 있다.[48] 먼저, 사고 발생 경위에 특히 참작할 사유가 있는 경우는 사고 발생의 위험이 있는 장소임을 잘 알면서도 피해자 스스로 그 장소에 출입한 경우(다만, 상급자의 지시에 따라 출입하는 등 불가피한 사유가 있었을 경우는 제외한다), 피해자가 술 또는 약물에 취한 상태에서 작업하다가 몸의 균형을 잃고 추락한 경우, 피해자가 단순히 불편하다는 이유로 스스로 필수 안전장치를 끄거나 안전고리를 풀고 작업하는 등 자기안전의무를 현저히 위반한 경우, 사고의 직접적인 원인이 된 시설의 설치에 피해자가 관여하여 그 시설의 위험성을 피해자도 이미 잘 알고 있었던 경우(다만, 상급자의 지시에 따라 업무에 임하는 등 불가피한 사유가 있었을 경우는 제외한다), 공동작업자의 과실이 피고인의 과실을 유발한 경우로서 공동작업자의 과실을 쉽게 예상하기 어려운 사정이 있었던 경우이다.

또한 경미한 상해란 치료기간이 약 2주 이하로서 상해부위가 부분적이고, 일상적인 생활에 크게 지장을 초래하지 아니하며, 회복을 위하여 봉합수술 등 특별한 의료적 처치를 필요로 하지 않는 상해를 의미한다. 피해자의 처벌불원은 피고인이 자신의 범행에 대하여 진심으로 뉘우치고, 피해자나 유족(피해자가 사망한 경우)이 처벌불원의 법적·사회적 의미를 정확히 인식하면서 이를 받아들여 피고인의 처벌을 원하지 않는 경우를 의미하고, 피고인 측의 사실상의 강요 또는 기망에 의한 처벌불원 등 자유로운 의사에 기하지 않은

---

48) 대법원 양형위원회, 과실치사상 산업안전보건범죄 양형기준(2022. 3. 1. 시행), 596쪽.

처벌불원의 의사표시를 한 경우나, 피해자나 법정대리인의 처벌불원의사에 통상적으로 납득할 만한 사유가 없다고 판단되는 경우는 포함하지 않는다. 피해자 또는 그 법정대리인의 나이, 지능 및 지적 수준에 비추어 처벌불원의 의사표시가 가지는 의미, 내용, 효과를 이해하고 알아차릴 수 있는 능력이 있는지 여부 및 그러한 의사표시가 진실한 것인지 여부를 세밀하고 신중하게 조사, 판단한 결과 이에 해당되는 경우만을 포함한다. 실질적 피해회복이란 피고인이 피해 회복을 위한 진지한 노력 끝에 합의에 준할 정도(재산적 피해만 발생한 경우에는 그 손해액의 약 2/3 이상)로 피해를 회복시키거나 그 정도의 피해 회복이 확실시되는 경우를 의미한다.

합의 시도 중 피해 야기(강요죄 등 다른 범죄가 성립하는 경우는 제외)란 합의를 시도하는 과정에서 피해자를 지속적으로 괴롭히거나, 합의거절에 대한 유형·무형의 불이익을 암시하는 등 부당한 압력을 가하거나 이에 준하는 방법으로 피해를 일으킨 경우를 의미한다.

피고인의 주의의무 또는 안전·보건조치의무 위반의 정도가 중한 경우는 술 또는 약물에 취하여 정상적인 작업이 곤란한 상태에서 업무를 담당한 경우, 면허 등 법정자격을 갖추지 아니한 채 업무를 담당하거나 그러한 자로 하여금 업무를 담당하게 한 경우, 대규모 인명피해와 직결될 수 있는 필수적 안전의무를 위반한 경우이다.

보험가입은 피보험자의 사고로 인한 손해배상금 전액 또는 상당 금액을 보상하는 보험 또는 공제 가입(자동차종합보험, 산업재해보상보험 등), 그 밖에 이에 준하는 경우에 감경 인자로 작용한다.

산업안전보건 법상의 규제

제2장

산업안전보건법상의 규제

제2장

제1절 사업주의 안전조치의무위반

1. 개요

가. 관련조항

제167조(벌칙) ① 제38조제1항부터 제3항까지(제166조의2에서 준용하는 경우를 포함한다), 제39조제1항(제166조의2에서 준용하는 경우를 포함한다) 또는 제63조(제166조의2에서 준용하는 경우를 포함한다)를 위반하여 근로자를 사망에 이르게 한 자는 7년 이하의 징역 또는 1억원 이하의 벌금에 처한다.
② 제1항의 죄로 형을 선고받고 그 형이 확정된 후 5년 이내에 다시 제1항의 죄를 저지른 자는 그 형의 2분의 1까지 가중한다.

제168조(벌칙) 다음 각 호의 어느 하나에 해당하는 자는 5년 이하의 징역 또는 5천만원 이하의 벌금에 처한다.
1. 제38조제1항부터 제3항까지(제166조의2에서 준용하는 경우를 포함한다), 제39조제1항(제166조의2에서 준용하는 경우를 포함한다), 제51조(제166조의2에서 준용하는 경우를 포함한다), 제54조제1항(제166조의2에서 준용하는 경우를 포함한다), 제117조제1항, 제118조제1항, 제122조제1항 또는 제157조제3항(제166조의2에서 준용하는 경우를 포함한다)을 위반한 자
2. 제42조제4항 후단, 제53조제3항(제166조의2에서 준용하는 경우를 포함한다),

제55조제1항(제166조의2에서 준용하는 경우를 포함한다)·제2항(제166조의2
에서 준용하는 경우를 포함한다) 또는 제118조제5항에 따른 명령을 위반한 자

제38조(안전조치) ① 사업주는 다음 각 호의 어느 하나에 해당하는 위험으로 인
한 산업재해를 예방하기 위하여 필요한 조치를 하여야 한다.

1. 기계·기구, 그 밖의 설비에 의한 위험
2. 폭발성, 발화성 및 인화성 물질 등에 의한 위험
3. 전기, 열, 그 밖의 에너지에 의한 위험

② 사업주는 굴착, 채석, 하역, 벌목, 운송, 조작, 운반, 해체, 중량물 취급, 그
밖의 작업을 할 때 불량한 작업방법 등에 의한 위험으로 인한 산업재해를 예방
하기 위하여 필요한 조치를 하여야 한다.

③ 사업주는 근로자가 다음 각 호의 어느 하나에 해당하는 장소에서 작업을 할
때 발생할 수 있는 산업재해를 예방하기 위하여 필요한 조치를 하여야 한다.

1. 근로자가 추락할 위험이 있는 장소
2. 토사·구축물 등이 붕괴할 우려가 있는 장소
3. 물체가 떨어지거나 날아올 위험이 있는 장소
4. 천재지변으로 인한 위험이 발생할 우려가 있는 장소

④ 사업주가 제1항부터 제3항까지의 규정에 따라 하여야 하는 조치(이하 "안전
조치"라 한다)에 관한 구체적인 사항은 고용노동부령으로 정한다.

나. 의의

산업재해의 예방을 위하여 산업안전보건법에서는 사업주에게 '안전조치의
무'와 '보건조치의무' 2가지를 부과하고 있다. 헌법재판소는 사업주의 형사책
임에 관하여, '산업안전보건법상 사업주의 안전조치의무는 근로자의 신체의 완
전성을 보호하기 위한 규정이고, 산업안전보건법은 근로자의 안전을 유지하는
것을 목적으로 하고, 신체의 완전성은 인간 존엄의 기반이 되므로 이를 보호하
는 것은 중요한 공익에 해당된다. 산업재해 통계에 의하면 산업안전보건법 위
반행위로 인해 사망·상해사고가 발생할 가능성이 높으므로 그로 인한 공익침
해의 정도가 매우 크다'는 점에서 과잉형벌에 해당되지 않는다고 하였다.[49]

---

49) 헌법재판소 2017. 10. 26. 결정 2017헌바166.

한편, 대법원은 "산업안전보건법에서 정한 안전·보건조치 의무를 위반하였는지 여부는 산업안전보건법 및 같은 법 시행규칙에 근거한 '산업안전보건기준에 관한 규칙'의 개별 조항에서 정한 의무의 내용과 해당 산업현장의 특성 등을 토대로 산업안전보건법의 입법 목적, 관련 규정이 사업주에게 안전·보건조치를 부과한 구체적인 취지, 사업장의 규모와 해당 사업장에서 이루어지는 작업의 성격 및 이에 내재되어 있거나 합리적으로 예상되는 안전·보건상 위험의 내용, 산업재해의 발생 빈도, 안전·보건조치에 필요한 기술 수준 등을 구체적으로 살펴 규범목적에 부합하도록 객관적으로 판단하여야 한다. 나아가 해당 안전보건규칙과 관련한 일정한 조치가 있었다고 하더라도 해당 산업현장의 구체적 실태에 비추어 예상 가능한 산업재해를 예방할 수 있을 정도의 실질적인 안전조치에 이르지 못할 경우에는 안전보건규칙을 준수하였다고 볼 수 없다. 특히 해당 산업현장에서 동종의 산업재해가 이미 발생하였던 경우에는 사업주가 충분한 보완대책을 강구함으로써 산업재해의 재발 방지를 위해 안전보건규칙에서 정하는 각종 예방 조치를 성실히 이행하였는지 엄격하게 판단해야 한다."고 판시하였다.[50]

대법원은 산업안전보건법상 의무의 내용을 문자적 지시로 해석하는 형식적 이행만으로는 법령 이행에 따른 면책을 받을 수 없다는 점을 강조하면서, 사업장의 구체적인 위해·위험 요인을 고려한 포괄적 규제로서 산업안전보건법을 해석하고 있다[51]는 점은 주목할 필요가 있다.

또한 대법원은 산업안전보건법상 안전조치의무위반죄의 주관적 구성요건과 관련하여 '사업주에 대한 법 제67조 제1호, 제23조 제1항 위반죄(현행 법 제167조 위반죄)는 사업주가 자신이 운영하는 사업장에서 법 제23조 제1항에 규정된 안전상의 위험성이 있는 작업을 규칙이 정하고 있는 바에 따른 안전조치를 취하지 않은 채 작업하도록 지시하거나, 그 안전조치가 취해지지 않은 상태에서 위 작업이 이루어지고 있다는 사실을 알면서도 이를 방치하는 등 그 위반행위가 사업주에 의하여 이루어졌다고 인정되는 경우에 한하여 성

---

50) 대법원 2021. 9. 30. 선고 2020도3996 판결 등.
51) 로벤스 보고서 발간 50주년 기념토론회 자료집(2022년 12월 발간) 중 40쪽 이하, 박다혜, 한국의 산업안전보건법과 자율규제.

립하는 것이지, 단지 사업주의 사업장에서 위와 같은 위험성이 있는 작업이 필요한 안전조치가 취해지지 않고 이루어졌다는 사실만으로 성립하는 것은 아니다.'라고 판시하여 고의범이라는 점을 명확히 하고 있다.[52]

다. 법조문의 구조

산업안전보건법은 사업주의 안전조치의무를 물적위험(위험요인)(법 제38조 제1항), 작업방법 및 작업행동으로 인한 위험(법 제38조 제2항), 작업장소에서 발생하는 위험(법 제38조 제3항)으로 나누어 부과하고 있다.[53]

한편, 법에서는 위와 같이 세 가지 유형의 위험에 대해 추상적으로 적시하고, 사업주의 구체적인 의무 내용은 법률이 위임하여 제정된 '산업안전보건기준에 관한 규칙'(이하 '안전보건규칙'이라고 한다)에 규정하는 형태를 취하고 있다.

그리고, 고용노동부장관은 산업재해의 예방을 위하여 기술 또는 작업환경에 관한 표준을 정하여[54] 사업주에게 지도·권고할 수 있다.[55]

이에 따라 고용노동부장관은 다양한 작업에 관하여 구체적인 안전조치의무를 정하고 있으므로 이를 참고할 필요성도 있다.

다만, 본 교재에서는 사업주의 안전조치의무와 관련하여 법조문의 구조보다는 각 업종에서 자주 발생하는 재해형태에 따라 사업주의 구체적인 주의의

---

52) 대법원 2007. 3. 29. 선고 2006도8874 판결.
53) 정진우, 산업안전보건법 ㈜ 중앙경제 2016. 137쪽.
54) 대표적인 지침만 언급해보면, 가설공사 표준안전 작업지침(고용노동부고시 제2020−3호), 굴착공사 표준안전 작업지침(고용노동부 제2020−5호), 철골공사 표준안전 작업지침(고용노동부고시 제2020−7호), 추락재해방지 표준안전 작업지침(고용노동부고시 제2020−8호), 콘크리트공사 표준안전 작업지침(고용노동부고시 제2020−9호), 터널공사표준안전작업지침(고용노동부고시 제2020−11호), 감전재해 예방을 위한 기술상의 지침(고용노동부고시 제2020−23호), 벌목 표준안전 작업지침(고용노동부고시 제2020−25호), 운반하역 표준안전 작업지침(고용노동부고시 제2020−26호), 저압산업용기계기구의 부속전기설비의 전기재해예방을 위한 기술상의 지침(고용노동부고시 제2020−27호), 공작기계 안전기준 일반에 관한 기술상의 지침(고용노동부고시 제2020−32호), 사무실 공기관리 지침(고용노동부고시 제2020−45호), 철강업에 있어서 수증기 폭발 및 고열물 접촉위험 방지를 위한 기술상의 지침(고용노동부고시 제2020−50호), 정전기재해예방을 위한 기술상의 지침(고용노동부고시 제2020−51호) 등이 있다.
55) 산업안전보건법 제13조 제1항.

무를 살펴보고자 한다.

2. 건설업에서의 재해방지

가. 개요

건설업은 대표적으로 산업재해가 많은 업종으로 볼 수 있다. 고용노동부가 발행한 2021년도 산업재해현황분석에 따르면, 2021년도 기준 전체 업무상 사고 사망자 수는 828명인데, 건설업 분야 업무상 사고 사망자 수는 417명에 이르고 있는 바, 전체 업무상 사고 사망자 수의 50.3%를 차지하고 있다. 이와 같이 업무상 사고 사망자 수가 많은 건설업종의 사업주는 산업안전보건법령을 철저히 숙지하고 재해방지를 위해 노력할 필요성이 더 크다고 할 수 있다.

재해 유형별 현황을 보면 전체 업무상 사고로 인한 사망자 417명 중 추락 248명(59.4%), 부딪힘 37명(8.8%), 물체에 맞음 30명(7.1%), 무너짐 25명(5.9%) 등으로 나타났다.[56]

나. 떨어짐 사고 예방을 위한 안전조치의무

1) 개요

건설현장에서 가장 많이 발생하는 업무상 사망사고는 떨어짐 사고로서, 사업주는 작업 중인 근로자의 추락사고를 방지하기 위해 안전보건규칙 제1편 제6장 제1절 등에서 정하고 있는 안전조치를 하여야 할 의무가 있다. 사업주의 주요 안전조치의무로는 작업발판 설치, 안전난간 설치, 안전대 등 보호장구 지급, 비계 설치 기준 등이 있다.

2) 사업주의 주요 안전조치의무
가) 작업발판 등 설치 의무

사업주는 근로자가 떨어짐 사고의 위험이 있는 장소에서 작업을 할 때는 비계를 조립하는 등의 방법으로 작업발판을 설치하여야 하고, 작업발판 설치

---

56) 고용노동부 2021년 산업재해현황분석 320쪽 이하 참조.

가 곤란한 경우에는 한국산업표준에서 정하는 성능기준에 적합한 추락방호망을 설치하여야 한다. 이와 같은 추락방호망을 설치하기 곤란한 경우에는 근로자에게 안전대를 착용하게 하는 등 필요한 조치를 하여야 한다.

제42조(추락의 방지) ① 사업주는 근로자가 추락하거나 넘어질 위험이 있는 장소 [작업발판의 끝·개구부(開口部) 등을 제외한다] 또는 기계·설비·선박블록 등에서 작업을 할 때에 근로자가 위험해질 우려가 있는 경우 비계(飛階)를 조립하는 등의 방법으로 작업발판을 설치하여야 한다.

② 사업주는 제1항에 따른 작업발판을 설치하기 곤란한 경우 다음 각 호의 기준에 맞는 추락방호망을 설치해야 한다. 다만, 추락방호망을 설치하기 곤란한 경우에는 근로자에게 안전대를 착용하도록 하는 등 추락위험을 방지하기 위해 필요한 조치를 해야 한다.

   1. 추락방호망의 설치위치는 가능하면 작업면으로부터 가까운 지점에 설치하여야 하며, 작업면으로부터 망의 설치지점까지의 수직거리는 10미터를 초과하지 아니할 것

   2. 추락방호망은 수평으로 설치하고, 망의 처짐은 짧은 변 길이의 12퍼센트 이상이 되도록 할 것

   3. 건축물 등의 바깥쪽으로 설치하는 경우 추락방호망의 내민 길이는 벽면으로부터 3미터 이상 되도록 할 것. 다만, 그물코가 20밀리미터 이하인 추락방호망을 사용한 경우에는 제14조제3항에 따른 낙하물 방지망을 설치한 것으로 본다.

③ 사업주는 추락방호망을 설치하는 경우에는 한국산업표준에서 정하는 성능기준에 적합한 추락방호망을 사용하여야 한다.

나) 안전난간 및 사다리식 통로 등의 구조 및 설치요건 준수의무

사업주가 근로자의 추락 등의 위험을 방지하기 위해 안전난간을 설치할 경우 기준에 맞게 이를 설치하여야 하고, 사다리식 통로 등을 설치할 경우에는 아래의 사항을 준수하여야 한다.

제13조(안전난간의 구조 및 설치요건) 사업주는 근로자의 추락 등의 위험을 방지하기 위하여 안전난간을 설치하는 경우 다음 각 호의 기준에 맞는 구조로 설치하여야 한다.

1. 상부 난간대, 중간 난간대, 발끝막이판 및 난간기둥으로 구성할 것. 다만, 중간 난간대, 발끝막이판 및 난간기둥은 이와 비슷한 구조와 성능을 가진 것으로 대체할 수 있다.

2. 상부 난간대는 바닥면·발판 또는 경사로의 표면(이하 "바닥면등"이라 한다)으로부터 90센티미터 이상 지점에 설치하고, 상부 난간대를 120센티미터 이하에 설치하는 경우에는 중간 난간대는 상부 난간대와 바닥면등의 중간에 설치하여야 하며, 120센티미터 이상 지점에 설치하는 경우에는 중간 난간대를 2단 이상으로 균등하게 설치하고 난간의 상하 간격은 60센티미터 이하가 되도록 할 것. 다만, 계단의 개방된 측면에 설치된 난간기둥 간의 간격이 25센티미터 이하인 경우에는 중간 난간대를 설치하지 아니할 수 있다.

3. 발끝막이판은 바닥면등으로부터 10센티미터 이상의 높이를 유지할 것. 다만, 물체가 떨어지거나 날아올 위험이 없거나 그 위험을 방지할 수 있는 망을 설치하는 등 필요한 예방 조치를 한 장소는 제외한다.

4. 난간기둥은 상부 난간대와 중간 난간대를 견고하게 떠받칠 수 있도록 적정한 간격을 유지할 것

5. 상부 난간대와 중간 난간대는 난간 길이 전체에 걸쳐 바닥면등과 평행을 유지할 것

6. 난간대는 지름 2.7센티미터 이상의 금속제 파이프나 그 이상의 강도가 있는 재료일 것

7. 안전난간은 구조적으로 가장 취약한 지점에서 가장 취약한 방향으로 작용하는 100킬로그램 이상의 하중에 견딜 수 있는 튼튼한 구조일 것

제24조(사다리식 통로 등의 구조) ① 사업주는 사다리식 통로 등을 설치하는 경우 다음 각 호의 사항을 준수하여야 한다.

1. 견고한 구조로 할 것

2. 심한 손상·부식 등이 없는 재료를 사용할 것

3. 발판의 간격은 일정하게 할 것

4. 발판과 벽과의 사이는 15센티미터 이상의 간격을 유지할 것

5. 폭은 30센티미터 이상으로 할 것

6. 사다리가 넘어지거나 미끄러지는 것을 방지하기 위한 조치를 할 것

7. 사다리의 상단은 걸쳐놓은 지점으로부터 60센티미터 이상 올라가도록 할 것

8. 사다리식 통로의 길이가 10미터 이상인 경우에는 5미터 이내마다 계단참을 설치할 것

9. 사다리식 통로의 기울기는 75도 이하로 할 것. 다만, 고정식 사다리식 통로의 기울기는 90도 이하로 하고, 그 높이가 7미터 이상인 경우에는 바닥으로부터 높이가 2.5미터 되는 지점부터 등받이울을 설치할 것

10. 접이식 사다리 기둥은 사용 시 접혀지거나 펼쳐지지 않도록 철물 등을 사용하여 견고하게 조치할 것

② 잠함(潛函) 내 사다리식 통로와 건조·수리 중인 선박의 구명줄이 설치된 사다리식 통로(건조·수리작업을 위하여 임시로 설치한 사다리식 통로는 제외한다)에 대해서는 제1항제5호부터 제10호까지의 규정을 적용하지 아니한다.

다) 안전난간 등 설치의무

사업주는 높이 1미터 이상인 계단의 개방된 측면에 안전난간을 설치하여야 한다. 또한 발판의 끝이나 개구부로 근로자가 추락할 위험이 있는 곳은 덮개 등 난간을 설치하여야 한다.

한편 추락할 위험이 있는 장소와 관련하여, 판례는 '법 제23조의 위임을 받은 안전보건규칙 제42조가 근로자가 추락하거나 넘어질 위험이 있는 장소로 상정하여 사업주에게 비계를 조립하는 등의 방법으로 작업발판을 설치하거나 안전방망을 설치할 의무 등을 부과하는 것은 건축 또는 건설공사의 고층 작업등을 의미한다.'고 판시한 바 있다.[57]

또한, 판례는 '규칙 제43조는 개구부 모두에 대하여 덮개 등의 방호조치를 취하도록 규정하고 있지 아니하고 근로자가 추락할 위험이 있는 장소에 한하

---

57) 대법원 2015. 1. 29. 선고 2014도11629 판결, 1.5m의 A형 사다리 위가 '추락할 위험이 있는 장소'인지 여부가 쟁점이 된 사안에서 항소심에서 무죄가 선고되고(울산지방법원 2014. 8. 22. 선고 2014노218) 대법원에서 무죄판결이 확정되었다.

여 덮개 등의 방호조치를 취하도록 규정하고 있고, 나아가 덮개 등의 방호조
치는 덮개의 설치에 한정되는 것이 아니라 안전난간, 울타리, 수직형 추락방
망, 덮개 중 어느 하나를 설치하면 되는 것으로 규정하고 있다'고 하여 안전
난간, 울타리, 추락방망 또는 덮개 모든 조치를 할 필요는 없다고 하였다.[58]

제43조(개구부 등의 방호 조치) ① 사업주는 작업발판 및 통로의 끝이나 개구부
　　로서 근로자가 추락할 위험이 있는 장소에는 안전난간, 울타리, 수직형 추락
　　방망 또는 덮개 등(이하 이 조에서 "난간등"이라 한다)의 방호 조치를 충분한
　　강도를 가진 구조로 튼튼하게 설치하여야 하며, 덮개를 설치하는 경우에는
　　뒤집히거나 떨어지지 않도록 설치하여야 한다. 이 경우 어두운 장소에서도
　　알아볼 수 있도록 개구부임을 표시해야 하며, 수직형 추락방망은 한국산업표
　　준에서 정하는 성능기준에 적합한 것을 사용해야 한다.
　　② 사업주는 난간등을 설치하는 것이 매우 곤란하거나 작업의 필요상 임시로
　　난간등을 해체하여야 하는 경우 제42조제2항 각 호의 기준에 맞는 추락방호망
　　을 설치하여야 한다. 다만, 추락방호망을 설치하기 곤란한 경우에는 근로자에게
　　안전대를 착용하도록 하는 등 추락할 위험을 방지하기 위하여 필요한 조치를
　　하여야 한다.

라) 보호구 지급 및 착용시킬 의무 및 안전대 부착설비 설치의무

　사업주는 근로자가 추락할 위험이 있는 작업을 하는 경우에는 그 작업조건
에 맞는 안전모, 높이 또는 깊이 2미터 이상의 추락할 위험이 있는 장소에서
하는 작업을 하는 경우에는 그 작업조건에 맞는 안전대를 작업하는 근로자
수 이상으로 지급하고 착용하도록 하여야 한다.

제32조(보호구의 지급 등) ① 사업주는 다음 각 호의 어느 하나에 해당하는 작업
　　을 하는 근로자에 대해서는 다음 각 호의 구분에 따라 그 작업조건에 맞는 보호
　　구를 작업하는 근로자 수 이상으로 지급하고 착용하도록 하여야 한다.

---

58) 대법원 2019. 12. 13. 선고 2017도16418 판결.

1. 물체가 떨어지거나 날아올 위험 또는 근로자가 추락할 위험이 있는 작업: 안전모
2. 높이 또는 깊이 2미터 이상의 추락할 위험이 있는 장소에서 하는 작업: 안전대
3. 물체의 낙하·충격, 물체에의 끼임, 감전 또는 정전기의 대전(帶電)에 의한 위험이 있는 작업: 안전화
4. 물체가 흩날릴 위험이 있는 작업: 보안경
5. 용접 시 불꽃이나 물체가 흩날릴 위험이 있는 작업: 보안면
6. 감전의 위험이 있는 작업: 절연용 보호구
7. 고열에 의한 화상 등의 위험이 있는 작업: 방열복
8. 선창 등에서 분진(粉塵)이 심하게 발생하는 하역작업: 방진마스크
9. 섭씨 영하 18도 이하인 급냉동어창에서 하는 하역작업: 방한모·방한복·방한화·방한장갑
10. 물건을 운반하거나 수거·배달하기 위하여 「자동차관리법」 제3조제1항제5호에 따른 이륜자동차(이하 "이륜자동차"라 한다)를 운행하는 작업: 「도로교통법 시행규칙」 제32조제1항 각 호의 기준에 적합한 승차용 안전모

② 사업주로부터 제1항에 따른 보호구를 받거나 착용지시를 받은 근로자는 그 보호구를 착용하여야 한다.

제44조(안전대의 부착설비 등) ① 사업주는 추락할 위험이 있는 높이 2미터 이상의 장소에서 근로자에게 안전대를 착용시킨 경우 안전대를 안전하게 걸어 사용할 수 있는 설비 등을 설치하여야 한다. 이러한 안전대 부착설비로 지지로프 등을 설치하는 경우에는 처지거나 풀리는 것을 방지하기 위하여 필요한 조치를 하여야 한다.

② 사업주는 제1항에 따른 안전대 및 부속설비의 이상 유무를 작업을 시작하기 전에 점검하여야 한다.

안전대를 안전하게 걸어 사용할 수 있는 설비와 관련하여 구체적으로 무엇을 의미하는지 규정하고 있지 않으나, 산업안전보건법의 입법취지와 근로자의 산업재해의 실질적 예방 등의 측면에서 살펴볼 때, 설비 그 자체의 견고

성, 내력 등에 비추어 물리적으로 안전하고, 작업의 내용이나 형태, 구조, 근로자의 움직임 방향 등에 비추어 기능적으로 설치 가능한 설비이어야 할 것이다. 구체적으로 건물 외벽 청소 작업의 경우 안전대를 걸수 있는 설비는 건물 옹벽에 고정되었거나, 2개 이상 안전로프로 고정된 벽과 연결된 설비를 생각할 수 있다.

재해사례59)

■ **재해개요**

비계공으로 일하는 근로자가 '도시형생활주택 신축공사현장' 기계식주차장 시스템 동바리60) 상단에서 멍에재61)를 옮기는 작업을 하던 중, 몸을 돌리는 순간 약 7.3미터 아래 콘크리트 바닥으로 떨어져 사망함.

■ **재해원인**

○ 작업발판과 추락방호망 미설치.

○ 안전모와 안전대는 착용하고 있었으나, 안전대를 걸지 않음.

■ **예방대책**

시스템 동바리 설치작업을 하는 경우에는 작업발판을 설치하여야 한다. 다만, 작업발판 설치가 어려운 경우에는 추락방호망을 설치하거나, 안전대 부착설비를 설치 후 작업자가 안전대를 착용하고 안전대 부착설비에 걸어 안전하게 작업하도록 하여야 한다.

---

59) 고용노동부, 사례로 보는 중대재해예방가이드(2021).

60) 시스템 동바리는 규격화·부품화된 수직재, 수평재, 가새재 등의 부재를 공장에서 제작하여 현장에서 조립하여 사용하는 거푸집 동바리를 말한다.

61) 멍에재는 장선을 지지하고 상부하중을 하부구조에 전달하기 위하여 장선과 직각방향으로 설치하는 부재를 말한다.

■ **재해개요**

주상복합 신축공사 현장에서 공무업무62)를 담당하던 근로자가 자신의 자리의 조도를 조정하기 위하여 A형 사다리에 올라가 전등위치를 조정하고 내려오던 중 몸의 중심을 잃고 바닥 (높이 0.8cm)으로 추락하여 사망함.

■ **재해원인**

안전모를 착용하지 않은 상태에서 작업을 함.

■ **예방대책**

사다리를 사용하여 작업을 하는 경우 안전모 등 개인보호구를 지급하고 근로자가 착용하고 작업하도록 하여야 한다.

마) 비계 관련 준수 의무

(1) 2미터 이상 높이 비계의 작업발판 설치기준 준수의무

건설현장은 대부분 비계를 사용하고, 비계 설치는 건설 초기 단계부터 이루어지는데 비계에서 추락하는 사고도 빈번하다. 특히 비용 문제 등으로 안전난간이나 작업발판을 설치하기 힘든 강관비계를 사용하는 경우도 많다. 안전을 위해서는 가급적 시스템비계를 설치하는 것을 권장한다. 노동부에서도 시스템비계 사용을 권장하고 소규모 건설현장의 경우 비용 지원도 하고 있다. 노동부는 건설현장에서 외부비계에 작업발판을 설치하지 않거나 안전난간을 설치하지 않으면 즉시 사법처리(형사 입건)하고 있으므로 비계 설치 기준은 반드시 준수하여야 한다.

제56조(작업발판의 구조) 사업주는 비계(달비계, 달대비계 및 말비계는 제외한다)의 높이가 2미터 이상인 작업장소에 다음 각 호의 기준에 맞는 작업발판을 설치하여야 한다.

1. 발판재료는 작업할 때의 하중을 견딜 수 있도록 견고한 것으로 할 것
2. 작업발판의 폭은 40센티미터 이상으로 하고, 발판재료 간의 틈은 3센티미

---

62) 공무업무: 작업/출력일보 작성, 자재주문, 작업자 출퇴근 관리 등의 서류업무를 말한다.

> 터 이하로 할 것. 다만, 외줄비계의 경우에는 고용노동부장관이 별도로 정하는 기준에 따른다.
>
> 3. (생략)
> 4. 추락의 위험이 있는 장소에는 안전난간을 설치할 것. 다만, 작업의 성질상 안전난간을 설치하는 것이 곤란한 경우, 작업의 필요상 임시로 안전난간을 해체할 때에 추락방호망을 설치하거나 근로자로 하여금 안전대를 사용하도록 하는 등 추락위험 방지 조치를 한 경우에는 그러하지 아니하다.
> 5. 작업발판의 지지물은 하중에 의하여 파괴될 우려가 없는 것을 사용할 것
> 6. 작업발판재료는 뒤집히거나 떨어지지 않도록 둘 이상의 지지물에 연결하거나 고정시킬 것
> 7. 작업발판을 작업에 따라 이동시킬 경우에는 위험 방지에 필요한 조치를 할 것

(2) 비계 등의 조립 · 해체 및 변경 작업시 준수의무

> **제57조(비계 등의 조립 · 해체 및 변경)** ① 사업주는 달비계 또는 높이 5미터 이상의 비계를 조립 · 해체하거나 변경하는 작업을 하는 경우 다음 각 호의 사항을 준수하여야 한다.
>
> 1. 근로자가 관리감독자의 지휘에 따라 작업하도록 할 것
> 2. 조립 · 해체 또는 변경의 시기 · 범위 및 절차를 그 작업에 종사하는 근로자에게 주지시킬 것
> 3. 조립 · 해체 또는 변경 작업구역에는 해당 작업에 종사하는 근로자가 아닌 사람의 출입을 금지하고 그 내용을 보기 쉬운 장소에 게시할 것
> 4. 비, 눈, 그 밖의 기상상태의 불안정으로 날씨가 몹시 나쁜 경우에는 그 작업을 중지시킬 것
> 5. 비계재료의 연결 · 해체작업을 하는 경우에는 폭 20센티미터 이상의 발판을 설치하고 근로자로 하여금 안전대를 사용하도록 하는 등 추락을 방지하기 위한 조치를 할 것
> 6. 재료 · 기구 또는 공구 등을 올리거나 내리는 경우에는 근로자가 달줄 또는 달포대 등을 사용하게 할 것

② 사업주는 강관비계 또는 통나무비계를 조립하는 경우 쌍줄로 하여야 한다. 다만, 별도의 작업발판을 설치할 수 있는 시설을 갖춘 경우에는 외줄로 할 수 있다.

(3) 강관비계 조립시 준수의무

제59조(강관비계 조립 시의 준수사항) 사업주는 강관비계를 조립하는 경우에 다음 각 호의 사항을 준수하여야 한다.

1. 비계기둥에는 미끄러지거나 침하하는 것을 방지하기 위하여 밑받침철물을 사용하거나 깔판·깔목 등을 사용하여 밑둥잡이를 설치하는 등의 조치를 할 것

2. 강관의 접속부 또는 교차부(交叉部)는 적합한 부속철물을 사용하여 접속하거나 단단히 묶을 것

3. 교차 가새로 보강할 것

4. 외줄비계·쌍줄비계 또는 돌출비계에 대해서는 다음 각 목에서 정하는 바에 따라 벽이음 및 버팀을 설치할 것. 다만, 창틀의 부착 또는 벽면의 완성 등의 작업을 위하여 벽이음 또는 버팀을 제거하는 경우, 그 밖에 작업의 필요상 부득이한 경우로서 해당 벽이음 또는 버팀 대신 비계기둥 또는 띠장에 사재(斜材)를 설치하는 등 비계가 넘어지는 것을 방지하기 위한 조치를 한 경우에는 그러하지 아니하다.

   가. 강관비계의 조립 간격은 별표 5의 기준에 적합하도록 할 것
   나. 강관·통나무 등의 재료를 사용하여 견고한 것으로 할 것
   다. 인장재(引張材)와 압축재로 구성된 경우에는 인장재와 압축재의 간격을 1미터 이내로 할 것

5. 가공전로(架空電路)에 근접하여 비계를 설치하는 경우에는 가공전로를 이설(移設)하거나 가공전로에 절연용 방호구를 장착하는 등 가공전로와의 접촉을 방지하기 위한 조치를 할 것

(4) 강관틀비계 조립시 준수의무

> **제62조(강관틀비계)** 사업주는 강관틀 비계를 조립하여 사용하는 경우 다음 각 호의 사항을 준수하여야 한다.
> 1. 비계기둥의 밑둥에는 밑받침 철물을 사용하여야 하며 밑받침에 고저차(高低差)가 있는 경우에는 조절형 밑받침철물을 사용하여 각각의 강관틀비계가 항상 수평 및 수직을 유지하도록 할 것
> 2. 높이가 20미터를 초과하거나 중량물의 적재를 수반하는 작업을 할 경우에는 주틀 간의 간격을 1.8미터 이하로 할 것
> 3. 주틀 간에 교차 가새를 설치하고 최상층 및 5층 이내마다 수평재를 설치할 것
> 4. 수직방향으로 6미터, 수평방향으로 8미터 이내마다 벽이음을 할 것
> 5. 길이가 띠장 방향으로 4미터 이하이고 높이가 10미터를 초과하는 경우에는 10미터 이내마다 띠장 방향으로 버팀기둥을 설치할 것

(5) 이동식비계 조립시 주의의무

> **제68조(이동식비계)** 사업주는 이동식비계를 조립하여 작업을 하는 경우에는 다음 각 호의 사항을 준수하여야 한다.
> 1. 이동식비계의 바퀴에는 뜻밖의 갑작스러운 이동 또는 전도를 방지하기 위하여 브레이크·쐐기 등으로 바퀴를 고정시킨 다음 비계의 일부를 견고한 시설물에 고정하거나 아웃트리거(outrigger, 전도방지용 지지대)를 설치하는 등 필요한 조치를 할 것
> 2. 승강용사다리는 견고하게 설치할 것
> 3. 비계의 최상부에서 작업을 하는 경우에는 안전난간을 설치할 것
> 4. 작업발판은 항상 수평을 유지하고 작업발판 위에서 안전난간을 딛고 작업을 하거나 받침대 또는 사다리를 사용하여 작업하지 않도록 할 것
> 5. 작업발판의 최대적재하중은 250킬로그램을 초과하지 않도록 할 것

재해사례[63]

■ **재해개요**
견출공[64]으로 일하던 근로자가 아파트 신축공사 현장 5층과 6층 사이 계단실에서 말비계 상부에 올라서서 견출작업을 하던 중 5층 계단실 바닥(높이 1.8미터)으로 떨어져 사망함.

■ **재해원인**
○ 말비계가 계단참과 하부 3번째 계단에 경사지게 설치되어 있었음.
○ 안전모는 착용하였으나, 턱끈을 체결하지 않고 작업하였던 것으로 추정됨.

■ **예방대책**
○ 말비계 위에 올라서서 작업을 할 때에는 작업발판 단부에서 작업자가 떨어지지 않도록 추락방지조치를 하여야 한다.
○ 말비계는 지주부재와 수평면의 기울기를 75도 이하가 되도록 한 후 작업을 하여야 한다.

바) 기타 안전조치의무

또한 사업주는 높이가 3미터 이상인 장소로부터 물체를 투하하는 경우 적당한 투하설비를 설치하거나 감시인을 배치하는 등 위험을 방지하기 위하여 필요한 조치를 하여야 하고, 추락 위험 장소에는 근로자가 아닌 사람의 출입을 금지하여야 한다.[65]

---

63) 고용노동부, 사례로 보는 중대재해예방가이드(2021).
64) 견출작업: 노출된 콘크리트 표면에 시멘트 풀칠을 하여 평활하고 매끈하게 마무리하는 작업을 말한다.
65) 안전보건규칙 제15조, 제20조.

재해사례66)

▣ 재해개요

도장 근로자가 '아파트 균열보수 및 재도장 현장'에서 외벽 도장작업 중 낙하한 페인트 이송 호스에 맞아 달비계 작업대에서 1층 화단 (높이 5.8m)으로 떨어져 사망함.

▣ 재해원인

○ 근로자는 안전모를 착용하고 추락방지대를 수직구명줄에 부착한 상태로 작업함.

○ 그러나 근로자가 착용한 안전대는 추락방지대를 체결하여 사용할 수 없는 벨트식 안전대였고, 추락방지대는 안전인증여부를 확인할 수 없는 제품이었음.

▣ 예방대책

○ 달비계를 이용한 작업을 하는 경우 추락방지를 위하여 그네식 안전대를 지급·착용하게 하고, 수직구명줄의 직경과 맞는 추락방지대를 부착한 상태에서 작업을 실시하도록 하여야 한다.

○ 달비계 설치시 현장 관리감독자의 지휘에 따라 작업을 실시하도록 하며, 관리감독자는 작업진행상태 및 안전대와 안전모등 개인보호구 착용 상황을 감독하여야 한다.

다. 부딪힘 사고 예방을 위한 안전조치의무

1) 개요

건설현장에서 두 번째로 많이 발생하는 업무상 사망사고는 부딪힘 사고로서, 사업주는 작업 중인 근로자의 부딪힘 사고를 방지하기 위해 안전보건규칙 제1편 제6장 제1절 등에서 정하고 있는 조치를 하여야 할 의무가 있다. 주요 안전조치의무로 건설기계 접촉방지, 위험장소 출입금지, 신호수 배치 등이 있다.

---

66) 고용노동부, 사례로 보는 중대재해예방가이드(2021).

2) 사업주의 주요 안전조치의무

가) 차량계 건설기계 및 차량계 하역운반기계 접촉방지 의무

'차량계 건설기계'란 동력원을 사용하여 특정되지 아니한 장소로 스스로 이동할 수 있는 건설기계로서 별표 6에서 정한 기계를 말한다.[67]

> **제200조(접촉 방지)** ① 사업주는 차량계 건설기계를 사용하여 작업을 하는 경우에는 운전 중인 해당 차량계 건설기계에 접촉되어 근로자가 부딪칠 위험이 있는 장소에 근로자를 출입시켜서는 아니 된다. 다만, 유도자를 배치하고 해당 차량계 건설기계를 유도하는 경우에는 그러하지 아니하다.
> ② 차량계 건설기계의 운전자는 제1항 단서의 유도자가 유도하는 대로 따라야 한다.

건설기계를 사용하여 작업을 하는 경우의 의미에 대해 판례는 '작업을 하는 경우'를 엄격히 해석하여, '굴삭기 운전자가 점심식사를 위해 임의로 작업현장 밖으로 나갔다가 복귀하기 위해 주행 중이었던 굴삭기는 차량계 건설기계를 사용하여 작업을 하는 경우에 해당하지 않는다'고 하였다.[68]

> **제172조(접촉의 방지)** ① 사업주는 차량계 하역운반기계등을 사용하여 작업을 하는 경우에 하역 또는 운반 중인 화물이나 그 차량계 하역운반기계등에 접촉되어 근로자가 위험해질 우려가 있는 장소에는 근로자를 출입시켜서는 아니 된다. 다만, 제39조에 따른 작업지휘자 또는 유도자를 배치하고 그 차량계 하역운반기계등을 유도하는 경우에는 그러하지 아니하다.
> ② 차량계 하역운반기계등의 운전자는 제1항 단서의 작업지휘자 또는 유도자가 유도하는 대로 따라야 한다.

---

67) 안전보건규칙에서는 차량용 건설기계에 대해 별표 6에서 규정하고 있다. 주요 차량용 건설기계로 도저형 건설기계, 로더, 스크레이퍼, 굴착기, 항타기 및 항발기, 천공형 건설기계, 지반 입밀침하용 건설기계, 지반 다짐용 건설기계(타이어롤러 등), 준설용 건설기계(버킷준설선 등), 콘크리트 펌프카, 덤프트럭, 도로포장용 건설기계, 골재 채취 및 살포용 건설기계 등 이와 유사한 구조와 기능을 갖춘 건설기계 등이다

68) 대법원 2017. 6. 29. 선고 2017도5988 판결.

> **재해사례[69]**
>
> **■ 재해개요**
> '상수관로 매설 공사' 현장에서 도로 표면을 정리하던 중 골재 포설을 위하여
> 후진하던 화물차량(5톤)에 부딪혀 사망함.
>
> **■ 재해원인**
> ○ 화물차량 적재함에 적재된 골재로 인해 운전자가 룸미러로 후방을 확인할
> 수 없었음.
> ○ 화물차량의 경고음 장치는 고장으로 인해 작동하지 않음.
>
> **■ 예방대책**
> ○ 화물차량 등 차량계 하역운반기계를 사용하는 경우에는 작업계획서를 작성하
> 고 작업지휘자를 지정하여 작업계획서에 따라 작업을 지휘하도록 하여야 한다.
> ○ 화물차량 등 차량계 하역운반기계를 사용하는 경우 작업자가 부딪히는 위
> 험이 있는 장소에는 근로자가 출입하지 못하도록 하여야 한다. 다만, 작업지
> 휘자나 유도자를 배치한 경우 유도를 따르도록 하여야 한다.

나) 운전 시작 전 조치 의무 및 작업시 신호 의무

> **제89조(운전 시작 전 조치)** ① 사업주는 기계의 운전을 시작할 때에 근로자가
> 위험해질 우려가 있으면 근로자 배치 및 교육, 작업방법, 방호장치 등 필
> 요한 사항을 미리 확인한 후 위험 방지를 위하여 필요한 조치를 하여야
> 한다.
> ② 사업주는 제1항에 따라 기계의 운전을 시작하는 경우 일정한 신호방법과 해
> 당 근로자에게 신호할 사람을 정하고, 신호방법에 따라 그 근로자에게 신호하
> 도록 하여야 한다.
>
> **제40조(신호)** ① 사업주는 다음 각 호의 작업을 하는 경우 일정한 신호방법을
> 정하여 신호하도록 하여야 하며, 운전자는 그 신호에 따라야 한다.

---

69) 고용노동부, 사례로 보는 중대재해예방가이드(2021).

---

1. 양중기(揚重機)를 사용하는 작업
2. 제171조 및 제172조제1항 단서에 따라 유도자를 배치하는 작업
3. 제200조제1항 단서에 따라 유도자를 배치하는 작업
4. 항타기 또는 항발기의 운전작업
5. 중량물을 2명 이상의 근로자가 취급하거나 운반하는 작업
6. 양화장치를 사용하는 작업
7. 제412조에 따라 유도자를 배치하는 작업
8. 입환작업(入換作業)

라. 물체에 맞음 사고 예방을 위한 안전조치의무

1) 의의

사업주는 근로자가 건설현장 등에서 작업을 할 경우 물체에 맞음 사고를 예방하기 위하여 필요한 조치를 하여야 한다.

2) 사업주의 주된 안전조치 의무

가) 낙하물에 의한 위험의 방지 의무

사업주는 작업장의 바닥, 도로 및 통로 등에서 낙하물이 근로자에게 위험을 미칠 우려가 있는 경우에는 보호망을 설치하는 등 필요한 조치를 하여야 하고, 작업으로 인하여 물체가 떨어지거나 날아올 위험이 있는 경우 낙하물방지망, 수직보호망 또는 방호선반의 설치 등 위험을 방지하기 위하여 필요한 조치를 하여야 할 의무를 부담한다.

제14조(낙하물에 의한 위험의 방지) ① 사업주는 작업장의 바닥, 도로 및 통로 등에서 낙하물이 근로자에게 위험을 미칠 우려가 있는 경우 보호망을 설치하는 등 필요한 조치를 하여야 한다.
② 사업주는 작업으로 인하여 물체가 떨어지거나 날아올 위험이 있는 경우 낙하물 방지망, 수직보호망 또는 방호선반의 설치, 출입금지구역의 설정, 보호구의 착용 등 위험을 방지하기 위하여 필요한 조치를 하여야 한다. 이 경우 낙하물 방지망 및 수직보호망은 「산업표준화법」 제12조에 따른 한국산업표준(이하

"한국산업표준"이라 한다)에서 정하는 성능기준에 적합한 것을 사용하여야 한다.
③ 제2항에 따라 낙하물 방지망 또는 방호선반을 설치하는 경우에는 다음 각
호의 사항을 준수하여야 한다.

> 1. 높이 10미터 이내마다 설치하고, 내민 길이는 벽면으로부터 2미터 이상으
>   로 할 것
> 2. 수평면과의 각도는 20도 이상 30도 이하를 유지할 것

나) 사전조사 및 작업계획서의 작성 의무

사업주는 건물 등의 해체작업이나 중량물의 취급작업 등을 하는 경우 근로
자의 위험을 방지하기 위하여 해당 작업 등에 대한 사전조사를 하고, 작업계
획서를 작성하여 그에 따라 작업을 하도록 하여야 한다.[70]

다) 해지장치 사용 의무

> **제137조(해지장치의 사용)** 사업주는 훅걸이용 와이어로프 등이 훅으로부터 벗겨
> 지는 것을 방지하기 위한 장치(이하 "해지장치"라 한다)를 구비한 크레인을
> 사용하여야 하며, 그 크레인을 사용하여 짐을 운반하는 경우에는 해지장치를
> 사용하여야 한다.

재해사례[71]

■ 재해개요

형틀공인 근로자가 도로 확장 공사의 터널 작업현장에서 터널 전용으로 제작
된 강재 거푸집을 굴삭기를 이용해 유압잭으로 운반하는 과정에서 러그[72]에
연결하여 사용하던 와이어로프[73]가 이탈되면서 가슴에 맞아 사망함.

---

70) 안전보건규칙 제38조.
71) 고용노동부, 사례로 보는 중대재해예방가이드(2021).
72) 러그: 중량물을 인양하기 위하여 돌출형으로 마는 구조물
73) 와이어로프: 강철 철사를 여러 겹 합쳐 꼬아 만든 밧줄

■ **재해원인**

강재 거푸집 연결핀이 파손되면서 와이어로프가 러그에서 탈락하여 이탈하여 재해자의 흉부 타격

■ **예방대책**

○ 강재 거푸집 운반작업 등 중량물 취급 작업시에는 작업장소 등에 대한 사전조사 후 그 결과를 고려하여 작업계획서를 작성하고 작업지휘자를 지정하고 작업자가 작업계획서에 따라 작업을 하도록 지휘하여야 한다.

○ 강재 거푸집 운반작업을 하는 경우 러그에 샤클 등을 걸어서 운반하도록 하여야 한다.

마. 무너짐 사고 예방을 위한 안전조치의무

1) 의의

사업주는 근로자가 토사·구축물 등이 붕괴할 우려가 있는 장소에서 작업할 경우 산업재해를 예방하기 위하여 필요한 조치를 하여야 한다. 특히 해빙기나 장마철에는 토사, 축대 등 작업을 할 때 붕괴로 인한 사고가 빈발하므로 사업주는 유의하여야 한다.

2) 사업주의 주된 안전조치의무

가) 붕괴에 의한 위험방지조치 의무

제50조(붕괴·낙하에 의한 위험 방지) 사업주는 지반의 붕괴, 구축물의 붕괴 또는 토석의 낙하 등에 의하여 근로자가 위험해질 우려가 있는 경우 그 위험을 방지하기 위하여 다음 각 호의 조치를 하여야 한다.

1. 지반은 안전한 경사로 하고 낙하의 위험이 있는 토석을 제거하거나 옹벽, 흙막이 지보공 등을 설치할 것
2. 지반의 붕괴 또는 토석의 낙하 원인이 되는 빗물이나 지하수 등을 배제할 것
3. 갱내의 낙반·측벽(側壁) 붕괴의 위험이 있는 경우에는 지보공을 설치하고 부석을 제거하는 등 필요한 조치를 할 것

나) 사전조사 및 작업계획서 작성 의무

사업주는 아래에서 보는 작업을 하는 경우 근로자의 산업재해 예방을 위하여 작업계획서를 작성하고 그 계획에 따라 작업을 하도록 하여야 할 의무가 있다.

제38조(사전조사 및 작업계획서의 작성 등) ① 사업주는 다음 각 호의 작업을 하는 경우 근로자의 위험을 방지하기 위하여 별표 4에 따라 해당 작업, 작업장의 지형 · 지반 및 지층 상태 등에 대한 사전조사를 하고 그 결과를 기록 · 보존하여야 하며, 조사결과를 고려하여 별표 4의 구분에 따른 사항을 포함한 작업계획서를 작성하고 그 계획에 따라 작업을 하도록 하여야 한다.

1. 타워크레인을 설치 · 조립 · 해체하는 작업
2. 차량계 하역운반기계등을 사용하는 작업(화물자동차를 사용하는 도로상의 주행작업은 제외한다. 이하 같다)
3. 차량계 건설기계를 사용하는 작업
4. 화학설비와 그 부속설비를 사용하는 작업
5. 제318조에 따른 전기작업(해당 전압이 50볼트를 넘거나 전기에너지가 250볼트암페어를 넘는 경우로 한정한다)
6. 굴착면의 높이가 2미터 이상이 되는 지반의 굴착작업(이하 "굴착작업"이라 한다)
7. 터널굴착작업
8. 교량(상부구조가 금속 또는 콘크리트로 구성되는 교량으로서 그 높이가 5미터 이상이거나 교량의 최대 지간 길이가 30미터 이상인 교량으로 한정한다)의 설치 · 해체 또는 변경 작업
9. 채석작업
10. 건물 등의 해체작업
11. 중량물의 취급작업
12. 궤도나 그 밖의 관련 설비의 보수 · 점검작업
13. 열차의 교환 · 연결 또는 분리 작업(이하 "입환작업"이라 한다)

② 사업주는 제1항에 따라 작성한 작업계획서의 내용을 해당 근로자에게 알려야 한다.

---

③ 사업주는 항타기나 항발기를 조립 · 해체 · 변경 또는 이동하는 작업을 하는 경우 그 작업방법과 절차를 정하여 근로자에게 주지시켜야 한다.

다) 구축물 또는 이와 유사한 시설물에 대한 안전유지 및 안전성 평가 의무

제51조(구축물 또는 이와 유사한 시설물 등의 안전 유지) 사업주는 구축물 또는 이와 유사한 시설물에 대하여 자중(自重), 적재하중, 적설, 풍압(風壓), 지진이나 진동 및 충격 등에 의하여 전도 · 폭발하거나 무너지는 등의 위험을 예방하기 위하여 다음 각 호의 조치를 하여야 한다.

1. 설계도서에 따라 시공했는지 확인
2. 건설공사 시방서(示方書)에 따라 시공했는지 확인
3. 「건축물의 구조기준 등에 관한 규칙」에 따른 구조기준을 준수했는지 확인

제52조(구축물 또는 이와 유사한 시설물의 안전성 평가) 사업주는 구축물 또는 이와 유사한 시설물이 다음 각 호의 어느 하나에 해당하는 경우 안전진단 등 안전성 평가를 하여 근로자에게 미칠 위험성을 미리 제거하여야 한다.

1. 구축물 또는 이와 유사한 시설물의 인근에서 굴착 · 항타작업 등으로 침하 · 균열 등이 발생하여 붕괴의 위험이 예상될 경우
2. 구축물 또는 이와 유사한 시설물에 지진, 동해(凍害), 부동침하(不同沈下) 등으로 균열 · 비틀림 등이 발생하였을 경우
3. 구조물, 건축물, 그 밖의 시설물이 그 자체의 무게 · 적설 · 풍압 또는 그 밖에 부가되는 하중 등으로 붕괴 등의 위험이 있을 경우
4. 화재 등으로 구축물 또는 이와 유사한 시설물의 내력(耐力)이 심하게 저하되었을 경우
5. 오랜 기간 사용하지 아니하던 구축물 또는 이와 유사한 시설물을 재사용하게 되어 안전성을 검토하여야 하는 경우
6. 그 밖의 잠재위험이 예상될 경우

라) 비계 등의 조립 · 해체 · 변경시의 준수 의무

사업주는 달비계, 높이 5미터 이상의 비계를 조립 · 해체 · 변경하는 작업을 하거나, 강관비계, 강관틀비계, 거푸집동바리 등을 조립하는 경우 아래의 사항들을 준수할 의무가 있다.

제57조(비계 등의 조립 · 해체 및 변경) ① 사업주는 달비계 또는 높이 5미터 이상의 비계를 조립 · 해체하거나 변경하는 작업을 하는 경우 다음 각 호의 사항을 준수하여야 한다.

1. 근로자가 관리감독자의 지휘에 따라 작업하도록 할 것
2. 조립 · 해체 또는 변경의 시기 · 범위 및 절차를 그 작업에 종사하는 근로자에게 주지시킬 것
3. 조립 · 해체 또는 변경 작업구역에는 해당 작업에 종사하는 근로자가 아닌 사람의 출입을 금지하고 그 내용을 보기 쉬운 장소에 게시할 것
4. 비, 눈, 그 밖의 기상상태의 불안정으로 날씨가 몹시 나쁜 경우에는 그 작업을 중지시킬 것
5. 비계재료의 연결 · 해체작업을 하는 경우에는 폭 20센티미터 이상의 발판을 설치하고 근로자로 하여금 안전대를 사용하도록 하는 등 추락을 방지하기 위한 조치를 할 것
6. 재료 · 기구 또는 공구 등을 올리거나 내리는 경우에는 근로자가 달줄 또는 달포대 등을 사용하게 할 것

② 사업주는 강관비계 또는 통나무비계를 조립하는 경우 쌍줄로 하여야 한다. 다만, 별도의 작업발판을 설치할 수 있는 시설을 갖춘 경우에는 외줄로 할 수 있다.

제59조(강관비계 조립 시의 준수사항) 사업주는 강관비계를 조립하는 경우에 다음 각 호의 사항을 준수하여야 한다.

1. 비계기둥에는 미끄러지거나 침하하는 것을 방지하기 위하여 밑받침철물을 사용하거나 깔판 · 깔목 등을 사용하여 밑둥잡이를 설치하는 등의 조치를 할 것
2. 강관의 접속부 또는 교차부(交叉部)는 적합한 부속철물을 사용하여 접속하거나 단단히 묶을 것

3. 교차 가새로 보강할 것
4. 외줄비계·쌍줄비계 또는 돌출비계에 대해서는 다음 각 목에서 정하는 바에 따라 벽이음 및 버팀을 설치할 것. 다만, 창틀의 부착 또는 벽면의 완성 등의 작업을 위하여 벽이음 또는 버팀을 제거하는 경우, 그 밖에 작업의 필요상 부득이한 경우로서 해당 벽이음 또는 버팀 대신 비계기둥 또는 띠장에 사재(斜材)를 설치하는 등 비계가 넘어지는 것을 방지하기 위한 조치를 한 경우에는 그러하지 아니하다.
   가. 강관비계의 조립 간격은 별표 5의 기준에 적합하도록 할 것
   나. 강관·통나무 등의 재료를 사용하여 견고한 것으로 할 것
   다. 인장재(引張材)와 압축재로 구성된 경우에는 인장재와 압축재의 간격을 1미터 이내로 할 것
5. 가공전로(架空電路)에 근접하여 비계를 설치하는 경우에는 가공전로를 이설(移設)하거나 가공전로에 절연용 방호구를 장착하는 등 가공전로와의 접촉을 방지하기 위한 조치를 할 것

제62조(강관틀비계) 사업주는 강관틀 비계를 조립하여 사용하는 경우 다음 각 호의 사항을 준수하여야 한다.
1. 비계기둥의 밑둥에는 밑받침 철물을 사용하여야 하며 밑받침에 고저차(高低差)가 있는 경우에는 조절형 밑받침철물을 사용하여 각각의 강관틀비계가 항상 수평 및 수직을 유지하도록 할 것
2. 높이가 20미터를 초과하거나 중량물의 적재를 수반하는 작업을 할 경우에는 주틀 간의 간격을 1.8미터 이하로 할 것
3. 주틀 간에 교차 가새를 설치하고 최상층 및 5층 이내마다 수평재를 설치할 것
4. 수직방향으로 6미터, 수평방향으로 8미터 이내마다 벽이음을 할 것
5. 길이가 띠장 방향으로 4미터 이하이고 높이가 10미터를 초과하는 경우에는 10미터 이내마다 띠장 방향으로 버팀기둥을 설치할 것

마) 조립도 작성 의무

사업주는 거푸집 및 거푸집동바리 등을 조립하는 경우 구조 검토 후 조립도를 작성하고 그에 따라 조립하도록 하여야 할 의무가 있다.

제331조(조립도) ① 사업주는 거푸집동바리등을 조립하는 경우에는 그 구조를 검토한 후 조립도를 작성하고, 그 조립도에 따라 조립하도록 하여야 한다.
② 제1항의 조립도에는 동바리·멍에 등 부재의 재질·단면규격·설치간격 및 이음방법 등을 명시하여야 한다.

바) 콘크리트 타설작업시 준수 의무

제334조(콘크리트의 타설작업) 사업주는 콘크리트 타설작업을 하는 경우에는 다음 각 호의 사항을 준수하여야 한다.
 1. 당일의 작업을 시작하기 전에 해당 작업에 관한 거푸집동바리등의 변형·변위 및 지반의 침하 유무 등을 점검하고 이상이 있으면 보수할 것
 2. 작업 중에는 거푸집동바리등의 변형·변위 및 침하 유무 등을 감시할 수 있는 감시자를 배치하여 이상이 있으면 작업을 중지하고 근로자를 대피시킬 것
 3. 콘크리트 타설작업 시 거푸집 붕괴의 위험이 발생할 우려가 있으면 충분한 보강조치를 할 것
 4. 설계도서상의 콘크리트 양생기간을 준수하여 거푸집동바리등을 해체할 것
 5. 콘크리트를 타설하는 경우에는 편심이 발생하지 않도록 골고루 분산하여 타설할 것

사) 기타 안전조치의무

앞에서 언급한 주요 안전조치의무 외에 무너짐 사고 예방을 위한 의무 규정(안전보건규칙 제20조, 제55조 등)은 꼼꼼히 살펴두어야 할 필요가 있다.

재해사례74)

■ **재해개요**
형틀공 근로자 5명은 업무시설 신축공사 현장 지하 1층 주차장 바닥에 콘크리트 타설 작업 중 데프플레이트가 붕괴하면서 떨어져 부상을 입음.

■ **재해원인**
붕괴구역 마지막 추가 타설이 이루어진 중앙부에 인서트 플레이트75)가 밀집되어 붕괴에 영향을 미쳤을 것으로 추정됨.

■ **예방대책**
○ 콘크리트 타설 작업시 작업 전 데크플레이트 접합부 등을 확인하여 이상이 있다고 판단되는 경우 충분히 보강조치를 하여야 한다.
○ 타설 중에 데크플레이트의 변형·변위 유무 등을 감시할 수 있는 감시자를 배치하여 이상 발생 시 작업 중지를 하고 작업자를 대피시킬 수 있어야 한다.

3. 제조업에서의 재해방지

가. 개요

제조업 역시 건설업과 더불어 산업재해의 가능성을 많이 가지고 있는 업종이라 할 수 있다. 앞서 언급한 2021년 산업재해현황분석76)에 따르면, 전체 업무상 사고 사망자 수(828명) 중 건설업(417명, 50.3%) 다음으로 많은 비중(184명, 22.2%)을 차지하고 있다. 제조업 사업주도 다른 업종과 마찬가지로 근로자의 산업재해 위험을 예방하기 위하여 안전조치 의무의 내용을 꼼꼼히 살펴 그 조치를 성실히 이행해야 한다.

---

74) 고용노동부, 사례로 보는 중대재해예방가이드(2021).
75) 인서트 플레이트: 콘크리트 면에서 용접 등의 작업을 위한 용도로 콘크리트 타설 전 매립하여 양생 후 사용하는 강판을 말한다.
76) 고용노동부 2021년 산업재해현황분석, 259쪽 이하.

나. 재해 유형별 현황

재해유형별 현황을 살펴보면, 2021년 제조업 전체 업무상 사고 사망자 184명 중 끼임 사고 58명(31.5%), 떨어짐 사고 47명(25.5%)으로 사망사고의 57%를 차지하고 있다. 그 외에 물체에 맞음 17명, 깔림 12명, 폭발 과열 11명 등으로 나타났다. 건설업과 비교해 떨어짐 사고보다 끼임 사고가 더 많다. 업종 특성상 프레스 등 기계를 많이 사용하므로 기계에 의한 끼임 사고가 많은 것으로 보인다.

다. 끼임 사고 예방을 위한 안전조치의무

1) 의의

제조업 현장에서는 수많은 기계와 기구, 그밖의 설비 등이 작동하는 것이 일반적이다. 특히 최근에는 제조업 현장에서 산업용 로봇의 사용이 지속적으로 증가하고 있는데, 산업용 로봇의 운전, 수리, 점검 등의 과정에서 산업재해가 발생하기도 하고 있다. 안전보건규칙은 이러한 산업용 로봇의 운전이나 수리 등의 작업을 할 경우의 안전조치의무에 관하여도 정하고 있다. 사업주는 제조업 현장에서 기계의 오작동이나 운전자의 과실 등으로 인해 근로자의 끼임 사고를 예방하기 위하여 안전조치를 하여야 할 의무가 있다.

2) 사업주의 주요 안전조치의무

가) 기계의 원동기 · 회전축 등의 위험 방지 의무

사업주는 기계의 원동기 등 근로자가 위험에 처할 우려가 있는 부위에 덮개 등을 설치하여야 할 의무가 있다. 주로 회전하는 기계의 톱날, 연삭기에 신체가 닿아 재해를 입는 경우가 많으므로 안전보건규칙에서 덮개 등을 설치하도록 강조하고 있다. 그러나 제조업 현장에서는 덮개가 있는 경우 번거롭거나, 작업 과정이 잘 보이지 않는다는 이유로 근로자가 설치된 덮개를 사용하지 않고 작업하다가 재해가 발생하는 경우도 있다.

기업실무자로서 덮개가 완전히 덮히지 않으면 작동이 되지 않도록 설비를 갖추면 재해예방에 도움이 될 수 있다.

제87조(원동기 · 회전축 등의 위험 방지) ① 사업주는 기계의 원동기 · 회전축 · 기어 · 풀리 · 플라이휠 · 벨트 및 체인 등 근로자가 위험에 처할 우려가 있는 부위에 덮개 · 울 · 슬리브 및 건널다리 등을 설치하여야 한다.

② 사업주는 회전축 · 기어 · 풀리 및 플라이휠 등에 부속되는 키 · 핀 등의 기계요소는 묻힘형으로 하거나 해당 부위에 덮개를 설치하여야 한다.

③ 사업주는 벨트의 이음 부분에 돌출된 고정구를 사용해서는 아니 된다.

④ 사업주는 제1항의 건널다리에는 안전난간 및 미끄러지지 아니하는 구조의 발판을 설치하여야 한다.

⑤ 사업주는 연삭기(研削機) 또는 평삭기(平削機)의 테이블, 형삭기(形削機) 램 등의 행정끝이 근로자에게 위험을 미칠 우려가 있는 경우에 해당 부위에 덮개 또는 울 등을 설치하여야 한다.

⑥ 사업주는 선반 등으로부터 돌출하여 회전하고 있는 가공물이 근로자에게 위험을 미칠 우려가 있는 경우에 덮개 또는 울 등을 설치하여야 한다.

⑦ 사업주는 원심기(원심력을 이용하여 물질을 분리하거나 추출하는 일련의 작업을 하는 기기를 말한다. 이하 같다)에는 덮개를 설치하여야 한다.

⑧ 사업주는 분쇄기 · 파쇄기 · 마쇄기 · 미분기 · 혼합기 및 혼화기 등(이하 "분쇄기등"이라 한다)을 가동하거나 원료가 흩날리거나 하여 근로자가 위험해질 우려가 있는 경우 해당 부위에 덮개를 설치하는 등 필요한 조치를 하여야 한다.

⑨ 사업주는 근로자가 분쇄기등의 개구부로부터 가동 부분에 접촉함으로써 위해(危害)를 입을 우려가 있는 경우 덮개 또는 울 등을 설치하여야 한다.

⑩ 사업주는 종이 · 천 · 비닐 및 와이어 로프 등의 감김통 등에 의하여 근로자가 위험해질 우려가 있는 부위에 덮개 또는 울 등을 설치하여야 한다.

나) 로봇의 운전 등과 관련한 안전조치의무

사업주는 로봇의 운전으로 인하여 근로자에게 발생할 수 있는 부상 등을 방지하고, 로봇의 작동범위에서 수리 · 검사 등의 작업을 하는 경우에는 필요한 조치를 하여야 한다. 특히 로봇은 최근 제조업 공장에 많이 도입되어 사용되고 있다. 이동하면서 작업을 하는 로봇도 있고, 한군데 고정되어 작업을 하는 로봇도 있다. 안전보건규칙에서는 이동하는 로봇을 전제로 작동순서,

위치 속도의 설정 등에 대해 규정하고 있다. 아직 안전보건규칙은 로봇에 관한 규정이 몇 개 되지 않으나 점차 산업현장에서 로봇 사용이 늘어나는 것을 대비하여 안전기준에 대한 조항을 준비할 필요가 있어 보인다.

제222조(교시 등) 사업주는 산업용 로봇의 작동범위에서 해당 로봇에 대하여 교시(敎示) 등[매니퓰레이터(manipulator)의 작동순서, 위치·속도의 설정·변경 또는 그 결과를 확인하는 것을 말한다. 이하 같다]의 작업을 하는 경우에는 해당 로봇의 예기치 못한 작동 또는 오(誤)조작에 의한 위험을 방지하기 위하여 다음 각 호의 조치를 하여야 한다. 다만, 로봇의 구동원을 차단하고 작업을 하는 경우에는 제2호와 제3호의 조치를 하지 아니할 수 있다.

1. 다음 각 목의 사항에 관한 지침을 정하고 그 지침에 따라 작업을 시킬 것
   가. 로봇의 조작방법 및 순서
   나. 작업 중의 매니퓰레이터의 속도
   다. 2명 이상의 근로자에게 작업을 시킬 경우의 신호방법
   라. 이상을 발견한 경우의 조치
   마. 이상을 발견하여 로봇의 운전을 정지시킨 후 이를 재가동시킬 경우의 조치
   바. 그 밖에 로봇의 예기치 못한 작동 또는 오조작에 의한 위험을 방지하기 위하여 필요한 조치
2. 작업에 종사하고 있는 근로자 또는 그 근로자를 감시하는 사람은 이상을 발견하면 즉시 로봇의 운전을 정지시키기 위한 조치를 할 것
3. 작업을 하고 있는 동안 로봇의 기동스위치 등에 작업 중이라는 표시를 하는 등 작업에 종사하고 있는 근로자가 아닌 사람이 그 스위치 등을 조작할 수 없도록 필요한 조치를 할 것

제223조(운전 중 위험 방지) 사업주는 로봇의 운전(제222조에 따른 교시 등을 위한 로봇의 운전과 제224조 단서에 따른 로봇의 운전은 제외한다)으로 인하여 근로자에게 발생할 수 있는 부상 등의 위험을 방지하기 위하여 높이 1.8미터 이상의 울타리(로봇의 가동범위 등을 고려하여 높이로 인한 위험성이 없는 경우에는 높이를 그 이하로 조절할 수 있다)를 설치해야 하며, 컨베이어 시스템의 설치 등으로 울타리를 설치할 수 없는 일부 구간에 대해서는 안전매트

또는 광전자식 방호장치 등 감응형(感應形) 방호장치를 설치해야 한다. 다만, 고용노동부장관이 해당 로봇의 안전기준이 한국산업표준에서 정하고 있는 안전기준 또는 국제적으로 통용되는 안전기준에 부합한다고 인정하는 경우에는 본문에 따른 조치를 하지 않을 수 있다.

제224조(수리 등 작업 시의 조치 등) 사업주는 로봇의 작동범위에서 해당 로봇의 수리·검사·조정(교시 등에 해당하는 것은 제외한다)·청소·급유 또는 결과에 대한 확인작업을 하는 경우에는 해당 로봇의 운전을 정지함과 동시에 그 작업을 하고 있는 동안 로봇의 기동스위치를 열쇠로 잠근 후 열쇠를 별도 관리하거나 해당 로봇의 기동스위치에 작업 중이란 내용의 표지판을 부착하는 등 해당 작업에 종사하고 있는 근로자가 아닌 사람이 해당 기동스위치를 조작할 수 없도록 필요한 조치를 하여야 한다. 다만, 로봇의 운전 중에 작업을 하지 아니하면 안되는 경우로서 해당 로봇의 예기치 못한 작동 또는 오조작에 의한 위험을 방지하기 위하여 제222조 각 호의 조치를 한 경우에는 그러하지 아니하다.

다) 운전 시작 전과 정비 등의 작업시의 안전조치의무

제89조(운전 시작 전 조치) ① 사업주는 기계의 운전을 시작할 때에 근로자가 위험해질 우려가 있으면 근로자 배치 및 교육, 작업방법, 방호장치 등 필요한 사항을 미리 확인한 후 위험 방지를 위하여 필요한 조치를 하여야 한다.
② 사업주는 제1항에 따라 기계의 운전을 시작하는 경우 일정한 신호방법과 해당 근로자에게 신호할 사람을 정하고, 신호방법에 따라 그 근로자에게 신호하도록 하여야 한다.

제92조(정비 등의 작업 시의 운전정지 등) ① 사업주는 공작기계·수송기계·건설기계 등의 정비·청소·급유·검사·수리·교체 또는 조정 작업 또는 그 밖에 이와 유사한 작업을 할 때에 근로자가 위험해질 우려가 있으면 해당 기계의 운전을 정지하여야 한다. 다만, 덮개가 설치되어 있는 등 기계의 구조상 근로자가 위험해질 우려가 없는 경우에는 그러하지 아니하다.
② 사업주는 제1항에 따라 기계의 운전을 정지한 경우에 다른 사람이 그 기계를 운전하는 것을 방지하기 위하여 기계의 기동장치에 잠금장치를 하고 그 열

쇠를 별도 관리하거나 표지판을 설치하는 등 필요한 방호 조치를 하여야 한다.
③ 사업주는 작업하는 과정에서 적절하지 아니한 작업방법으로 인하여 기계가
갑자기 가동될 우려가 있는 경우 작업지휘자를 배치하는 등 필요한 조치를 하
여야 한다.
④ 사업주는 기계·기구 및 설비 등의 내부에 압축된 기체 또는 액체 등이 방출
되어 근로자가 위험해질 우려가 있는 경우에 제1항부터 제3항까지의 규정 따른
조치 외에도 압축된 기체 또는 액체 등을 미리 방출시키는 등 위험 방지를 위하
여 필요한 조치를 하여야 한다.

라) 롤러기, 포장기계, 식품분쇄기 등과 관련한 안전조치의무

제123조(롤러기의 울 등 설치) 사업주는 합판·종이·천 및 금속박 등을 통과시
키는 롤러기로서 근로자가 위험해질 우려가 있는 부위에는 울 또는 가이드롤
러(guide roller) 등을 설치하여야 한다.

제128조(포장기계의 덮개 등) 사업주는 종이상자·자루 등의 포장기 또는 충진기
등의 작동 부분이 근로자를 위험하게 할 우려가 있는 경우 덮개 설치 등 필
요한 조치를 해야 한다.

제130조(식품분쇄기의 덮개 등) 사업주는 식품 등을 손으로 직접 넣어 분쇄하는
기계의 작동 부분이 근로자를 위험하게 할 우려가 있는 경우 식품 등을 분쇄
기에 넣거나 꺼내는 데에 필요한 부위를 제외하고는 덮개를 설치하고, 분쇄
물투입용 보조기구를 사용하도록 하는 등 근로자의 손 등이 말려 들어가지
않도록 필요한 조치를 하여야 한다.

재해사례77)

■ **재해개요**

생산직 근로자가 차체부품(변속기케이스) 제조 라인에서 PTC 장비실78) 안으로 들어가 보정작업 중 하강하는 갠트리 로더(Loader)79)의 그리퍼(Gripper)와 차체 부품 사이에 끼여 사망함.

■ **재해원인**

PTC 장비실로 들어가는 문은 열려 있는 상태로 문에 부착된 Safety S/W에는 바이패스(Bypass Key)가 꽂혀 있어, 안전기능이 무효화 되어 있었음.

■ **예방대책**

○ 방호장치(바이패스 키)를 이용하여 자동화 기계의 방호장치를 무효화하는 것을 금지하고, 용도에 맞는 작업의 경우에만 사용하도록 하여야 한다. 또한 작업승인절차를 거쳐 승인권자의 승인을 톤하여 사용할 수 있도록 절차를 마련하여야 한다.

○ 정비·청소·검사 등의 작업을 위하여 작업자가 위험한 장소에 진입하는 경우 해당 동력원을 차단하고, 작업중 가동되는 것을 방지하기 위한 안전조치를 하여야 한다.

라. 떨어짐 사고 예방을 위한 안전조치의무

1) 의의

사업주는 제조업 현장에서 발생할 수 있는 근로자의 떨어짐 사고를 예방하기 위하여 안전조치를 하여야 할 의무가 있다.

2) 구성요건

사업주(주체)는 제조업 현장에서 근로자의 떨어짐 사고를 예방하기 위한

---

77) 고용노동부, 사례로 보는 중대재해예방가이드(2021).
78) PTC 장비실: 밀링 드릴링 등을 통해 가공이 완료된 차체부품(변속기 케이스)을 갠트리 로더(Gantry Loader)에 싣고 내리는 장비(로딩, 언로딩)
79) 갠트리 로더(Gantry Loader): 특정부품 가공단계에서 반복적인 작업에 많이 쓰는 다관절 로봇

안전조치를 취해야 할 의무가 있고, 이러한 안전조치의무를 위반하여(행위) 근로자가 사망하여 산업안전보건법 제167조를 적용하여 처벌되는 경우에는 안전조치의무 위반과 근로자의 사망 사이에 인과관계가 있어야 한다.

3) 사업주의 주요 안전조치의무

가) 보호구의 지급 의무 및 안전대 부착설비 관련 의무

제조업에서도 앞에서 본 건설업상의 떨어짐 사고 예방을 위한 안전조치의무 중 제32조 보호구 지급의무와 안전대 부착설비 관련 제44조는 동일하게 적용된다.

나) 작업발판, 추락방호망 설치 의무

제조업에서도 앞에서 본 건설업상의 떨어짐 사고 예방을 위한 안전조치의무 중 제42조상의 작업발판이나 추락방호망 설치 의무는 동일하게 적용된다.

재해사례[80]

■ **재해개요**

일용직 근로자가 공장 지붕위에서 강판 교체 작을 중 볼트가 해체된 강판을 밟아 강판이 뒤집어지면서 콘크리트 바닥(높이 25.5m)으로 추락하여 사망함.

■ **재해원인**

현장에 안전대 걸이시설을 사용하였고, 모든 근로자가 안전대를 체결하고 작업을 진행하였으나 추락시 발생한 충격하중으로 강판 단부 날카로운 부분에 로프가 절단된 것으로 추정됨.

■ **예방대책**

○ 슬레이트, 선라이트 등 강도가 약한 재료로 덮은 지붕 위에서 작업을 하는 경우 폭 30센티미터 이상의 발판을 설치하거나 추락방호망을 설치하는 등 위험을 방지하기 위한 조치를 하여야 한다.

---

80) 고용노동부, 사례로 보는 중대재해예방가이드(2021).

○ 안전대 부착설비를 설치하는 경우 지지로프 등이 처지거나 풀리는 것을 방지하기 위한 조치를 하여야 하며, 끊어짐이 예상되는 경우 강도가 확보된 와이어로프 등을 설치하여야 한다.

마. 기타 물체에 맞음 등 사고 예방을 위한 안전조치의무

물체에 맞음 등 사고 예방을 위한 안전보건규칙 제14조, 제38조, 제137조 등의 안전조치의무는 제조업에도 동일하게 적용된다.

4. 기타업종에서의 재해방지

가. 운수창고업

1) 개요

운수창고업의 산업재해의 특징은 5인 미만 사업장에서의 산업재해사고가 많다는 점에 있다. 앞서 언급한 2021년 산업재해현황분석[81]에 따르면, 전체 업무상 사고 사망자 수 828명 중 운수창고업에 종사하고 있던 근로자는 72명 이며, 그 중 28명이 5인 미만 사업장에서 발생한 사고로 사망하였다.

그리고, 사람이나 화물의 이동성을 본질로 하는 운수업의 특성상 사업장 외에서의 교통사고 사망자가 46명에 이르고 있다.

운수창고업 사업주도 다른 업종과 마찬가지로 근로자의 산업재해 위험을 예방하기 위하여 안전조치의무의 내용을 꼼꼼히 살펴 그 조치를 성실히 이행해야 한다.

2) 재해 유형별 현황

재해 유형별 현황을 살펴보면, 2021년 운수창고통신업 전체 업무상 사고 사망자 72명 중 사업장 외 교통사고 46명(63.8%), 부딪힘 사고 9명(12.5%), 떨어짐 사고 8명(11.1%) 끼임 사고 4명(5.5%)순으로 나타났으며, 그 외에 물체에 맞음 1명, 무너짐 1명, 폭발 과열 1명 등으로 나타났다.

---

81) 앞의 책, 259면 이하.

3) 사업주의 주요 안전조치의무

가) 부딪힘 사고 예방을 위한 안전조치의무

(1) 근로자 출입금지 의무

> **제172조(접촉의 방지)** ① 사업주는 차량계 하역운반기계등을 사용하여 작업을 하는 경우에 하역 또는 운반 중인 화물이나 그 차량계 하역운반기계등에 접촉되어 근로자가 위험해질 우려가 있는 장소에는 근로자를 출입시켜서는 아니 된다. 다만, 제39조에 따른 작업지휘자 또는 유도자를 배치하고 그 차량계 하역운반기계등을 유도하는 경우에는 그러하지 아니하다.
> ② 차량계 하역운반기계등의 운전자는 제1항 단서의 작업지휘자 또는 유도자가 유도하는 대로 따라야 한다.

(2) 사전조사 및 작업계획의 작성 의무

> **제38조(사전조사 및 작업계획서의 작성 등)** ① 사업주는 다음 각 호의 작업을 하는 경우 근로자의 위험을 방지하기 위하여 별표 4에 따라 해당 작업, 작업장의 지형·지반 및 지층 상태 등에 대한 사전조사를 하고 그 결과를 기록·보존하여야 하며, 조사결과를 고려하여 별표 4의 구분에 따른 사항을 포함한 작업계획서를 작성하고 그 계획에 따라 작업을 하도록 하여야 한다.
> 2. 차량계 하역운반기계등을 사용하는 작업(화물자동차를 사용하는 도로상의 주행작업은 제외한다. 이하 같다)
> 11. 중량물의 취급작업

(3) 작업지휘자 지정 의무

> **제39조(작업지휘자의 지정)** ① 사업주는 제38조제1항제2호·제6호·제8호 및 제11호의 작업계획서를 작성한 경우 작업지휘자를 지정하여 작업계획서에 따라 작업을 지휘하도록 하여야 한다. 다만, 제38조제1항제2호의 작업에 대하여 작업장소에 다른 근로자가 접근할 수 없거나 한 대의 차량계 하역운반기계등을 운전하는 작업으로서 주위에 근로자가 없어 충돌 위험이 없는 경우에

는 작업지휘자를 지정하지 아니할 수 있다.

② 사업주는 항타기나 항발기를 조립·해체·변경 또는 이동하여 작업을 하는 경우 작업지휘자를 지정하여 지휘·감독하도록 하여야 한다.

(4) 지게차 전조등 등의 설치 의무

제179조(전조등 등의 설치) ① 사업주는 전조등과 후미등을 갖추지 아니한 지게차를 사용해서는 아니 된다. 다만, 작업을 안전하게 수행하기 위하여 필요한 조명이 확보되어 있는 장소에서 사용하는 경우에는 그러하지 아니하다. <개정 2019. 1. 31., 2019. 12. 26.>

② 사업주는 지게차 작업 중 근로자와 충돌할 위험이 있는 경우에는 지게차에 후진경보기와 경광등을 설치하거나 후방감지기를 설치하는 등 후방을 확인할 수 있는 조치를 해야 한다.

나) 떨어짐 사고 예방을 위한 안전조치의무
(1) 승강설비 설치 의무

제187조(승강설비) 사업주는 바닥으로부터 짐 윗면까지의 높이가 2미터 이상인 화물자동차에 짐을 싣는 작업 또는 내리는 작업을 하는 경우에는 근로자의 추가 위험을 방지하기 위하여 해당 작업에 종사하는 근로자가 바닥과 적재함의 짐 윗면 간을 안전하게 오르내리기 위한 설비를 설치하여야 한다.

(2) 사전조사 및 작업계획서의 작성 의무

앞에서 언급한 안전보건규칙 제38조의 의무는 떨어짐 사고 예방을 위해서도 부과되는 의무이다.

(3) 개인보호구 지급의무 등

안전보건규칙 제32조 제1항 제1호는 사용자에게 근로자가 추락할 위험이 있는 작업을 하는 근로자에게 안전모를 지급하고 착용하도록 하여야 할 의무를 부과하고 있다.

재해사례

■ **재해개요**
액체세제 생산 사업장에서 피재자가 화물자동차에 제품을 상차하고 나서 적재함 위에서 지면으로 뛰어내렸는데, 지면에 머리가 부딪혀 사망함.

■ **재해원인**
○ 화물자동차 적재함에서 작업을 하는 경우 승강설비 미설치
○ 작업계획서 미작성
○ 안전모 미지급

■ **예방대책**
○ 바닥으로부터 높이 2미터 이상의 화물자동차 적재함에서 작업을 하는 경우 승강설비를 설치하여야 한다.
○ 해당 작업장 등에 관하여 사전조사를 하고, 그 결과를 고려하여 작업계획서를 작성한 후 그에 따라 작업하도록 하여야 한다.
○ 안전모를 지급하고, 이를 착용한 후 작업하도록 하게 하여야 한다.

나. 임업

1) 개요

임업에서의 업무상 사망사고 역시 5인 미만 사업장과 5~9인 사업장에서 많이 일어나고 있다. 앞서 언급한 2021년 산업재해현황분석[82]에 따르면, 전체 업무상 사고 사망자 수 828명 중 임업에 종사하고 있던 근로자는 12명이며, 그중 7명이 5인 미만 사업장에서, 4명이 5인 내지 9인 사업장에서 발생한 사고로 사망하였다.

임업 사업주도 다른 업종과 마찬가지로 근로자의 산업재해 위험을 예방하기 위하여 안전조치 의무의 내용을 꼼꼼히 살펴 그 조치를 성실히 이행해야 한다.

---

82) 앞의 책, 324면 이하.

2) 재해 유형별 현황

재해 유형별 현황을 살펴보면, 2021년 임업 전체 업무상 사고 사망자 12명 중 깔림·뒤집힘 사고 7명, 떨어짐 2명, 끼임 1명, 절단·베임·찔림 1명 등으로 나타났다.

3) 사업주의 주요 안전조치의무

가) 출입금지조치의무

> **제20조(출입의 금지 등)** 사업주는 다음 각 호의 작업 또는 장소에 울타리를 설치하는 등 관계 근로자가 아닌 사람의 출입을 금지하여야 한다. 다만, 제2호 및 제7호의 장소에서 수리 또는 점검 등을 위하여 그 암(arm) 등의 움직임에 의한 하중을 충분히 견딜 수 있는 안전지지대 또는 안전블록 등을 사용하도록 한 경우에는 그러하지 아니하다.
> 16. 벌목, 목재의 집하 또는 운반 등의 작업을 하는 경우에는 벌목한 목재 등이 아래 방향으로 굴러 떨어지는 등의 위험이 발생할 우려가 있는 장소

나) 위험 방지 의무

> **제405조(벌목작업 시 등의 위험 방지)** ① 사업주는 벌목작업 등을 하는 경우에 다음 각 호의 사항을 준수하도록 해야 한다. 다만, 유압식 벌목기를 사용하는 경우에는 그렇지 않다.
> 1. 벌목하려는 경우에는 미리 대피로 및 대피장소를 정해 둘 것
> 2. 벌목하려는 나무의 가슴높이지름이 20센티미터 이상인 경우에는 수구(베어지는 쪽의 밑동 부근에 만드는 쐐기 모양의 절단면)의 상면·하면의 각도를 30도 이상으로 하며, 수구 깊이는 뿌리부분 지름의 4분의 1 이상 3분의 1 이하로 만들 것
> 3. 벌목작업 중에는 벌목하려는 나무로부터 해당 나무 높이의 2배에 해당하는 직선거리 안에서 다른 작업을 하지 않을 것
> 4. 나무가 다른 나무에 걸려있는 경우에는 다음 각 목의 사항을 준수할 것
>   가. 걸려있는 나무 밑에서 작업을 하지 않을 것
>   나. 받치고 있는 나무를 벌목하지 않을 것
> ② 사업주는 유압식 벌목기에는 견고한 헤드 가드(head guard)를 부착하여야 한다.

다) 신호 관련 의무

제406조(벌목의 신호 등) ① 사업주는 벌목작업을 하는 경우에는 일정한 신호방법을 정하여 그 작업에 종사하는 근로자에게 주지시켜야 한다.

② 사업주는 벌목작업에 종사하는 근로자가 아닌 사람에게 벌목에 의한 위험이 발생할 우려가 있는 경우에는 벌목작업에 종사하는 근로자에게 미리 제1항의 신호를 하도록 하여 다른 근로자가 대피한 것을 확인한 후에 벌목하도록 하여야 한다.

재해사례[83]

■ 재해개요

굴삭기 운전자가 농가 인근 밭에 식재되어 있는 나무를 벌목하기 위하여 나무 중간에 로프를 감고 굴삭기 집게 그레이퍼를 걸고 벌목하던 중 절단된 나무가 쓰러지면서 같이 전도되는 굴삭기에 깔려 사망함.

■ 재해원인

나무가 쓰러지는 과정에서 나무와 굴삭기 집게 그레이퍼에 걸려 있던 로프로 인하여 굴삭기가 같이 전도되었음.

■ 예방대책

○ 벌목 작업 등 중량물 취급 작업시에는 작업장소 등에 대한 사전조사 후 그 결과를 고려하여 작업계획서를 작성하고 작업지휘자를 지정하고, 작업자가 작업계획서에 따라 작업을 하도록 지휘하여야 한다.

○ 벌목 작업시 나무직경이 크거나 벌도 반대방향으로 벌목이 기울어져 있는 경우 따라베기, 쐐기박기 등을 병행 사용하고 뿌리부분 지름의 1/4 이상 깊이의 수구를 만드는 등 안전을 확보하고 작업하도록 하여야 한다.

---

83) 고용노동부, 사례로 보는 중대재해예방가이드(2021).

제2절 **사업주의 보건조치의무위반**

1. 개요

> **제39조(보건조치)** ① 사업주는 다음 각 호의 어느 하나에 해당하는 건강장해를 예방하기 위하여 필요한 조치(이하 "보건조치"라 한다)를 하여야 한다.
>
> 1. 원재료·가스·증기·분진·흄(fume, 열이나 화학반응에 의하여 형성된 고체 증기가 응축되어 생긴 미세입자를 말한다)·미스트(mist, 공기 중에 떠다니는 작은 액체방울을 말한다)·산소결핍·병원체 등에 의한 건강장해
> 2. 방사선·유해광선·고온·저온·초음파·소음·진동·이상기압 등에 의한 건강장해
> 3. 사업장에서 배출되는 기체·액체 또는 찌꺼기 등에 의한 건강장해
> 4. 계측감시(計測監視), 컴퓨터 단말기 조작, 정밀공작(精密工作) 등의 작업에 의한 건강장해
> 5. 단순반복작업 또는 인체에 과도한 부담을 주는 작업에 의한 건강장해
> 6. 환기·채광·조명·보온·방습·청결 등의 적정기준을 유지하지 아니하여 발생하는 건강장해
>
> ② 제1항에 따라 사업주가 하여야 하는 보건조치에 관한 구체적인 사항은 고용노동부령으로 정한다.

사업주는 근로자가 작업 중에 발생하는 원재료, 가스, 방사선 등으로 인하여 발생할 수 있는 근로자의 '건강장해'를 예방하기 위한 보건조치를 하여야 할 의무가 있다.

보건조치의무 대상 작업으로 인한 위험은 그 원인과 결과사이의 시간적 간극이 있는 경우가 대부분이라는 점, 순간적인 충격 등이 아닌 작업환경에서의 지속적 노출로 인해 발생하는 위험이라는 점, 근로자 자신이 전문적인 검사 장비 등이 없이 위험한 환경에 노출되어 있다는 사실을 인식하기 어려운 경우가 많다는 점이 특징이라 할 수 있다.

산업안전보건법 제39조 제1항은 안전조치의무와 마찬가지로 일반적인 나열발식을 취하고, 사업주가 각 작업환경에서 준수해야 할 의무에 대해서는 안전보건규칙에서 자세히 정하고 있다.

2. 원재료, 가스 등에 의한 건강장해 관련 보건조치의무

가. 의의

사업주는 원재료, 가스 등에 의한 건강장해를 예방하기 위해 필요한 조치를 취하여야 할 의무가 있다. 사업주(주체)는 원재료·가스·증기·분진·흄·미스트·산소결핍·병원체 등에 의한 건강장해를 예방하기 위해 필요한 조치를 취하여야 할 의무가 있다. 이러한 보건조치의무를 이행하지 않음으로 인해(행위) 근로자가 사망하여 산업안전보건법 제167조를 적용하여 처벌되는 경우 보건조치의무 위반과 근로자 사망 사이에 인과관계가 있어야 한다.

나. 건강장해 유발 물질의 구분과 규제

1) 건강장해 유발 물질의 구분

산업안전보건법은 근로자에게 건강장해를 일으키는 화학물질 및 물리적 인자 등(이하 "유해인자"라 한다)이 근로자의 건강에 미치는 유해성·위험성을 평가하고 그 결과에 따라 아래와 같이 분류하고 있다.

> **산업안전보건법시행규칙 제143조**
> 1. 법 제106조에 따른 노출기준(이하 "노출기준"이라 한다) 설정 대상 유해인자
> 2. 법 제107조제1항에 따른 허용기준(이하 "허용기준"이라 한다) 설정 대상 유해인자
> 3. 법 제117조에 따른 제조 등 금지물질
> 4. 법 제118조에 따른 제조 등 허가물질

> 5. 제186조제1항에 따른 작업환경측정 대상 유해인자
>
> 6. 별표 22 제1호부터 제3호까지의 규정에 따른 특수건강진단 대상 유해인자
>
> 7. 안전보건규칙 제420조제1호에 따른 관리대상 유해물질

2) 건강장해 유발 물질의 규제

가) 제조 등 금지물질

제조 등 금지물질은 제조·수입·양도·제공·사용(이하 '제조등'이라 한다)을 원칙적으로 금지하고, 예외적으로 시험·연구 또는 검사 목적으로 고용노동부장관의 승인을 받거나 화학물질관리법에 따라 환경부장관의 허가를 받은 자가 제조 등 금지물질을 양도 또는 제공하는 경우는 가능하도록 하고 있다(산업안전보건법 제117조, 산업안전보건법 시행령 제87조[84]). 그리고 이를 위반한 경우 5년 이하의 징역 또는 5천만원 이하의 벌금에 처해질 수 있다.

나) 제조 등 허가대상 유해물질

제조 등 허가대상 물질은 제조나 사용을 위해 고용노동부장관의 허가를 받아야 하고, 허가를 받은 자는 설비, 작업방법 등의 허가기준을 준수하여야 한다. 고용노동부장관은 허가기준에 적합하도록 조치를 명할 수 있으며, 허가 기

---

84) 제87조(제조 등이 금지되는 유해물질) 법 제117조제1항 각 호 외의 부분에서 "대통령령으로 정하는 물질"이란 다음 각 호의 물질을 말한다.

1. β－나프틸아민[91－59－8]과 그 염(β－Naphthylamine and its salts)

2. 4－니트로디페닐[92－93－3]과 그 염(4－Nitrodiphenyl and its salts)

3. 백연[1319－46－6]을 포함한 페인트(포함된 중량의 비율이 2퍼센트 이하인 것은 제외한다)

4. 벤젠[71－43－2]을 포함하는 고무풀(포함된 중량의 비율이 5퍼센트 이하인 것은 제외한다)

5. 석면(Asbestos; 1332－21－4 등)

6. 폴리클로리네이티드 터페닐(Polychlorinated terphenyls; 61788－33－8 등)

7. 황린(黃燐)[12185－10－3] 성냥(Yellow phosphorus match)

8. 제1호, 제2호, 제5호 또는 제6호에 해당하는 물질을 포함한 혼합물(포함된 중량의 비율이 1퍼센트 이하인 것은 제외한다)

9. 「화학물질관리법」 제2조제5호에 따른 금지물질(같은 법 제3조제1항제1호부터 제12호까지의 규정에 해당하는 화학물질은 제외한다)

10. 그 밖에 보건상 해로운 물질로서 산업재해보상보험및예방심의위원회의 심의를 거쳐 고용노동부장관이 정하는 유해물질

준에 맞지 아니하게 된 경우 등 일정한 경우에는 영업을 정지하거나 허가를 취소할 수 있도록 하고 있으며, 이를 위반한 경우에는 형사처벌을 하도록 정하고 있다.

제118조(유해 · 위험물질의 제조 등 허가) ① 제117조제1항 각 호의 어느 하나에 해당하는 물질로서 대체물질이 개발되지 아니한 물질 등 대통령령으로 정하는 물질(이하 "허가대상물질"이라 한다)을 제조하거나 사용하려는 자는 고용노동부장관의 허가를 받아야 한다. 허가받은 사항을 변경할 때에도 또한 같다.

② 허가대상물질의 제조 · 사용설비, 작업방법, 그 밖의 허가기준은 고용노동부령으로 정한다.

③ 제1항에 따라 허가를 받은 자(이하 "허가대상물질제조 · 사용자"라 한다)는 그 제조 · 사용설비를 제2항에 따른 허가기준에 적합하도록 유지하여야 하며, 그 기준에 적합한 작업방법으로 허가대상물질을 제조 · 사용하여야 한다.

④ 고용노동부장관은 허가대상물질제조 · 사용자의 제조 · 사용설비 또는 작업방법이 제2항에 따른 허가기준에 적합하지 아니하다고 인정될 때에는 그 기준에 적합하도록 제조 · 사용설비를 수리 · 개조 또는 이전하도록 하거나 그 기준에 적합한 작업방법으로 그 물질을 제조 · 사용하도록 명할 수 있다.

⑤ 고용노동부장관은 허가대상물질제조 · 사용자가 다음 각 호의 어느 하나에 해당하면 그 허가를 취소하거나 6개월 이내의 기간을 정하여 영업을 정지하게 할 수 있다. 다만, 제1호에 해당할 때에는 그 허가를 취소하여야 한다.

  1. 거짓이나 그 밖의 부정한 방법으로 허가를 받은 경우
  2. 제2항에 따른 허가기준에 맞지 아니하게 된 경우
  3. 제3항을 위반한 경우
  4. 제4항에 따른 명령을 위반한 경우
  5. 자체검사 결과 이상을 발견하고도 즉시 보수 및 필요한 조치를 하지 아니한 경우

다) 관리대상 유해물질

관리대상 유해물질에 관하여는 사업주에게 안전보건규칙에 의한 보건조치의무를 부과하고 이를 위반할 시에는 형사처벌하도록 하고 있는바, 위 보건

조치의무에 관하여는 아래 항에서 상술하기로 한다.

라) 작업환경측정 대상 유해물질

사업주는 유해인자로부터 근로자의 건강을 보호하고 쾌적한 작업환경을 조성하기 위하여 인체에 해로운 작업을 하는 작업장으로서 고용노동부령으로 정하는 작업장에 대하여 고용노동부령으로 정하는 자격을 가진 자로 하여금 작업환경측정을 하도록 하여야 하고, 그 결과를 기록하여 보존하고, 고용노동부장관이 정하는 바에 따라 고용노동부장관에게 보고하여야 하고, 해당 작업장의 근로자에게 알려야 한다.

그리고, 그 결과에 따라 근로자의 건강을 보호기 위하여 해당 시설·설비의 설치·개선 또는 건강진단의 실시 등의 조치를 하여야 한다.

이러한 작업환경측정 대상이 되는 작업장, 작업환경측정 대상 유해물질에 관하여는 산업안전보건법 시행규칙 제186조 별표 21이 상세히 규정하고 있다.

제125조(작업환경측정) ① 사업주는 유해인자로부터 근로자의 건강을 보호하고 쾌적한 작업환경을 조성하기 위하여 인체에 해로운 작업을 하는 작업장으로서 고용노동부령으로 정하는 작업장에 대하여 고용노동부령으로 정하는 자격을 가진 자로 하여금 작업환경측정을 하도록 하여야 한다.

⑤ 사업주는 작업환경측정 결과를 기록하여 보존하고 고용노동부령으로 정하는 바에 따라 고용노동부장관에게 보고하여야 한다. 다만, 제3항에 따라 사업주로부터 작업환경측정을 위탁받은 작업환경측정기관이 작업환경측정을 한 후 그 결과를 고용노동부령으로 정하는 바에 따라 고용노동부장관에게 제출한 경우에는 작업환경측정 결과를 보고한 것으로 본다.

⑥ 사업주는 작업환경측정 결과를 해당 작업장의 근로자(관계수급인 및 관계수급인 근로자를 포함한다. 이하 이 항, 제127조 및 제175조제5항제15호에서 같다)에게 알려야 하며, 그 결과에 따라 근로자의 건강을 보호하기 위하여 해당 시설·설비의 설치·개선 또는 건강진단의 실시 등의 조치를 하여야 한다.

마) 특수건강진단 대상 유해물질

사업주는 특수건강진단 대상 유해물질에 노출되는 업무에 종사하는 근로자는 특수건강진단을 실시하여야 하고, 건강검진 결과에 따라 적절한 조치를 하여야 하고, 적절한 조치를 취하지 아니한 자는 형사처벌하도록 정하고 있다.

특수건강진단 대상 유해물질은 산업안전보건법 시행규칙 제201조 별표 22가 자세히 정하고 있다.

제130조(특수건강진단 등) ① 사업주는 다음 각 호의 어느 하나에 해당하는 근로자의 건강관리를 위하여 건강진단(이하 "특수건강진단"이라 한다)을 실시하여야 한다. 다만, 사업주가 고용노동부령으로 정하는 건강진단을 실시한 경우에는 그 건강진단을 받은 근로자에 대하여 해당 유해인자에 대한 특수건강진단을 실시한 것으로 본다.

1. 고용노동부령으로 정하는 유해인자에 노출되는 업무(이하 "특수건강진단대상업무"라 한다)에 종사하는 근로자

2. 제1호, 제3항 및 제131조에 따른 건강진단 실시 결과 직업병 소견이 있는 근로자로 판정받아 작업 전환을 하거나 작업 장소를 변경하여 해당 판정의 원인이 된 특수건강진단대상업무에 종사하지 아니하는 사람으로서 해당 유해인자에 대한 건강진단이 필요하다는 「의료법」 제2조에 따른 의사의 소견이 있는 근로자

제132조(건강진단에 관한 사업주의 의무) ④ 사업주는 제129조부터 제131조까지의 규정 또는 다른 법령에 따른 건강진단의 결과 근로자의 건강을 유지하기 위하여 필요하다고 인정할 때에는 작업장소 변경, 작업 전환, 근로시간 단축, 야간근로(오후 10시부터 다음 날 오전 6시까지 사이의 근로를 말한다)의 제한, 작업환경측정 또는 시설·설비의 설치·개선 등 고용노동부령으로 정하는 바에 따라 적절한 조치를 하여야 한다.

바) 노출 기준 설정 대상 유해물질과 허용 기준 설정 대상 유해물질

노출 기준 설정 대상 유해물질은 법 제106조에 따라 '화학 물질 및 물리적 인자의 노출기준(고용노동부 제2016-41호)'이 제정되어 있고, 허용기준 설정 대상 유해물질은 법 제107조 제1항, 동법 시행령 제84조 별표 26이 정하고 있다. 노출 기준 설정 대상 유해물질과 허용 기준 설정 대상 유해물질에 대

해서는 작업 중 위해물질에 노출됨으로써 근로자에게 발생할 수 있는 건강장
해를 예방하기 위하여 사업주에게 안전보건개선계획을 수립하고 시행하게 하
거나 작업장 내 노출농도 기준 준수 의무 등의 조치를 하도록 하고 이를 위
반할 경우에는 과태료를 부과하는 방식을 취하고 있다.

다. 원재료 등의 의의와 범위

1) 원재료 · 가스 · 증기 · 분진 · 흄 · 미스트

관리대상 유해물질로서 안전보건규칙 제420조 제1호 별표 12가 정한 유기
화합물, 금속류, 산·알칼리류, 가스상태 물질류를 말한다.

2) 산소결핍

공기 중의 산소농도가 18% 미만인 상태를 말한다(안전보건규칙 제618조 제4호).

3) 병원체

혈액매개 감염병, 공기매개 감염병, 곤충 및 동물매개 감염병을 유발하는
세균, 바이러스, 곰팡이를 말한다(안전보건규칙 제592조).

라. 사업주의 주요 보건조치의무

1) 환기장치 설치 및 가동의무

> **제72조(후드)** 사업주는 인체에 해로운 분진, 흄(fume, 열이나 화학반응에 의하
> 여 형성된 고체증기가 응축되어 생긴 미세입자), 미스트(mist, 공기 중에 떠
> 다니는 작은 액체방울), 증기 또는 가스 상태의 물질(이하 "분진등"이라 한
> 다)을 배출하기 위하여 설치하는 국소배기장치의 후드가 다음 각 호의 기준
> 에 맞도록 하여야 한다.
> 1. 유해물질이 발생하는 곳마다 설치할 것
> 2. 유해인자의 발생형태와 비중, 작업방법 등을 고려하여 해당 분진등의 발
>   산원(發散源)을 제어할 수 있는 구조로 설치할 것
> 3. 후드(hood) 형식은 가능하면 포위식 또는 부스식 후드를 설치할 것
> 4. 외부식 또는 리시버식 후드는 해당 분진등의 발산원에 가장 가까운 위치

에 설치할 것

제73조(덕트) 사업주는 분진등을 배출하기 위하여 설치하는 국소배기장치(이동식
은 제외한다)의 덕트(duct)가 다음 각 호의 기준에 맞도록 하여야 한다.

1. 가능하면 길이는 짧게 하고 굴곡부의 수는 적게 할 것
2. 접속부의 안쪽은 돌출된 부분이 없도록 할 것
3. 청소구를 설치하는 등 청소하기 쉬운 구조로 할 것
4. 덕트 내부에 오염물질이 쌓이지 않도록 이송속도를 유지할 것
5. 연결 부위 등은 외부 공기가 들어오지 않도록 할 것

제75조(배기구) 사업주는 분진등을 배출하기 위하여 설치하는 국소배기장치(공
기정화장치가 설치된 이동식 국소배기장치는 제외한다)의 배기구를 직접 외
부로 향하도록 개방하여 실외에 설치하는 등 배출되는 분진등이 작업장으로
재유입되지 않는 구조로 하여야 한다.

제78조(환기장치의 가동) ① 사업주는 분진등을 배출하기 위하여 국소배기장치
나 전체환기장치를 설치한 경우 그 분진등에 관한 작업을 하는 동안 국소배
기장치나 전체환기장치를 가동하여야 한다.

② 사업주는 국소배기장치나 전체환기장치를 설치한 경우 조정판을 설치하여
환기를 방해하는 기류를 없애는 등 그 장치를 충분히 가동하기 위하여 필요한
조치를 하여야 한다.

2) 가스 등의 발산억제 조치 및 공기의 부피와 환기 관련 의무

제83조(가스 등의 발산 억제 조치) 사업주는 가스·증기·미스트·흄 또는 분진
등(이하 "가스등"이라 한다)이 발산되는 실내작업장에 대하여 근로자의 건강
장해가 발생하지 않도록 해당 가스등의 공기 중 발산을 억제하는 설비나 발
산원을 밀폐하는 설비 또는 국소배기장치나 전체환기장치를 설치하는 등 필
요한 조치를 하여야 한다.

제84조(공기의 부피와 환기) 사업주는 근로자가 가스등에 노출되는 작업을 수행
하는 실내작업장에 대하여 공기의 부피와 환기를 다음 각 호의 기준에 맞도
록 하여야 한다.

1. 바닥으로부터 4미터 이상 높이의 공간을 제외한 나머지 공간의 공기의 부피는 근로자 1명당 10세제곱미터 이상이 되도록 할 것
2. 직접 외부를 향하여 개방할 수 있는 창을 설치하고 그 면적은 바닥면적의 20분의 1 이상으로 할 것(근로자의 보건을 위하여 충분한 환기를 할 수 있는 설비를 설치한 경우는 제외한다)
3. 기온이 섭씨 10도 이하인 상태에서 환기를 하는 경우에는 근로자가 매초 1미터 이상의 기류에 닿지 않도록 할 것

3) 작업환경 관련 의무

제422조(관리대상 유해물질과 관계되는 설비) 사업주는 근로자가 실내작업장에서 관리대상 유해물질을 취급하는 업무에 종사하는 경우에 그 작업장에 관리대상 유해물질의 가스·증기 또는 분진의 발산원을 밀폐하는 설비 또는 국소배기장치를 설치하여야 한다. 다만, 분말상태의 관리대상 유해물질을 습기가 있는 상태에서 취급하는 경우에는 그러하지 아니하다.

제429조(국소배기장치의 성능) 사업주는 국소배기장치를 설치하는 경우에 별표 13에 따른 제어풍속을 낼 수 있는 성능을 갖춘 것을 설치하여야 한다.

제431조(작업장의 바닥) 사업주는 관리대상 유해물질을 취급하는 실내작업장의 바닥에 불침투성의 재료를 사용하고 청소하기 쉬운 구조로 하여야 한다.

제432조(부식의 방지조치) 사업주는 관리대상 유해물질의 접촉설비를 녹슬지 않는 재료로 만드는 등 부식을 방지하기 위하여 필요한 조치를 하여야 한다.

제433조(누출의 방지조치) 사업주는 관리대상 유해물질 취급설비의 뚜껑·플랜지(flange)·밸브 및 콕(cock) 등의 접합부에 대하여 관리대상 유해물질이 새지 않도록 개스킷(gasket)을 사용하는 등 누출을 방지하기 위하여 필요한 조치를 하여야 한다.

제434조(경보설비 등) ① 사업주는 관리대상 유해물질 중 금속류, 산·알칼리류, 가스상태 물질류를 1일 평균 합계 100리터(기체인 경우에는 해당 기체의 용적 1세제곱미터를 2리터로 환산한다) 이상 취급하는 사업장에서 해당 물질이 샐 우려가 있는 경우에 경보설비를 설치하거나 경보용 기구를 갖추어 두어야

한다.

② 사업주는 제1항에 따른 사업장에 관리대상 유해물질 등이 새는 경우에 대비하여 그 물질을 제거하기 위한 약제·기구 또는 설비를 갖추거나 설치하여야 한다.

제435조(긴급 차단장치의 설치 등) ① 사업주는 관리대상 유해물질 취급설비 중 발열반응 등 이상화학반응에 의하여 관리대상 유해물질이 샐 우려가 있는 설비에 대하여 원재료의 공급을 막거나 불활성가스와 냉각용수 등을 공급하기 위한 장치를 설치하는 등 필요한 조치를 하여야 한다.

② 사업주는 제1항에 따른 장치에 설치한 밸브나 콕을 정상적인 기능을 발휘할 수 있는 상태로 유지하여야 하며, 관계 근로자가 이를 안전하고 정확하게 조작할 수 있도록 색깔로 구분하는 등 필요한 조치를 하여야 한다.

③ 사업주는 관리대상 유해물질을 내보내기 위한 장치는 밀폐식 구조로 하거나 내보내지는 관리대상 유해물질을 안전하게 처리할 수 있는 구조로 하여야 한다.

4) 작업 방법 관련 의무

제436조(작업수칙) 사업주는 관리대상 유해물질 취급설비나 그 부속설비를 사용하는 작업을 하는 경우에 관리대상 유해물질이 새지 않도록 다음 각 호의 사항에 관한 작업수칙을 정하여 이에 따라 작업하도록 하여야 한다.

1. 밸브·콕 등의 조작(관리대상 유해물질을 내보내는 경우에만 해당한다)
2. 냉각장치, 가열장치, 교반장치 및 압축장치의 조작
3. 계측장치와 제어장치의 감시·조정
4. 안전밸브, 긴급 차단장치, 자동경보장치 및 그 밖의 안전장치의 조정
5. 뚜껑·플랜지·밸브 및 콕 등 접합부가 새는지 점검
6. 시료(試料)의 채취
7. 관리대상 유해물질 취급설비의 재가동 시 작업방법
8. 이상사태가 발생한 경우의 응급조치
9. 그 밖에 관리대상 유해물질이 새지 않도록 하는 조치

제437조(탱크 내 작업) ① 사업주는 근로자가 관리대상 유해물질이 들어 있던 탱크 등을 개조·수리 또는 청소를 하거나 해당 설비나 탱크 등의 내부에 들어가서 작업하는 경우에 다음 각 호의 조치를 하여야 한다.

1. 관리대상 유해물질에 관하여 필요한 지식을 가진 사람이 해당 작업을 지휘하도록 할 것
2. 관리대상 유해물질이 들어올 우려가 없는 경우에는 작업을 하는 설비의 개구부를 모두 개방할 것
3. 근로자의 신체가 관리대상 유해물질에 의하여 오염된 경우나 작업이 끝난 경우에는 즉시 몸을 씻게 할 것
4. 비상시에 작업설비 내부의 근로자를 즉시 대피시키거나 구조하기 위한 기구와 그 밖의 설비를 갖추어 둘 것
5. 작업을 하는 설비의 내부에 대하여 작업 전에 관리대상 유해물질의 농도를 측정하거나 그 밖의 방법에 따라 근로자가 건강에 장해를 입을 우려가 있는지를 확인할 것
6. 제5호에 따른 설비 내부에 관리대상 유해물질이 있는 경우에는 설비 내부를 환기장치로 충분히 환기시킬 것
7. 유기화합물을 넣었던 탱크에 대하여 제1호부터 제6호까지의 규정에 따른 조치 외에 작업 시작 전에 다음 각 목의 조치를 할 것
   가. 유기화합물이 탱크로부터 배출된 후 탱크 내부에 재유입되지 않도록 할 것
   나. 물이나 수증기 등으로 탱크 내부를 씻은 후 그 씻은 물이나 수증기 등을 탱크로부터 배출시킬 것
   다. 탱크 용적의 3배 이상의 공기를 채웠다가 내보내거나 탱크에 물을 가득 채웠다가 배출시킬 것

② 사업주는 제1항제7호에 따른 조치를 확인할 수 없는 설비에 대하여 근로자가 그 설비의 내부에 머리를 넣고 작업하지 않도록 하고 작업하는 근로자에게 주의하도록 미리 알려야 한다.

제438조(사고 시의 대피 등) ① 사업주는 관리대상 유해물질을 취급하는 근로자에게 다음 각 호의 어느 하나에 해당하는 상황이 발생하여 관리대상 유해물질에 의한 중독이 발생할 우려가 있을 경우에 즉시 작업을 중지하고 근로자를 그 장소에서 대피시켜야 한다.

1. 해당 관리대상 유해물질을 취급하는 장소의 환기를 위하여 설치한 환기장치의 고장으로 그 기능이 저하되거나 상실된 경우

> 2. 해당 관리대상 유해물질을 취급하는 장소의 내부가 관리대상 유해물질에
>   의하여 오염되거나 관리대상 유해물질이 새는 경우
> ② 사업주는 제1항 각 호에 따른 상황이 발생하여 작업을 중지한 경우에 관리
> 대상 유해물질에 의하여 오염되거나 새어 나온 것이 제거될 때까지 관계자가
> 아닌 사람의 출입을 금지하고, 그 내용을 보기 쉬운 장소에 게시하여야 한다.
> 다만, 안전한 방법에 따라 인명구조 또는 유해방지에 관한 작업을 하도록 하는
> 경우에는 그러하지 아니하다.
> ③ 근로자는 제2항에 따라 출입이 금지된 장소에 사업주의 허락 없이 출입해서
> 는 아니 된다.

5) 정보제공 및 보호구 지급 의무 등

> **제442조(명칭 등의 게시)** ① 사업주는 관리대상 유해물질을 취급하는 작업장의
> 보기 쉬운 장소에 다음 각 호의 사항을 게시하여야 한다. 다만, 법 제114조제
> 2항에 따른 작업공정별 관리요령을 게시한 경우에는 그러하지 아니하다.
> 1. 관리대상 유해물질의 명칭
> 2. 인체에 미치는 영향
> 3. 취급상 주의사항
> 4. 착용하여야 할 보호구
> 5. 응급조치와 긴급 방재 요령
> ② 제1항 각 호의 사항을 게시하는 경우에는 「산업안전보건법 시행규칙」 별표
> 18 제1호나목에 따른 건강 및 환경 유해성 분류기준에 따라 인체에 미치는 영향
> 이 유사한 관리대상 유해물질별로 분류하여 게시할 수 있다.
>
> **제450조(호흡용 보호구의 지급 등)** ① 사업주는 근로자가 다음 각 호의 어느 하
> 나에 해당하는 업무를 하는 경우에 해당 근로자에게 송기마스크를 지급하여
> 착용하도록 하여야 한다.
> 1. 유기화합물을 넣었던 탱크(유기화합물의 증기가 발산할 우려가 없는 탱크
>   는 제외한다) 내부에서의 세척 및 페인트칠 업무
> 2. 제424조제2항에 따라 유기화합물 취급 특별장소에서 유기화합물을 취급
>   하는 업무

② 사업주는 근로자가 다음 각 호의 어느 하나에 해당하는 업무를 하는 경우에 해당 근로자에게 송기마스크나 방독마스크를 지급하여 착용하도록 하여야 한다.

1. 제423조제1항 및 제2항, 제424조제1항, 제425조, 제426조 및 제428조제1항에 따라 밀폐설비나 국소배기장치가 설치되지 아니한 장소에서의 유기화합물 취급업무
2. 유기화합물 취급 장소에 설치된 환기장치 내의 기류가 확산될 우려가 있는 물체를 다루는 유기화합물 취급업무
3. 유기화합물 취급 장소에서 유기화합물의 증기 발산원을 밀폐하는 설비(청소 등으로 유기화합물이 제거된 설비는 제외한다)를 개방하는 업무

③ 사업주는 제1항과 제2항에 따라 근로자에게 송기마스크를 착용시키려는 경우에 신선한 공기를 공급할 수 있는 성능을 가진 장치가 부착된 송기마스크를 지급하여야 한다.

④ 사업주는 금속류, 산·알칼리류, 가스상태 물질류 등을 취급하는 작업장에서 근로자의 건강장해 예방에 적절한 호흡용 보호구를 근로자에게 지급하여 필요 시 착용하도록 하고, 호흡용 보호구를 공동으로 사용하여 근로자에게 질병이 감염될 우려가 있는 경우에는 개인 전용의 것을 지급하여야 한다.

⑤ 근로자는 제1항, 제2항 및 제4항에 따라 지급된 보호구를 사업주의 지시에 따라 착용하여야 한다.

6) 병원체에 의한 건강장해 예방 보건조치의무

사업주는 근로자가 의료법상 의료행위, 혈액검사, 환자의 가검물 처리 작업, 연구 등의 목적으로 병원체를 다루는 작업, 집단수용시설에서의 작업, 곤충 및 동물매개 감염 고위험 작업 등의 작업을 하는 경우에는 안전보건규칙 제592조상의 혈액매개감염병, 공기매개 감염병, 곤충 및 동물 매개 감염병을 예방하기 위한 조치를 취해야 하며, 노출 후에도 사후 관리 조치를 하여야 한다.[85]

---

85) 안전보건규칙 제8장 병원체에 의한 건강장해의 예방 부분 참조.

7) 분진에 의한 건강장해 예방 보건조치의무

가) 의의

분진이란 근로자가 작업하는 장소에서 발생하거나 흩날리는 미세한 분말 상태의 물질을 말하고, 분진작업은 토석·광물·암석을 파내는 장소에서의 작업 등 별표 16이 정하고 있는 작업을 말한다.

나) 사업주의 주요 보건조치의무

(1) 분진확산 방지를 위한 설비 설치 등 조치의무

> **제607조(국소배기장치의 설치)** 사업주는 별표 16 제5호부터 제25호까지의 규정에 따른 분진작업을 하는 실내작업장(갱내를 포함한다)에 대하여 해당 분진작업에 따른 분진을 줄이기 위하여 밀폐설비나 국소배기장치를 설치하여야 한다.
>
> **제608조(전체환기장치의 설치)** 사업주는 분진작업을 하는 때에 분진 발산 면적이 넓어 제607조에 따른 설비를 설치하기 곤란한 경우에 전체환기장치를 설치할 수 있다.
>
> **제611조(설비에 의한 습기 유지)** 사업주는 제617조제1항 단서에 따라 분진작업 장소에 습기 유지 설비를 설치한 경우에 분진작업을 하고 있는 동안 그 설비를 사용하여 해당 분진작업장소를 습한 상태로 유지하여야 한다.
>
> **제612조(사용 전 점검 등)** ① 사업주는 제607조와 제617조제1항 단서에 따라 설치한 국소배기장치를 처음으로 사용하는 경우나 국소배기장치를 분해하여 개조하거나 수리를 한 후 처음으로 사용하는 경우에 다음 각 호에서 정하는 바에 따라 사용 전에 점검하여야 한다.
>
> 1. 국소배기장치
>   가. 덕트와 배풍기의 분진 상태
>   나. 덕트 접속부가 헐거워졌는지 여부
>   다. 흡기 및 배기 능력
>   라. 그 밖에 국소배기장치의 성능을 유지하기 위하여 필요한 사항
> 2. 공기정화장치
>   가. 공기정화장치 내부의 분진상태
>   나. 여과제진장치(濾過除塵裝置)의 여과재 파손 여부

다. 공기정화장치의 분진 처리능력

라. 그 밖에 공기정화장치의 성능 유지를 위하여 필요한 사항

② 사업주는 제1항에 따른 점검 결과 이상을 발견한 경우에 즉시 청소, 보수, 그 밖에 필요한 조치를 하여야 한다.

(2) 관련 정보 제공 및 보호구 지급 의무 등

제614조(분진의 유해성 등의 주지) 사업주는 근로자가 상시 분진작업에 관련된 업무를 하는 경우에 다음 각 호의 사항을 근로자에게 알려야 한다.

1. 분진의 유해성과 노출경로
2. 분진의 발산 방지와 작업장의 환기 방법
3. 작업장 및 개인위생 관리
4. 호흡용 보호구의 사용 방법
5. 분진에 관련된 질병 예방 방법

제615조(세척시설 등) 사업주는 근로자가 분진작업(별표 16 제26호에 따른 분진작업은 제외한다)을 하는 경우에 목욕시설 등 필요한 세척시설을 설치하여야 한다.

제616조(호흡기보호 프로그램 시행 등) 사업주는 다음 각 호의 어느 하나에 해당하는 경우에 호흡기보호 프로그램을 수립하여 시행하여야 한다.

1. 법 제125조에 따른 분진의 작업환경 측정 결과 노출기준을 초과하는 사업장
2. 분진작업으로 인하여 근로자에게 건강장해가 발생한 사업장

제617조(호흡용 보호구의 지급 등) ① 사업주는 근로자가 분진작업을 하는 경우에 해당 작업에 종사하는 근로자에게 적절한 호흡용 보호구를 지급하여 착용하도록 하여야 한다. 다만, 해당 작업장소에 분진 발생원을 밀폐하는 설비나 국소배기장치를 설치하거나 해당 분진작업장소를 습기가 있는 상태로 유지하기 위한 설비를 갖추어 가동하는 등 필요한 조치를 한 경우에는 그러하지 아니하다.

② 사업주는 제1항에 따라 보호구를 지급하는 경우에 근로자 개인전용 보호구를 지급하고, 보관함을 설치하는 등 오염 방지를 위하여 필요한 조치를 하여야 한다.

③ 근로자는 제1항에 따라 지급된 보호구를 사업주의 지시에 따라 착용하여야 한다.

8) 밀폐공간 작업에 의한 건강장해 예방 보건조치의무

가) 의의

밀폐공간 내 작업 중인 근로자에 대한 보건조치는 최근 실무상 가장 많이 문제되는 부분으로서, 여기의 '밀폐공간'이란 산소결핍, 유해가스로 인한 질식·화재·폭발 등의 위험이 있는 장소로서 별표 18에서 정한 장소를 말한다.

그리고, '유해가스'란 탄산가스·일산화탄소·황화수소 등의 기체로서 인체에 유해한 영향을 미치는 물질을 말하고, '적정공기'란 산소농도의 범위가 18 퍼센트 이상 23.5퍼센트 미만, 탄산가스의 농도가 1.5퍼센트 미만, 일산화탄소의 농도가 30피피엠 미만, 황화수소의 농도가 10피피엠 미만인 수준의 공기를 말한다(안전보건규칙 제618조).

나) 사업주의 주요 보건조치의무

(1) 작업환경 조성 의무

제619조의2(산소 및 유해가스 농도의 측정) ① 사업주는 밀폐공간에서 근로자에게 작업을 하도록 하는 경우 작업을 시작(작업을 일시 중단하였다가 다시 시작하는 경우를 포함한다)하기 전 다음 각 호의 어느 하나에 해당하는 자로 하여금 해당 밀폐공간의 산소 및 유해가스 농도를 측정(「전파법」 제2조제1항제5호·제5호의2에 따른 무선설비 또는 무선통신을 이용한 원격 측정을 포함한다. 이하 제629조, 제638조 및 제641조에서 같다)하여 적정공기가 유지되고 있는지를 평가하도록 해야 한다.

1. 관리감독자
2. 법 제17조제1항에 따른 안전관리자 또는 법 제18조제1항에 따른 보건관리자
3. 법 제21조에 따른 안전관리전문기관 또는 보건관리전문기관
4. 법 제74조에 따른 건설재해예방전문지도기관
5. 법 제125조제3항에 따른 작업환경측정기관
6. 「한국산업안전보건공단법」에 따른 한국산업안전보건공단이 정하는 산소 및 유해가스 농도의 측정·평가에 관한 교육을 이수한 사람

② 사업주는 제1항에 따라 산소 및 유해가스 농도를 측정한 결과 적정공기가 유지되고 있지 아니하다고 평가된 경우에는 작업장을 환기시키거나, 근로자에

게 공기호흡기 또는 송기마스크를 지급하여 착용하도록 하는 등 근로자의 건강
장해 예방을 위하여 필요한 조치를 하여야 한다.

제620조(환기 등) ① 사업주는 근로자가 밀폐공간에서 작업을 하는 경우에 작업
을 시작하기 전과 작업 중에 해당 작업장을 적정공기 상태가 유지되도록 환
기하여야 한다. 다만, 폭발이나 산화 등의 위험으로 인하여 환기할 수 없거나
작업의 성질상 환기하기가 매우 곤란한 경우에는 근로자에게 공기호흡기 또
는 송기마스크를 지급하여 착용하도록 하고 환기하지 아니할 수 있다.

② 근로자는 제1항 단서에 따라 지급된 보호구를 착용하여야 한다.

(2) 작업수칙 수립 등 의무

제619조(밀폐공간 작업 프로그램의 수립·시행) ① 사업주는 밀폐공간에서 근로
자에게 작업을 하도록 하는 경우 다음 각 호의 내용이 포함된 밀폐공간 작업
프로그램을 수립하여 시행하여야 한다.

1. 사업장 내 밀폐공간의 위치 파악 및 관리 방안
2. 밀폐공간 내 질식·중독 등을 일으킬 수 있는 유해·위험 요인의 파악 및
   관리 방안
3. 제2항에 따라 밀폐공간 작업 시 사전 확인이 필요한 사항에 대한 확인 절차
4. 안전보건교육 및 훈련
5. 그 밖에 밀폐공간 작업 근로자의 건강장해 예방에 관한 사항

② 사업주는 근로자가 밀폐공간에서 작업을 시작하기 전에 다음 각 호의 사항
을 확인하여 근로자가 안전한 상태에서 작업하도록 하여야 한다.

1. 작업 일시, 기간, 장소 및 내용 등 작업 정보
2. 관리감독자, 근로자, 감시인 등 작업자 정보
3. 산소 및 유해가스 농도의 측정결과 및 후속조치 사항
4. 작업 중 불활성가스 또는 유해가스의 누출·유입·발생 가능성 검토 및 후
   속조치 사항
5. 작업 시 착용하여야 할 보호구의 종류
6. 비상연락체계

③ 사업주는 밀폐공간에서의 작업이 종료될 때까지 제2항 각 호의 내용을 해당

작업장 출입구에 게시하여야 한다.

제627조(유해가스의 처리 등) 사업주는 근로자가 터널·갱 등을 파는 작업을 하는 경우에 근로자가 유해가스에 노출되지 않도록 미리 그 농도를 조사하고, 유해가스의 처리방법, 터널·갱 등을 파는 시기 등을 정한 후 이에 따라 작업을 하도록 하여야 한다.

제628조(이산화탄소를 사용하는 소화기에 대한 조치) 사업주는 지하실, 기관실, 선창(船倉), 그 밖에 통풍이 불충분한 장소에 비치한 소화기에 이산화탄소를 사용하는 경우에 다음 각 호의 조치를 해야 한다.

1. 해당 소화기가 쉽게 뒤집히거나 손잡이가 쉽게 작동되지 않도록 할 것
2. 소화를 위하여 작동하는 경우 외에 소화기를 임의로 작동하는 것을 금지하고, 그 내용을 보기 쉬운 장소에 게시할 것

제629조(용접 등에 관한 조치) ① 사업주는 근로자가 탱크·보일러 또는 반응탑의 내부 등 통풍이 충분하지 않은 장소에서 용접·용단 작업을 하는 경우에 다음 각 호의 조치를 하여야 한다.

1. 작업장소는 가스농도를 측정(아르곤 등 불활성가스를 이용하는 작업장의 경우에는 산소농도 측정을 말한다)하고 환기시키는 등의 방법으로 적정공기 상태를 유지할 것
2. 제1호에 따른 환기 등의 조치로 해당 작업장소의 적정공기 상태를 유지하기 어려운 경우 해당 작업 근로자에게 공기호흡기 또는 송기마스크를 지급하여 착용하도록 할 것

② 근로자는 제1항제2호에 따라 지급된 보호구를 사업주의 지시에 따라 착용하여야 한다.

제634조(가스배관공사 등에 관한 조치) ① 사업주는 근로자가 지하실이나 맨홀의 내부 또는 그 밖에 통풍이 불충분한 장소에서 가스를 공급하는 배관을 해체하거나 부착하는 작업을 하는 경우에 다음 각 호의 조치를 하여야 한다.

1. 배관을 해체하거나 부착하는 작업장소에 해당 가스가 들어오지 않도록 차단할 것
2. 해당 작업을 하는 장소는 적정공기 상태가 유지되도록 환기를 하거나 근로자에게 공기호흡기 또는 송기마스크를 지급하여 착용하도록 할 것

② 근로자는 제1항제2호에 따라 지급된 보호구를 사업주의 지시에 따라 착용하

여야 한다.

제635조(압기공법에 관한 조치) ① 사업주는 근로자가 별표 18 제1호에 따른 지층(地層)이나 그와 인접한 장소에서 압기공법(壓氣工法)으로 작업을 하는 경우에 그 작업에 의하여 유해가스가 샐 우려가 있는지 여부 및 공기 중의 산소농도를 조사하여야 한다.

② 사업주는 제1항에 따른 조사 결과 유해가스가 새고 있거나 공기 중에 산소가 부족한 경우에 즉시 작업을 중지하고 출입을 금지하는 등 필요한 조치를 하여야 한다.

③ 근로자는 제2항에 따라 출입이 금지된 장소에 사업주의 허락 없이 출입해서는 아니 된다.

제636조(지하실 등의 작업) ① 사업주는 근로자가 밀폐공간의 내부를 통하는 배관이 설치되어 있는 지하실이나 피트 등의 내부에서 작업을 하는 경우에 그 배관을 통하여 산소가 결핍된 공기나 유해가스가 새지 않도록 조치하여야 한다.

② 사업주는 제1항에 따른 작업장소에서 산소가 결핍된 공기나 유해가스가 새는 경우에 이를 직접 외부로 내보낼 수 있는 설비를 설치하는 등 적정공기 상태를 유지하기 위한 조치를 하여야 한다.

(3) 보호장구 지급 의무 등

제624조(안전대 등) ① 사업주는 밀폐공간에서 작업하는 근로자가 산소결핍이나 유해가스로 인하여 추락할 우려가 있는 경우에는 해당 근로자에게 안전대나 구명밧줄, 공기호흡기 또는 송기마스크를 지급하여 착용하도록 하여야 한다.

② 사업주는 제1항에 따라 안전대나 구명밧줄을 착용하도록 하는 경우에 이를 안전하게 착용할 수 있는 설비 등을 설치하여야 한다.

③ 근로자는 제1항에 따라 지급된 보호구를 착용하여야 한다.

제638조(사후조치) 사업주는 관리감독자가 별표 2 제19호나목부터 라목까지의 규정에 따른 측정 또는 점검 결과 이상을 발견하여 보고했을 경우에는 즉시 환기, 보호구 지급, 설비 보수 등 근로자의 안전을 위해 필요한 조치를 해야 한다.

> **제639조(사고 시의 대피 등)** ① 사업주는 근로자가 밀폐공간에서 작업을 하는 경우에 산소결핍이나 유해가스로 인한 질식·화재·폭발 등의 우려가 있으면 즉시 작업을 중단시키고 해당 근로자를 대피하도록 하여야 한다.
> ② 사업주는 제1항에 따라 근로자를 대피시킨 경우 적정공기 상태임이 확인될 때까지 그 장소에 관계자가 아닌 사람이 출입하는 것을 금지하고, 그 내용을 해당 장소의 보기 쉬운 곳에 게시하여야 한다.
> ③ 근로자는 제2항에 따라 출입이 금지된 장소에 사업주의 허락 없이 출입하여서는 아니 된다.
> **제643조(구출 시 공기호흡기 또는 송기마스크의 사용)** ① 사업주는 밀폐공간에서 위급한 근로자를 구출하는 작업을 하는 경우 그 구출작업에 종사하는 근로자에게 공기호흡기 또는 송기마스크를 지급하여 착용하도록 하여야 한다.
> ② 근로자는 제1항에 따라 지급된 보호구를 착용하여야 한다.
> **제644조(보호구의 지급 등)** 사업주는 공기호흡기 또는 송기마스크를 지급하는 때에 근로자에게 질병 감염의 우려가 있는 경우에는 개인전용의 것을 지급하여야 한다.

9) 농약원재료 방제작업으로 인한 건강장해의 예방

사업주는 근로자가 농약원재료를 살포·훈증·주입 등의 업무를 하는 경우에는 안전조치교육, 취급시 안전조치 등을 취할 의무가 있다.[86]

3. 방사선, 유해광선 등에 의한 건강장해 관련 보건조치의무

가. 개요

1) 의의

산업안전보건법은 사업주는 방사선·유해광선·고온·저온·초음파·소음·진동·이상기압 등에 의한 건강장해를 예방하기 위해 필요한 조치를 하여야 할 의무를 부과하고 있는데, 이를 위반한 경우에는 형사처벌하도록 정하고 있다.

---

86) 안전보건규칙 제670조.

2) 구성요건

사업주(행위자)가 방사선·유해광선·고온·저온·초음파·소음·진동·이상
기압 등에 의한 건강장해를 예방하기 위해 필요한 조치를 하여야 할 의무를
위반하여(행위) 근로자가 사망한 경우 산업안전보건법 제167조를 적용하여
처벌하기 위해서는 인과관계가 있어야 한다.

나. 방사선에 의한 건강장해의 예방

1) 의의

사업주는 방사성물질을 이용한 작업 중 발생할 수 있는 근로자의 건강장해
를 예방하기 위한 보건조치의무를 부담한다. '방사선'이란 전자파나 입자선 중
직접 또는 간접적으로 공기를 전리(電離)하는 능력을 가진 것으로서 알파선, 중
양자선, 양자선, 베타선, 그 밖의 중하전입자선, 중성자선, 감마선, 엑스선 및 5
만 전자볼트 이상(엑스선 발생장치의 경우에는 5천 전자볼트 이상)의 에너지를 가
진 전자선을 말하고, '방사성물질'이란 핵연료물질, 사용 후의 핵연료, 방사성
동위원소 및 원자핵분열 생성물을 말한다(안전보건규칙 제573조).

2) 사업주의 주요 보건조치의무

가) 작업환경 조성 및 보호구 지급 등 의무

제574조(방사성물질의 밀폐 등) ① 사업주는 근로자가 다음 각 호에 해당하는 방
사선 업무를 하는 경우에 방사성물질의 밀폐, 차폐물(遮蔽物)의 설치, 국소배
기장치의 설치, 경보시설의 설치 등 근로자의 건강장해를 예방하기 위하여
필요한 조치를 하여야 한다.
1. 엑스선 장치의 제조·사용 또는 엑스선이 발생하는 장치의 검사업무
2. 선형가속기(線形加速器), 사이크로트론(cyclotron) 및 신크로트론(synchrotron) 등
   하전입자(荷電粒子)를 가속하는 장치(이하 "입자가속장치"라 한다)의 제
   조·사용 또는 방사선이 발생하는 장치의 검사 업무
3. 엑스선관과 케노트론(kenotron)의 가스 제거 또는 엑스선이 발생하는 장
   비의 검사 업무
4. 방사성물질이 장치되어 있는 기기의 취급 업무

5. 방사성물질 취급과 방사성물질에 오염된 물질의 취급 업무

6. 원자로를 이용한 발전업무

7. 갱내에서의 핵원료물질의 채굴 업무

8. 그 밖에 방사선 노출이 우려되는 기기 등의 취급 업무

② 사업주는 「원자력안전법」 제2조제23호의 방사선투과검사를 위하여 같은 법 제2조제6호의 방사성동위원소 또는 같은 법 제2조제9호의 방사선발생장치를 이동사용하는 작업에 근로자를 종사하도록 하는 경우에는 근로자에게 다음 각 호에 따른 장비를 지급하고 착용하도록 하여야 한다.

1. 「원자력안전법 시행규칙」 제2조제3호에 따른 개인선량계

2. 방사선 경보기

③ 근로자는 제2항에 따라 지급받은 장비를 착용하여야 한다.

제575조(방사선관리구역의 지정 등) ① 사업주는 근로자가 방사선업무를 하는 경우에 건강장해를 예방하기 위하여 방사선 관리구역을 지정하고 다음 각 호의 사항을 게시하여야 한다.

1. 방사선량 측정용구의 착용에 관한 주의사항

2. 방사선 업무상 주의사항

3. 방사선 피폭(被曝) 등 사고 발생 시의 응급조치에 관한 사항

4. 그 밖에 방사선 건강장해 방지에 필요한 사항

② 사업주는 방사선업무를 하는 관계근로자가 아닌 사람이 방사선 관리구역에 출입하는 것을 금지하여야 한다.

③ 근로자는 제2항에 따라 출입이 금지된 장소에 사업주의 허락 없이 출입해서는 아니 된다.

제581조(국소배기장치 등) 사업주는 방사성물질이 가스·증기 또는 분진으로 발생할 우려가 있을 경우에 발산원을 밀폐하거나 국소배기장치 등을 설치하여 가동하여야 한다.

제582조(방지설비) 사업주는 근로자가 신체 또는 의복, 신발, 보호장구 등에 방사성물질이 부착될 우려가 있는 작업을 하는 경우에 판 또는 막 등의 방지설비를 설치하여야 한다. 다만, 작업의 성질상 방지설비의 설치가 곤란한 경우로서 적절한 보호조치를 한 경우에는 그러하지 아니하다.

제589조(세척시설 등) 사업주는 근로자가 방사성물질 취급작업을 하는 경우에

세면·목욕·세탁 및 건조를 위한 시설을 설치하고 필요한 용품과 용구를 갖추어 두어야 한다.

제587조(보호구의 지급 등) ① 사업주는 근로자가 분말 또는 액체 상태의 방사성 물질에 오염된 지역에서 작업을 하는 경우에 개인전용의 적절한 호흡용 보호구를 지급하고 착용하도록 하여야 한다.

② 사업주는 방사성물질을 취급하는 때에 방사성물질이 흩날림으로써 근로자의 신체가 오염될 우려가 있는 경우에 보호복, 보호장갑, 신발덮개, 보호모 등의 보호구를 지급하고 착용하도록 하여야 한다.

③ 근로자는 제1항에 따라 지급된 보호구를 사업주의 지시에 따라 착용하여야 한다.

나) 작업수칙 준수 의무

제579조(게시 등) 사업주는 방사선 발생장치나 기기에 대하여 다음 각 호의 구분에 따른 내용을 근로자가 보기 쉬운 장소에 게시하여야 한다.

1. 입자가속장치
   가. 장치의 종류
   나. 방사선의 종류와 에너지
2. 방사성물질을 내장하고 있는 기기
   가. 기기의 종류
   나. 내장하고 있는 방사성물질에 함유된 방사성 동위원소의 종류와 양(단위: 베크렐)
   다. 해당 방사성물질을 내장한 연월일
   라. 소유자의 성명 또는 명칭

제585조(오염된 장소에서의 조치) 사업주는 분말 또는 액체 상태의 방사성물질에 오염된 장소에 대하여 즉시 그 오염이 퍼지지 않도록 조치한 후 오염된 지역임을 표시하고 그 오염을 제거하여야 한다.

제586조(방사성물질의 폐기물 처리) 사업주는 방사성물질의 폐기물은 방사선이 새지 않는 용기에 넣어 밀봉하고 용기 겉면에 그 사실을 표시한 후 적절하게 처리하여야 한다.

96 노동재해실무

다. 유해광선 · 초음파 등 비전리전자기파에 의한 건강장해의 예방

사업주는 사업장에서 발생하는 유해광선 · 초음파 등 비전리전자기파(컴퓨터 단말기에서 발생하는 전자파는 제외한다)로 인하여 근로자에게 심각한 건강장해가 발생할 우려가 있는 경우에는, 발생원의 격리 · 차폐 · 보호구 착용, 비전리전자기파 발생장소에 경고 문구 표시, 근로자에 대한 고지 등의 조치를 취하여야 한다.[87)

라. 고온 · 저온 등에 의한 건강장해의 예방

1) 의의

사업주는 고온 · 저온 등에 의한 건강장해를 예방하기 위하여 필요한 조치를 하여야 한다.

'고열작업'은 용광로, 평로(平爐), 전로 또는 전기로에 의하여 광물이나 금속을 제련하거나 정련하는 장소 등에서 하는 작업을 말하고, '한랭작업'은 다량의 액체공기 · 드라이아이스 등을 취급하는 장소 등에서 하는 작업을 말하고, '다습작업'은 다량의 증기를 사용하여 염색조로 염색하는 장소 등에서 하는 작업을 말한다.[88)

2) 사업주의 주요 보건조치의무
가) 작업환경 조성 의무

제560조(온도 · 습도 조절) ① 사업주는 고열 · 한랭 또는 다습작업이 실내인 경우에 냉난방 또는 통풍 등을 위하여 적절한 온도 · 습도 조절장치를 설치하여야 한다. 다만, 작업의 성질상 온도 · 습도 조절장치를 설치하는 것이 매우 곤란하여 별도의 건강장해 방지 조치를 한 경우에는 그러하지 아니하다.
② 사업주는 제1항에 따른 냉방장치를 설치하는 경우에 외부의 대기온도보다 현저히 낮게 해서는 아니 된다. 다만, 작업의 성질상 냉방장치를 가동하여 일정한 온도를 유지하여야 하는 장소로서 근로자에게 보온을 위하여 필요한 조치를

---

87) 안전보건규칙 제668조.
88) 안전보건규칙 제559조.

하는 경우에는 그러하지 아니하다.

제561조(환기장치의 설치 등) 사업주는 실내에서 고열작업을 하는 경우에 고열을 감소시키기 위하여 환기장치 설치, 열원과의 격리, 복사열 차단 등 필요한 조치를 하여야 한다.

제567조(휴게시설의 설치) ① 사업주는 근로자가 고열·한랭·다습 작업을 하는 경우에 근로자들이 휴식시간에 이용할 수 있는 휴게시설을 갖추어야 한다.
② 사업주는 근로자가 폭염에 직접 노출되는 옥외 장소에서 작업을 하는 경우에 휴식시간에 이용할 수 있는 그늘진 장소를 제공하여야 한다.
③ 사업주는 제1항에 따른 휴게시설을 설치하는 경우에 고열·한랭 또는 다습작업과 격리된 장소에 설치하여야 한다.

제568조(갱내의 온도) 제559조제1항제11호에 따른 갱내의 기온은 섭씨 37도 이하로 유지하여야 한다. 다만, 인명구조 작업이나 유해·위험 방지작업을 할 때 고열로 인한 근로자의 건강장해를 방지하기 위하여 필요한 조치를 한 경우에는 그러하지 아니하다.

제570조(세척시설 등) 사업주는 작업 중 근로자의 작업복이 심하게 젖게 되는 작업장에 탈의시설, 목욕시설, 세탁시설 및 작업복을 말릴 수 있는 시설을 설치하여야 한다.

나) 작업수칙 준수 의무

제562조(고열장해 예방 조치) 사업주는 근로자가 고열작업을 하는 경우에 열경련·열탈진 등의 건강장해를 예방하기 위하여 다음 각 호의 조치를 하여야 한다.
1. 근로자를 새로 배치할 경우에는 고열에 순응할 때까지 고열작업시간을 매일 단계적으로 증가시키는 등 필요한 조치를 할 것
2. 근로자가 온도·습도를 쉽게 알 수 있도록 온도계 등의 기기를 작업장소에 상시 갖추어 둘 것

제563조(한랭장해 예방 조치) 사업주는 근로자가 한랭작업을 하는 경우에 동상 등의 건강장해를 예방하기 위하여 다음 각 호의 조치를 하여야 한다.

1. 혈액순환을 원활히 하기 위한 운동지도를 할 것
2. 적절한 지방과 비타민 섭취를 위한 영양지도를 할 것
3. 체온 유지를 위하여 더운물을 준비할 것
4. 젖은 작업복 등은 즉시 갈아입도록 할 것

제564조(다습장해 예방 조치) ① 사업주는 근로자가 다습작업을 하는 경우에 습기 제거를 위하여 환기하는 등 적절한 조치를 하여야 한다. 다만, 작업의 성질상 습기 제거가 어려운 경우에는 그러하지 아니하다.
② 사업주는 제1항 단서에 따라 작업의 성질상 습기 제거가 어려운 경우에 다습으로 인한 건강장해가 발생하지 않도록 개인위생관리를 하도록 하는 등 필요한 조치를 하여야 한다.
③ 사업주는 실내에서 다습작업을 하는 경우에 수시로 소독하거나 청소하는 등 미생물이 번식하지 않도록 필요한 조치를 하여야 한다.

다) 보호장구 지급 의무

제572조(보호구의 지급 등) ① 사업주는 다음 각 호의 어느 하나에서 정하는 바에 따라 근로자에게 적절한 보호구를 지급하고, 이를 착용하도록 하여야 한다.
1. 다량의 고열물체를 취급하거나 매우 더운 장소에서 작업하는 근로자: 방열장갑과 방열복
2. 다량의 저온물체를 취급하거나 현저히 추운 장소에서 작업하는 근로자: 방한모, 방한화, 방한장갑 및 방한복
② 제1항에 따라 보호구를 지급하는 경우에는 근로자 개인 전용의 것을 지급하여야 한다.
③ 근로자는 제1항에 따라 지급된 보호구를 사업주의 지시에 따라 착용하여야 한다.

마. 소음 및 진동에 의한 건강장해의 예방

1) 의의

'소음작업'이란 1일 8시간 작업을 기준으로 85데시벨 이상의 소음이 발생하는 작업을 말하고, '진동작업'이란, 착암기, 동력을 이용한 해머, 체인톱,

엔진 커터, 동력을 이용한 연삭기, 임팩트 렌치, 그 밖에 진동으로 인하여 건강장해를 유발할 수 있는 기계·기구를 사용하는 작업을 말한다.

2) 사업주의 주요 보건조치의무

가) 소음 등으로 인한 건강장해 예방조치

제513조(소음 감소 조치) 사업주는 강렬한 소음작업이나 충격소음작업 장소에 대하여 기계·기구 등의 대체, 시설의 밀폐·흡음(吸音) 또는 격리 등 소음 감소를 위한 조치를 하여야 한다. 다만, 작업의 성질상 기술적·경제적으로 소음 감소를 위한 조치가 현저히 곤란하다는 관계 전문가의 의견이 있는 경우에는 그러하지 아니하다.

제515조(난청발생에 따른 조치) 사업주는 소음으로 인하여 근로자에게 소음성 난청 등의 건강장해가 발생하였거나 발생할 우려가 있는 경우에 다음 각 호의 조치를 하여야 한다.
1. 해당 작업장의 소음성 난청 발생 원인 조사
2. 청력손실을 감소시키고 청력손실의 재발을 방지하기 위한 대책 마련
3. 제2호에 따른 대책의 이행 여부 확인
4. 작업전환 등 의사의 소견에 따른 조치

제517조(청력보존 프로그램 시행 등) 사업주는 다음 각 호의 어느 하나에 해당하는 경우에 청력보존 프로그램을 수립하여 시행해야 한다.
1. 법 제125조에 따른 소음의 작업환경 측정 결과 소음수준이 법 제106조에 따른 유해인자 노출기준에서 정하는 소음의 노출기준을 초과하는 사업장
2. 소음으로 인하여 근로자에게 건강장해가 발생한 사업장

나) 보호장구 등의 지급

제516조(청력보호구의 지급 등) ① 사업주는 근로자가 소음작업, 강렬한 소음작업 또는 충격소음작업에 종사하는 경우에 근로자에게 청력보호구를 지급하고 착용하도록 하여야 한다.
② 제1항에 따른 청력보호구는 근로자 개인 전용의 것으로 지급하여야 한다.

---

③ 근로자는 제1항에 따라 지급된 보호구를 사업주의 지시에 따라 착용하여야 한다.

제518조(진동보호구의 지급 등) ① 사업주는 진동작업에 근로자를 종사하도록 하는 경우에 방진장갑 등 진동보호구를 지급하여 착용하도록 하여야 한다.
② 근로자는 제1항에 따라 지급된 진동보호구를 사업주의 지시에 따라 착용하여야 한다.

바. 이상기압 등에 의한 건강장해의 예방

1) 의의

사업주는 근로자가 이상기압에서 잠함공법이나 그 외의 암기공법으로 작업을 하는 경우나 잠수작업을 하는 경우에 이상기압에 의한 건강장해를 예방하기 위한 보건조치의무를 부담한다. '고압작업'이란 고기압(압력이 제곱센티미터당 1킬로그램 이상인 기압을 말한다)에서 잠함공법(潛函工法)이나 그 외의 압기공법(壓氣工法)으로 하는 작업을 말하고, '잠수작업'이란 물속에서 하는 표면공급식 잠수작업(수면 위의 공기압축기 또는 호흡용 기체통에서 압축된 호흡용 기체를 공급받으면서 하는 작업)이나 스쿠버 잠수작업(호흡용 기체통을 휴대하고 하는 작업)을 말한다.

2) 사업주의 주요 보건조치의무
가) 작업환경 조성 의무

제527조(압력계) ① 사업주는 공기를 작업실로 보내는 밸브나 콕을 외부에 설치하는 경우에 그 장소에 작업실 내의 압력을 표시하는 압력계를 함께 설치하여야 한다.
② 사업주는 제1항에 따른 밸브나 콕을 내부에 설치하는 경우에 이를 조작하는 사람에게 휴대용 압력계를 지니도록 하여야 한다.
③ 사업주는 고압작업자에게 가압이나 감압을 하기 위한 밸브나 콕을 기압조절실 외부에 설치하는 경우에 그 장소에 기압조절실 내의 압력을 표시하는 압력계를 함께 설치하여야 한다.

④ 사업주는 제3항에 따른 밸브나 콕을 기압조절실 내부에 설치하는 경우에 이를 조작하는 사람에게 휴대용 압력계를 지니도록 하여야 한다.

⑤ 제1항부터 제4항까지의 규정에 따른 압력계는 한 눈금이 제곱센티미터당 0.2킬로그램 이하인 것이어야 한다.

⑥ 사업주는 잠수작업자에게 압축기체를 보내는 경우에 압력계를 설치하여야 한다.

제528조(자동경보장치 등) ① 사업주는 작업실 또는 기압조절실로 불어넣는 공기압축기의 공기나 그 공기압축기에 딸린 냉각장치를 통과한 공기의 온도가 비정상적으로 상승한 경우에 그 공기압축기의 운전자 또는 그 밖의 관계자에게 이를 신속히 알릴 수 있는 자동경보장치를 설치하여야 한다.

② 사업주는 기압조절실 내부를 관찰할 수 있는 창을 설치하는 등 외부에서 기압조절실 내부의 상태를 파악할 수 있는 설비를 갖추어야 한다.

제529조(피난용구) 사업주는 근로자가 고압작업에 종사하는 경우에 호흡용 보호구, 섬유로프, 그 밖에 비상시 고압작업자를 피난시키거나 구출하기 위하여 필요한 용구를 갖추어 두어야 한다.

제530조(공기조) ① 사업주는 잠수작업자에게 공기압축기에서 공기를 보내는 경우에 공기량을 조절하기 위한 공기조와 사고 시에 필요한 공기를 저장하기 위한 공기조(이하 "예비공기조"라 한다)를 설치하여야 한다.

② 사업주는 잠수작업자에게 호흡용 기체통에서 기체를 보내는 경우에 사고 시 필요한 기체를 저장하기 위한 예비 호흡용 기체통을 설치하여야 한다.

③ 제1항에 따른 예비공기조 및 제2항에 따른 예비 호흡용 기체통(이하 "예비공기조등"이라 한다)은 다음 각 호의 기준에 맞는 것이어야 한다.

    1. 예비공기조등 안의 기체압력은 항상 최고 잠수심도(潛水深度) 압력의 1.5배 이상일 것

    2. 예비공기조등의 내용적(內容積)은 다음의 계산식으로 계산한 값 이상일 것

제551조(고압작업설비의 점검 등) ① 사업주는 고압작업을 위한 설비나 기구에 대하여 다음 각 호에서 정하는 바에 따라 점검하여야 한다.

    1. 다음 각 목의 시설이나 장치에 대하여 매일 1회 이상 점검할 것

        가. 제526조에 따른 배기관과 제539조제2항에 따른 통화장치

        나. 작업실과 기압조절실의 공기를 조절하기 위한 밸브나 콕

　　다. 작업실과 기압조절실의 배기를 조절하기 위한 밸브나 콕

　　라. 작업실과 기압조절실에 공기를 보내기 위한 공기압축기에 부속된 냉
　　　　각장치

　2. 다음 각 목의 장치와 기구에 대하여 매주 1회 이상 점검할 것

　　가. 제528조에 따른 자동경보장치

　　나. 제529조에 따른 용구

　　다. 작업실과 기압조절실에 공기를 보내기 위한 공기압축기

　3. 다음 각 목의 장치와 기구를 매월 1회 이상 점검할 것

　　가. 제527조와 제549조에 따른 압력계

　　나. 제525조에 따른 공기청정장치

② 사업주는 제1항에 따른 점검 결과 이상을 발견한 경우에 즉시 보수, 교체,
그 밖에 필요한 조치를 하여야 한다.

제552조(잠수작업 설비의 점검 등) ① 사업주는 잠수작업자가 잠수작업을 하기
전에 다음 각 호의 구분에 따라 잠수기구 등을 점검하여야 한다.

　1. 스쿠버 잠수작업을 하는 경우: 잠수기, 압력조절기 및 제545조에 따라 잠
　　수작업자가 사용할 잠수기구

　2. 표면공급식 잠수작업을 하는 경우: 잠수기, 송기관, 압력조절기 및 제547
　　조에 따라 잠수작업자가 사용할 잠수기구

② 사업주는 표면공급식 잠수작업의 경우 잠수작업자가 사용할 다음 각 호의
설비를 다음 각 호에서 정하는 바에 따라 점검하여야 한다.

　1. 공기압축기 또는 수압펌프: 매주 1회 이상(공기압축기에서 공기를 보내는
　　잠수작업의 경우만 해당한다)

　2. 수중압력계: 매월 1회 이상

　3. 수중시계: 3개월에 1회 이상

　4. 산소발생기: 6개월에 1회 이상(호흡용 기체통에서 기체를 보내는 잠수작
　　업의 경우만 해당한다)

③ 사업주는 제1항과 제2항에 따른 점검 결과 이상을 발견한 경우에 즉시 보수,
교체, 그 밖에 필요한 조치를 하여야 한다.

제555조(점검 결과의 기록) 사업주는 제551조부터 제553조까지의 규정에 따른
점검을 한 경우에 다음 각 호의 사항을 기록하여 3년간 보존하여야 한다.

1. 점검연월일
2. 점검 방법
3. 점검 구분
4. 점검 결과
5. 점검자의 성명
6. 점검 결과에 따른 필요한 조치사항

나) 작업수칙 준수 의무

제541조(발파하는 경우의 조치) 사업주는 작업실 내에서 발파(發破)를 하는 경우에 작업실 내의 기압이 발파 전의 상태와 같아질 때까지는 고압실 내에 근로자가 들어가도록 해서는 아니 된다.

제542조(화상 등의 방지) ① 사업주는 고압작업을 하는 경우에 대기압을 초과하는 기압에서의 가연성물질의 연소위험성에 대하여 근로자에게 알리고, 고압작업자의 화상이나 그 밖의 위험을 방지하기 위하여 다음 각 호의 조치를 하여야 한다.

1. 전등은 보호망이 부착되어 있거나, 전구가 파손되어 가연성물질에 떨어져 불이 날 우려가 없는 것을 사용할 것
2. 전류가 흐르는 차단기는 불꽃이 발생하지 않는 것을 사용할 것
3. 난방을 할 때는 고온으로 인하여 가연성물질의 점화원이 될 우려가 없는 것을 사용할 것

② 사업주는 고압작업을 하는 경우에는 용접·용단 작업이나 화기 또는 아크를 사용하는 작업(이하 이 조에서 "용접등의 작업"이라 한다)을 해서는 아니 된다. 다만, 작업실 내의 압력이 제곱센티미터당 1킬로그램 미만인 장소에서는 용접등의 작업을 할 수 있다.

③ 사업주는 고압작업을 하는 경우에 근로자가 화기 등 불이 날 우려가 있는 물건을 지니고 출입하는 것을 금지하고, 그 취지를 기압조절실 외부의 보기 쉬운 장소에 게시하여야 한다. 다만, 작업의 성질상 부득이한 경우로서 작업실 내의 압력이 제곱센티미터당 1킬로그램 미만인 장소에서 용접등의 작업을 하는 경우에는 그러하지 아니하다.

④ 근로자는 고압작업장소에 화기 등 불이 날 우려가 있는 물건을 지니고 출입해서는 아니 된다.

제545조(스쿠버 잠수작업 시 조치) ① 사업주는 근로자가 스쿠버 잠수작업을 하는 경우에는 잠수작업자 2명을 1조로 하여 잠수작업을 하도록 하여야 하며, 잠수작업을 하는 곳에 감시인을 두어 잠수작업자의 이상 유무를 감시하게 하여야 한다.

② 사업주는 스쿠버 잠수작업(실내에서 잠수작업을 하는 경우는 제외한다)을 하는 잠수작업자에게 비상기체통을 제공하여야 한다.

③ 사업주는 호흡용 기체통 및 비상기체통의 기능의 이상 유무 및 해당 기체통에 저장된 호흡용 기체량 등을 확인하여 그 내용을 잠수작업자에게 알려야 하며, 이상이 있는 호흡용 기체통이나 비상기체통을 잠수작업자에게 제공해서는 아니 된다.

④ 사업주는 스쿠버 잠수작업을 하는 잠수작업자에게 수중시계, 수중압력계, 예리한 칼 등을 제공하여 잠수작업자가 이를 지니도록 하여야 하며, 잠수작업자에게 부력조절기를 착용하게 하여야 한다.

⑤ 스쿠버 잠수작업을 하는 잠수작업자는 잠수작업을 하는 동안 비상기체통을 휴대하여야 한다. 다만, 해당 잠수작업의 특성상 휴대가 어려운 경우에는 위급상황 시 바로 사용할 수 있도록 잠수작업을 하는 곳 인근 장소에 두어야 한다.

제547조(표면공급식 잠수작업 시 조치) ① 사업주는 근로자가 표면공급식 잠수작업을 하는 경우에는 잠수작업자 2명당 잠수작업자와의 연락을 담당하는 감시인을 1명씩 배치하고, 해당 감시인에게 다음 각 호에 따른 사항을 준수하도록 하여야 한다.

1. 잠수작업자를 적정하게 잠수시키거나 수면 위로 올라오게 할 것
2. 잠수작업자에 대한 송기조절을 위한 밸브나 콕을 조작하는 사람과 연락하여 잠수작업자에게 필요한 양의 호흡용 기체를 보내도록 할 것
3. 송기설비의 고장이나 그 밖의 사고로 인하여 잠수작업자에게 위험이나 건강장해가 발생할 우려가 있는 경우에는 신속히 잠수작업자에게 연락할 것
4. 잠수작업 전에 잠수작업자가 사용할 잠수장비의 이상 유무를 점검할 것

② 사업주는 다음 각 호의 어느 하나에 해당하는 표면공급식 잠수작업을 하는 잠수작업자에게 제3항 각 호의 잠수장비를 제공하여야 한다.

1. 18미터 이상의 수심에서 하는 잠수작업
2. 수면으로 부상하는 데에 제한이 있는 장소에서의 잠수작업
3. 감압계획에 따를 때 감압정지가 필요한 잠수작업

③ 제2항에 따라 사업주가 잠수작업자에게 제공하여야 하는 잠수장비는 다음 각 호와 같다.

1. 비상기체통
2. 비상기체공급밸브, 역지밸브(non return valve) 등이 달려있는 잠수마스크 또는 잠수헬멧
3. 감시인과 잠수작업자 간에 연락할 수 있는 통화장치

④ 사업주는 표면공급식 잠수작업을 하는 잠수작업자에게 신호밧줄, 수중시계, 수중압력계 및 예리한 칼 등을 제공하여 잠수작업자가 이를 지니도록 하여야 한다. 다만, 통화장치에 따라 잠수작업자가 감시인과 통화할 수 있는 경우에는 신호밧줄, 수중시계 및 수중압력계를 제공하지 아니할 수 있다.

⑤ 제2항 각 호에 해당하는 곳에서 표면공급식 잠수작업을 하는 잠수작업자는 잠수작업을 하는 동안 비상기체통을 휴대하여야 한다. 다만, 해당 잠수작업의 특성상 휴대가 어려운 경우에는 위급상황 시 즉시 사용할 수 있도록 잠수작업을 하는 곳 인근 장소에 두어야 한다.

제557조(잠수시간) 사업주는 근로자가 잠수작업을 하는 경우에 고용노동부장관이 정하여 고시하는 시간에 따라야 한다.

다) 보호장구 지급 의무

제545조(스쿠버 잠수작업 시 조치) ① 사업주는 근로자가 스쿠버 잠수작업을 하는 경우에는 잠수작업자 2명을 1조로 하여 잠수작업을 하도록 하여야 하며, 잠수작업을 하는 곳에 감시인을 두어 잠수작업자의 이상 유무를 감시하게 하여야 한다.

② 사업주는 스쿠버 잠수작업(실내에서 잠수작업을 하는 경우는 제외한다)을 하는 잠수작업자에게 비상기체통을 제공하여야 한다.

③ 사업주는 호흡용 기체통 및 비상기체통의 기능의 이상 유무 및 해당 기체통에 저장된 호흡용 기체량 등을 확인하여 그 내용을 잠수작업자에게 알려야 하

며, 이상이 있는 호흡용 기체통이나 비상기체통을 잠수작업자에게 제공해서는
아니 된다.

④ 사업주는 스쿠버 잠수작업을 하는 잠수작업자에게 수중시계, 수중압력계, 예
리한 칼 등을 제공하여 잠수작업자가 이를 지니도록 하여야 하며, 잠수작업자
에게 부력조절기를 착용하게 하여야 한다.

⑤ 스쿠버 잠수작업을 하는 잠수작업자는 잠수작업을 하는 동안 비상기체통을
휴대하여야 한다. 다만, 해당 잠수작업의 특성상 휴대가 어려운 경우에는 위급
상황 시 바로 사용할 수 있도록 잠수작업을 하는 곳 인근 장소에 두어야 한다.

제547조(표면공급식 잠수작업 시 조치) ① 사업주는 근로자가 표면공급식 잠수작
업을 하는 경우에는 잠수작업자 2명당 잠수작업자와의 연락을 담당하는 감시
인을 1명씩 배치하고, 해당 감시인에게 다음 각 호에 따른 사항을 준수하도
록 하여야 한다.

1. 잠수작업자를 적정하게 잠수시키거나 수면 위로 올라오게 할 것
2. 잠수작업자에 대한 송기조절을 위한 밸브나 콕을 조작하는 사람과 연락하
   여 잠수작업자에게 필요한 양의 호흡용 기체를 보내도록 할 것
3. 송기설비의 고장이나 그 밖의 사고로 인하여 잠수작업자에게 위험이나 건강
   장해가 발생할 우려가 있는 경우에는 신속히 잠수작업자에게 연락할 것
4. 잠수작업 전에 잠수작업자가 사용할 잠수장비의 이상 유무를 점검할 것

② 사업주는 다음 각 호의 어느 하나에 해당하는 표면공급식 잠수작업을 하는
잠수작업자에게 제3항 각 호의 잠수장비를 제공하여야 한다.

1. 18미터 이상의 수심에서 하는 잠수작업
2. 수면으로 부상하는 데에 제한이 있는 장소에서의 잠수작업
3. 감압계획에 따를 때 감압정지가 필요한 잠수작업

③ 제2항에 따라 사업주가 잠수작업자에게 제공하여야 하는 잠수장비는 다음
각 호와 같다.

1. 비상기체통
2. 비상기체공급밸브, 역지밸브(non return valve) 등이 달려있는 잠수마스
   크 또는 잠수헬멧
3. 감시인과 잠수작업자 간에 연락할 수 있는 통화장치

④ 사업주는 표면공급식 잠수작업을 하는 잠수작업자에게 신호밧줄, 수중시계, 수

중압력계 및 예리한 칼 등을 제공하여 잠수작업자가 이를 지니도록 하여야 한다. 다만, 통화장치에 따라 잠수작업자가 감시인과 통화할 수 있는 경우에는 신호밧줄, 수중시계 및 수중압력계를 제공하지 아니할 수 있다.
⑤ 제2항 각 호에 해당하는 곳에서 표면공급식 잠수작업을 하는 잠수작업자는 잠수작업을 하는 동안 비상기체통을 휴대하여야 한다. 다만, 해당 잠수작업의 특성상 휴대가 어려운 경우에는 위급상황 시 즉시 사용할 수 있도록 잠수작업을 하는 곳 인근 장소에 두어야 한다.

4. 사업장에서 배출되는 기체, 액체 등에 의한 건강장해 관련 보건 조치의무

사업주는 사업장에서 배출되는 기체·액체·찌꺼기 등에 의한 건강장해를 예방하기 위하여 필요한 조치를 취하여야 한다. 보건조치의무의 구체적인 내용과 관련하여서는 원재료·가스 등에 의한 건강장해 예방을 위한 보건조치 의무 부분을 참고하기 바란다.

5. 단순반복작업 등에 의한 건강장해 관련 보건조치의무

가. 의의

사업주는 계측감시, 컴퓨터 단말기 조작, 정밀공작 등의 작업 및 단순반복작업 또는 인체에 과도한 부담을 주는 작업에 의한 건강장해예방을 위한 보건조치의무가 있다. '근골격계부담작업'이란 법 제39조제1항제5호에 따른 작업으로서 작업량·작업속도·작업강도 및 작업장 구조 등에 따라 고용노동부장관이 정하여 고시[89]하는 작업을 말하고, '근골격계질환'이란 반복적인 동작, 부적절한 작업자세, 무리한 힘의 사용, 날카로운 면과의 신체접촉, 진동 및 온도 등의 요인에 의하여 발생하는 건강장해로서 목, 어깨, 허리, 팔·다리의 신경·근육 및 그 주변 신체조직 등에 나타나는 질환을 말한다.

---

89) 근골격계부담작업의 범위 및 유해요인조사 방법에 관한 고시(고용노동부 고시 제2014-27호).

나. 사업주의 주된 보건조치의무

1) 컴퓨터 단말기 조작업무에 대한 조치의무

제667조(컴퓨터 단말기 조작업무에 대한 조치) 사업주는 근로자가 컴퓨터 단말기의 조작업무를 하는 경우에 다음 각 호의 조치를 하여야 한다.

1. 실내는 명암의 차이가 심하지 않도록 하고 직사광선이 들어오지 않는 구조로 할 것
2. 저휘도형(低輝度型)의 조명기구를 사용하고 창·벽면 등은 반사되지 않는 재질을 사용할 것
3. 컴퓨터 단말기와 키보드를 설치하는 책상과 의자는 작업에 종사하는 근로자에 따라 그 높낮이를 조절할 수 있는 구조로 할 것
4. 연속적으로 컴퓨터 단말기 작업에 종사하는 근로자에 대하여 작업시간 중에 적절한 휴식시간을 부여할 것

---

2) 직무스트레스에 의한 건강장해 예방 조치의무

제669조(직무스트레스에 의한 건강장해 예방 조치) 사업주는 근로자가 장시간 근로, 야간작업을 포함한 교대작업, 차량운전[전업(專業)으로 하는 경우에만 해당한다] 및 정밀기계 조작작업 등 신체적 피로와 정신적 스트레스 등(이하 "직무스트레스"라 한다)이 높은 작업을 하는 경우에 법 제5조제1항에 따라 직무스트레스로 인한 건강장해 예방을 위하여 다음 각 호의 조치를 하여야 한다.

1. 작업환경·작업내용·근로시간 등 직무스트레스 요인에 대하여 평가하고 근로시간 단축, 장·단기 순환작업 등의 개선대책을 마련하여 시행할 것
2. 작업량·작업일정 등 작업계획 수립 시 해당 근로자의 의견을 반영할 것
3. 작업과 휴식을 적절하게 배분하는 등 근로시간과 관련된 근로조건을 개선할 것
4. 근로시간 외의 근로자 활동에 대한 복지 차원의 지원에 최선을 다할 것
5. 건강진단 결과, 상담자료 등을 참고하여 적절하게 근로자를 배치하고 직무스트레스 요인, 건강문제 발생가능성 및 대비책 등에 대하여 해당 근로자에게 충분히 설명할 것

---

6. 뇌혈관 및 심장질환 발병위험도를 평가하여 금연, 고혈압 관리 등 건강증진 프로그램을 시행할 것

3) 유해요인 조사 등 의무

제657조(유해요인 조사) ① 사업주는 근로자가 근골격계부담작업을 하는 경우에 3년마다 다음 각 호의 사항에 대한 유해요인조사를 하여야 한다. 다만, 신설되는 사업장의 경우에는 신설일부터 1년 이내에 최초의 유해요인 조사를 하여야 한다.

1. 설비 · 작업공정 · 작업량 · 작업속도 등 작업장 상황
2. 작업시간 · 작업자세 · 작업방법 등 작업조건
3. 작업과 관련된 근골격계질환 징후와 증상 유무 등

② 사업주는 다음 각 호의 어느 하나에 해당하는 사유가 발생하였을 경우에 제1항에도 불구하고 지체 없이 유해요인 조사를 하여야 한다. 다만, 제1호의 경우는 근골격계부담작업이 아닌 작업에서 발생한 경우를 포함한다.

1. 법에 따른 임시건강진단 등에서 근골격계질환자가 발생하였거나 근로자가 근골격계질환으로 「산업재해보상보험법 시행령」 별표 3 제2호가목 · 마목 및 제12호라목에 따라 업무상 질병으로 인정받은 경우
2. 근골격계부담작업에 해당하는 새로운 작업 · 설비를 도입한 경우
3. 근골격계부담작업에 해당하는 업무의 양과 작업공정 등 작업환경을 변경한 경우

③ 사업주는 유해요인 조사에 근로자 대표 또는 해당 작업 근로자를 참여시켜야 한다.

제658조(유해요인 조사 방법 등) 사업주는 유해요인 조사를 하는 경우에 근로자와의 면담, 증상 설문조사, 인간공학적 측면을 고려한 조사 등 적절한 방법으로 하여야 한다. 이 경우 제657조제2항제1호에 해당하는 경우에는 고용노동부장관이 정하여 고시하는 방법에 따라야 한다.

제659조(작업환경 개선) 사업주는 유해요인 조사 결과 근골격계질환이 발생할 우려가 있는 경우에 인간공학적으로 설계된 인력작업 보조설비 및 편의설비

를 설치하는 등 작업환경 개선에 필요한 조치를 하여야 한다.

4) 유해성 고지 의무 등

제661조(유해성 등의 주지) ① 사업주는 근로자가 근골격계부담작업을 하는 경우에 다음 각 호의 사항을 근로자에게 알려야 한다.

1. 근골격계부담작업의 유해요인
2. 근골격계질환의 징후와 증상
3. 근골격계질환 발생 시의 대처요령
4. 올바른 작업자세와 작업도구, 작업시설의 올바른 사용방법
5. 그 밖에 근골격계질환 예방에 필요한 사항

② 사업주는 제657조제1항과 제2항에 따른 유해요인 조사 및 그 결과, 제658조에 따른 조사방법 등을 해당 근로자에게 알려야 한다.

③ 사업주는 근로자대표의 요구가 있으면 설명회를 개최하여 제657조제2항제1호에 따른 유해요인 조사 결과를 해당 근로자와 같은 방법으로 작업하는 근로자에게 알려야 한다.

제662조(근골격계질환 예방관리 프로그램 시행) ① 사업주는 다음 각 호의 어느 하나에 해당하는 경우에 근골격계질환 예방관리 프로그램을 수립하여 시행하여야 한다.

1. 근골격계질환으로 「산업재해보상보험법 시행령」 별표 3 제2호가목·마목 및 제12호라목에 따라 업무상 질병으로 인정받은 근로자가 연간 10명 이상 발생한 사업장 또는 5명 이상 발생한 사업장으로서 발생 비율이 그 사업장 근로자 수의 10퍼센트 이상인 경우
2. 근골격계질환 예방과 관련하여 노사 간 이견(異見)이 지속되는 사업장으로서 고용노동부장관이 필요하다고 인정하여 근골격계질환 예방관리 프로그램을 수립하여 시행할 것을 명령한 경우

② 사업주는 근골격계질환 예방관리 프로그램을 작성·시행할 경우에 노사협의를 거쳐야 한다.

③ 사업주는 근골격계질환 예방관리 프로그램을 작성·시행할 경우에 인간공학·산업의학·산업위생·산업간호 등 분야별 전문가로부터 필요한 지도·조언

> 을 받을 수 있다.

6. 환기, 채광 등의 적정기준을 유지하지 아니하여 발생하는 건강 장해 관련 보건조치의무

가. 의의

사업주는 환기·채광·조명·방습·청결 등의 적정기준을 유지하지 아니하여 발생하는 건강장해를 예방하기 위한 보건조치의무를 부담한다.

나. 사업주의 주요 보건조치의무

환기 조치와 관련하여서는 앞에서 살펴본 공기질 유지 관련 조치의무와 중복되고, 보온 및 방습 조치와 관련하여서는 '온도습도에 의한 건강장해예방 보건조치의무'와 중복되므로, 설명을 생략하기로 한다. 청결조치와 관련하여서는 안전보건규칙상 세면 또는 세탁설비 유지 의무와 중복된다고 해석된다. 채광 및 조명조치와 관련하서는 조도기준 유지의무를 부과하고 있다.

> **제8조(조도)** 사업주는 근로자가 상시 작업하는 장소의 작업면 조도(照度)를 다음 각 호의 기준에 맞도록 하여야 한다. 다만, 갱내(坑內) 작업장과 감광재료(感光材料)를 취급하는 작업장은 그러하지 아니하다.
> 1. 초정밀작업: 750럭스(lux) 이상
> 2. 정밀작업: 300럭스 이상
> 3. 보통작업: 150럭스 이상
> 4. 그 밖의 작업: 75럭스 이상

제3절 근로자 사망에 대한 사업주의 책임 및 벌칙

1. 개요

산업안전보건법 제167조는 사업주가 법 제38조 제1항 내지 제3항 또는 제39조 제1항에 규정된 산업재해 예방을 위한 안전보건조치의무를 위반하여 근로자를 사망에 이르게 한 경우와 도급인이 법 제63조를 위반하여 근로자를 사망에 이르게 한 경우 각각 '7년 이하의 징역 또는 1억원 이하의 벌금'으로 사업주 등을 가중하여 처벌하고 있다. 또한, 위와 같은 범죄로 형을 선고받고 그 형이 확정된 후 5년 이내에 다시 위 죄를 범한 자는 그 형의 2분의 1까지 가중한다.

본조는 기본범죄인 사업주의 안전보건조치의무(법 제38조, 제39조) 또는 도급인의 안전보건조치의무(법 제63조)를 고의로 이행하지 아니하고 이로 인해 예견가능한 사망이라는 결과가 발생한 경우에 성립하는 결과적 가중범이라고 할 수 있다. 이는 사업주를 종전법 제67조 제1항에 의해 처벌하는 것만으로는 급증하는 산업재해 사망 사건을 억제하는 데 한계가 있다는 인식에서 2006. 3. 24. 16차 개정으로 근로자의 사망에 대한 사업주의 가중책임 규정이 도입되었다.

한편 이전 산업안전보건법에서는 도급에 의해 작업이 이루어지면서 관계수급인의 근로자가 사망하는 경우 수급인에 대해서만 가중책임을 부담시키고 도급인은 가중책임을 부담하지 않았으나, 개정법은 제167조 처벌규정에 도급인의 안전보건조치의무 규정인 제63조를 포함시킴으로써 도급인의 책임을 더욱 강화하였다. 산업안전보건법은 사업주를 '근로자를 사용하여 사업을 하는 자'라고 정의하고(법 제2조 제4호), 근로자를 '근로기준법 제2조 제1항 제1호에 따른 근로자'라고 정의하고 있다. 즉, 산업안전보건법의 1차적 의무부담 주체인 사업주는 근로자를 직접 고용하는 자이다. 따라서, 법 제38조, 제39조 및 하위법령에 규정된 안전보건조치의무의 부담자도 1차적으로는 근로자와 직접 고용관계를 맺고 있는 사업주라고 할 것이다.

다만, 대법원은 고용관계에 대하여 '실질적 고용관계'라는 개념을 사용하였다. 즉, 사업주와 근로자 사이에는 실질적인 고용관계가 있어야 한다. 여기서 실질적인 고용관계 유무는 고용계약이나 도급계약 등 근로계약의 형식에 좌우되는 것은 아니나, 근로의 실질에 있어 근로자가 종속적인 관계에서 사용자에게 근로를 제공하는 사정이 인정되는 경우에 한하여 실질적인 고용관계를 인정할 수 있다는 것이다.[90] 이처럼 실질고용관계는 사업주의 산업안전보건법상 책임을 사안에 따라서는 확대하는 역할을 하지만 여전히 형식적으로든 실질적으로든 근로자를 직접 고용하고 있는 사업주만을 대상으로 한다는 점을 알 수 있다.

결국 사업이 도급에 의해 이루어질 경우, 도급인과 수급인 근로자 사이에 실질적 고용관계가 인정되지 않는다면 도급인은 수급인 근로자에 대해 산업안전보건법상 안전보건조치의무를 부담하지 않게 되고, 결국 근로자를 고용하지 않고 사업을 영위하는 도급인 사업주의 안전보건조치의무 확보에 공백이 발생한다. 그러나, 이는 도급을 비롯한 간접고용형태가 늘어나고, 산업재해의 발생도 간접고용된 근로자에게 많이 발생하며, 특히 근로자 사망사고의 상당부분이 수급인 근로자에게 나타나고 있는 산업현장의 실태로 인해 도급인의 안전보건조치의무를 강화하여야 한다는 주장과 배치되는 것이다.

도급인과 수급인 근로자 사이에 실질적인 고용관계가 인정되지 않을 경우, 결국 도급인에게 수급인 근로자에 대한 안전보건조치의무를 부담시키기 위해서는 별도의 입법이 필요하게 되고, 그 대표적인 규정이 도급사업 시의 안전보건조치를 규정한 이전 법 제29조의 규정이다.[91] 즉, 이전 법 제29조가 규정한 요건에 해당하는 경우에는 도급인과 수급인 근로자 사이에 실질적인 고용관계가 인정되지 않더라도 도급인이 수급인 근로자에 대하여 안전보건조치의무를 부담하였다. 그러나, 이전 법 제29조 제1항, 제3항이 규정하고 있는 요건이 너무 엄격하여 도급인의 책임을 묻기 어려운 실무적인 문제점이 있었다.

이에 개정법[92]은 도급·도급인·수급인·관계수급인의 개념 정의를 명확히

---

90) 대법원 2010. 6. 24. 선고 2010도2615 판결 등.
91) 2019. 1. 15. 전부개정 전의 법률 제29조 참조.
92) 2019. 1. 15. 전부개정.

하고, 이전 법의 요건을 모구 삭제하면서 '도급인의 사업장' 개념을 신설하여 도급인으로 하여금 도급인의 사업장에서 작업을 하는 관계수급인 근로자에 대해 안전보건조치의무를 부담하도록 그 책임범위를 확대하였다. 그에 따라 법 제63조의 규정으로 도급인은 관계수급인 근로자가 도급인의 사업장에서 작업을 하는 경우에 자신의 근로자와 관계수급인 근로자의 산업재해를 예방하기 위하여 안전 및 보건 시설의 설치 등 필요한 안전조치 및 보건조치의무 의무를 부담하도록 하고 있다.

2. 주체

본조의 주체가 되는 사업주는 법 제2조 제3호 '사업주란 근로자를 사용하여 사업을 하는 자를 말한다'고 규정하고 있는 바, 그 해석상 사업주란 '사업경영이익의 실직적 귀속주체인 영업주체'를 의미한다. 즉, 법인인 경우에는 법인 자체가 사업주가 되고, 개인 사업체인 경우에는 개인이 사업주가 된다. 기타 도급인, 관계수급인, 도급인의 사업장의 개념 및 범위에 대해서는 제4절에서 후술하는 바와 같다.

가. 사업주 또는 도급사업주가 법인인 경우

사업주 또는 도급사업주가 법인인 경우 법인 자체가 사업주가 된다. 그 법인의 대표자는 사업경영이익의 실질적인 귀속주체가 아니므로 사업주에 해당하지 않는다. 법 제173조(양벌규정)[93]은 법인의 대표자를 행위자의 한 유형으로 열거하고 있으므로 법인의 대표자가 사업주에 해당하지 않음은 명백하다.[94] 따

---

[93] 제173조(양벌규정) 법인의 대표자나 법인 또는 개인의 대리인, 사용인, 그 밖의 종업원이 그 법인 또는 개인의 업무에 관하여 제167조제1항 또는 제168조부터 제172조까지의 어느 하나에 해당하는 위반행위를 하면 그 행위자를 벌하는 외에 그 법인에게 다음 각 호의 구분에 따른 벌금형을, 그 개인에게는 해당 조문의 벌금형을 과한다. 다만, 법인 또는 개인이 그 위반행위를 방지하기 위하여 해당 업무에 관하여 상당한 주의와 감독을 게을리하지 아니한 경우에는 그러하지 아니하다.
1. 제167조제1항의 경우: 10억원 이하의 벌금.
2. 제168조부터 제172조까지의 경우: 해당 조문의 벌금형.
[94] 관련 판례 대법원 2013. 10. 17. 선고 2013도7851 판결.

라서 사업장에서 안전보건조치의무 위반사항이 적발된 경우 법인의 대표자는 고의가 인정되는 경우 양벌규정에 의해 '행위자'로서 처벌을 받게 된다.

한편 법인은 사업주 또는 도급사업주이지만 동시에 자연인이 아니기 때문에 그 역시 양벌규정에 의해 처벌을 받게 된다. 즉, 법인의 대표자가 행위자가 되는 경우 법인과 법인의 대표자는 공히 '법 제173조, 제167조 제1항, 제38조'가 적용된다.

나. 사업주가 개인인 경우

사업주가 개인인 경우, 즉 개인이 별도 법인을 만들지 않고 사업자등록을 하고 근로자를 고용하여 사업을 하는 경우 개인이 곧 법상 사업주에 해당한다. 이경우 사업주인지 여부를 사업등록 명의 등 형식적으로 결정되는 것이 아니라 사업경영이익의 귀속 여부에 따라 실질적으로 결정된다(명의대여의 경우).

이와 관련하여 판례는 법인이 아닌 약국에서의 영업으로 인한 사법상의 권리의무는 그 약국을 개설한 약사에게 귀속되므로 대외적으로 그 약국의 영업주는 그 약국을 개설한 약사라고 할 것이지만, 그 약국을 실질적으로 경영하는 약사가 다른 약사를 고용하여 그 고용된 약사를 명의상의 개설약사로 등록하게 해두고 실질적인 영업약사가 약사 아닌 종업원을 직접 고용하여 영업하던 중 그 종업원이 약사법위반 행위를 하였다면 약사법 제78조의 양벌규정상의 형사책임은 그 실질적 경영자가 지게 된다고 판시하였다.[95]

다. 관련 판례

1) '건축주'의 사업주 인정 여부 관련된 사례

① 건축주가 시공업자에게 건물의 신축 또는 개·보수를 발주하고, 시공업자가 데려온 일용근로자가 작업 중 사망한 경우 건축주를 '사업주'로 보아 법제167조 책임을 물을 수 있는지 실무상 문제된다.

산업안전보건법상 사업주란 '근로자를 사용하여 사업을 하는 자'를 의미하고, 건축법 제28조, 동법 시행령 제21조는 건축물의 시공에 따르는 공사현장

---

95) 대법원 2000. 10. 27. 선고 2000도3570 판결.

의 안전조치에 관한 책임은 건축주가 아니라 산업안전보건에 관한 법령에 따라 공사시공자가 부담하도록 규정하고 있으므로 이 경우 건축주를 사업주로 보지 않음이 타당하고, 시공업자를 사업주로 보아야 한다.

다만, 건축주를 사업주로 볼 수 있는지에 대하여는 단순히 급여만을 건축주가 지급하였다는 점 외에 근로자들의 채용 경위, 건축주가 시공 과정에서 근로자들을 구체적으로 지휘·감독하였는지 등을 살펴 사업주에 해당하는지 여부를 검토하여야 한다.96)

② 한편, 건축주가 단순 발주자에 그치지 않고 실질적으로 시공을 총괄·관리하는 경우에 건축주의 사업장(법 제10조 제2항)에서 시공자인 수급인 근로자가 작업을 하다가 건축주의 안전조치의무 위반으로 인하여 사망한 경우에는 해당 건축주에게 도급인으로서 책임이 인정될 수 있다(법 제63조 참조).

2) 지입회사의 사업주 인정 여부와 관련된 판례

① 민사사건이기는 하지만, 덤프트럭 등 건설기계를 지입회사에 지입한 지입차주에 의하여 고용된 근로자가 트럭 정비 중 사망한 사안에서, 판례는 '지입차주가 이 사건 트럭의 실질적인 소유자로서 직접 이를 실제로 운영하여 왔다고 할지라도 지입회사는 이 사건 트럭의 운행사업에 있어서의 명의대여자로서 제3자에 대하여 이 사건 트럭이 자기의 사업에 속하는 것임을 표시하였다고 볼 수 있을 뿐만 아니라 객관적으로 지입차주를 지휘·감독하는 사용자의 지위에 있다고 할 것이며, 또한 이 사건 트럭의 운전사인 근로자에 대하여도 직접 근로계약상의 책임을 지는 사용자로서 위 근로자가 근로를 제공하는 과정에서 생명·신체·건강을 해치는 일이 없도록 물적 환경을 정비하고 필요한 조치를 강구할 보호의무 내지는 산업안전보건법 제23조 소정의 안전상의 조치의무를 부담한다'고 판시하여 지입회사에 대해 산업안전보건법상 안전보건조치의무를 부담하는 사업주로 인정한 사례가 있다.97)

② 반면 지입차량인 탱크로리 차량을 운전하는 근로자가 위험물을 저장통에 중비하던 중 폭발로 인하여 사망한 사안에서, 지입차주가 지입회사와 위

---

96) 참고 대법원 20008. 8. 21. 선고 2008도5431 판결.
97) 대법원 1998. 1. 23. 선고 97다44676 판결.

수탁계약을 체결하여 경영권을 받고 지입차주의 책임하에 사업을 하기로 한 점, 비록 근로자가 지입회사 소속이지만 채용, 급여 지급 등은 지입차주가 담당한 점, 지입차주가 근로자에게 운반을 지시한 점 등을 종합하면 실질적인 고용관계는 지입차주와 근로자 사이에 존재한다고 보아 지입차주를 사업주로 인정하여 지입차주에 대해 유죄를 선고한 사례도 있다.[98]

3. 행위 및 객체

가. 행위

산업안전보건법 제167조를 결과적가중범으로 이해하는 이상 범죄가 성립하려면 기본범죄가 인정되어야 한다. 즉, 사업주의 경우 법 제38조 제1항 내지 제3항 또는 제1항에 규정된 산업재해를 예방하기 위한 안전보건조치의무를 위반해야 하고, 도급사업주의 경우 법 제63조에 규정한 산업재해를 예방하기 위한 안전보건조치의무를 위반해야 한다.

개정법은 도급인의 사업장 내에서 이루어지는 관계수급인 소속 근로자의 모든 작업에 대해 안전보건조치의무를 규정하고 있다. 그 내용은 안전보건규칙이 규정하고 있는 수급인이 근로자에 대해 부담하는 안전보건조치의무와 동일하다고 할 것이다.

나. 객체

법 제167조는 별도로 근로자의 범위에 대하여 규정을 두고 있지는 않지만, 대법원은 본조의 근로자를 '직접 고용관계'에 있는 근로자뿐만 아니라 사업주와 '실질적인 고용관계'가 있는 근로자까지 포함하는 것으로 판시하고 있다.[99] 다만, 고용관계는 사망에 이른 근로자와의 사이에 있으면 되고, 직접 가해행위를 한 사람에 대해서까지 있을 것을 요하지 않는다.[100]

98) 대법원 2017. 3. 9. 선고 2016도16410 판결.
99) 대법원 2010. 6. 24. 선고 2010도2615 판결; 대법원 2016. 7. 22. 선고 2016도3749 판결 등.
100) 대법원 2009. 5. 14. 선고 2008도101 판결.

1) 소속 근로자가 사망한 경우

① 사업주가 부담하는 안전보건조치의무의 보호대상은 소속 근로자로 한정되기 때문에 법 제167조 제1항 위반죄가 성립하기 위해서는 사업주와 사망한 근로자 사이에 실질적인 고용관계가 있어야 한다. 만약, 사업주의 안전보건조치의무 위반은 인정되지만, 사업주와 사망한 근로자 사이에 실질적인 고용관계가 인정되지 않는 경우, 사망한 자에 대한 업무상과실치사죄와 소속 근로자들에 대한 법 제168조 제1호(단순 안전보건조치의무 위반) 적용 여부가 검토될 것이다.101)

② 가해 근로자 소속 사업주와 피해근로자 소속 사업주가 다른 경우, 가해 근로자 소속 업체의 사업주는 피해근로자와 통상 실질적 고용관계가 없다고 할 것이므로 법 제167조 제1항을 적용할 수 없을 것이다. 이 경우 가해 근로자 소속 사업주에 대해 업무상과실이 인정될 경우에는 가해 근로자와 함께 업무상과실치사죄의 공범이 가능하다고 할 것이다.

2) 수급인 근로자가 사망한 경우

① 사업주와 사망한 근로자 사이에 실질적인 고용관계가 인정되지 않더라도, 사망한 근로자가 관계수급인 근로자(실질적 고용관계 인정)라면 도급사업주로서의 안전보건조치의무 위반 여부가 검토될 수 있다. 즉, 사망한 근로자가 관계수급인 근로자이고 해당 사업장이 도급인의 사업장인 경우에는 도급인에게 법 제167조 제1항, 제63조를 적용할 수 있을 것이다.

② 도급인의 사업장에서 도급인 소속 근로자들과 수급인 소속 근로자들이 작업하던 중 산업재해로 수급인 소속 근로자가 사망하였고 도급인과 수급인 모두에게 안전보건조치의무 위반이 인정될 경우, 도급사업주는 자신의 소속 근로자들에 대한 관계에서는 법 제168조 제1호, 제38조 또는 제39조의 책임을, 사망한 수급인 소속 근로자에 대한 관계에서는 법 제167조 제1항, 제63조의 책임을, 사망하지 않은 수급인 소속 근로자들에 대한 관계에서는 법 제169조 제1호, 제63조의 책임을 각각 부담할 것이고, 수급사업주는 사망한 자신의 소속 근로자에 대한 관계에서는 법 제167조 제1항, 제38조 또는 제39조

---

101) 대법원 2014. 5. 29. 선고 2014도3542 판결.

의 책임을 사망하지 않은 자신의 소속 근로자들에 대한 관계에서는 법 제168조 제1호, 제38조 또는 제39조의 책임을 각각 부담한다고 할 것이다.

4. 인과관계

가. 서설

결과적 가중범으로서 기본범죄와 사업주의 해당 안전보건조치의무 위반과 중한 결과인 근로자의 사망 사이에는 인과관계가 인정되어야 한다. 비록 사업주에게 안전조치의무 위반이 인정된다고 하여도 사업주로서 근로자의 사망을 예견할 수 없는 경우에는 법 제167조 제1항을 적용할 수 없다. 따라서 사업주에게 법 제167조 제1항의 형사책임을 묻기 위해서는 사업주의 예견가능성이 전제되어야 하는 것인 바, 근로자의 작업이 사업주의 예견가능성 내지 지배가능성 내에서 이루어진 것인지 여부에 대해 작업의 내용, 작업 당시 상황, 사고 발생 경위 등 사실관계에 대한 충분한 검토를 거쳐 그 판단이 이루어져야 한다.

만약 사업주의 안전조건조치의무 위반은 인정되지만 근로자 사망과 인과관계가 인정되지 않는 경우 법 제167조 제1항은 적용되지 않고, 법 제168조 제1호(제38조 또는 제39조), 법 제169조 제1호(제63조)가 적용될 수 있다.

나. 관련 판례

① 밀폐공간인 하수관 공사의 현장소장이 감시인 지정, 공급호흡기 지급, 작업 시작 전 공기 상태 점검 등의 보건조치를 취하지 않아 하수관 내에서 작업 중이던 근로자가 질식으로 쓰러져 하수관 바닥에 있던 하수를 흡입하여 사망한 사안에서, 판례는 '부검결과 익사 또는 산소결핍을 시사하는 소견이 발견되지 않은 점, 피해자에게 간질 병력이 있었고 간질 병력은 부검을 통한 조직 검사에서 확인되지 않는 경우가 대부분인 점, 사고 발생 후 3일 후 사고가 발생한 장소에서 측정된 산소농도가 양호하였던 점, 사고 당시 기온이 낮았던 점 등을 종합하여 간질로 인하여 사망하였을 가능성을 배제할 수 없어 피고인의 보건조치의무 위반과 사망의 결과 사이에 인과관계가 인정되지 않

는다'는 취지로 무죄를 선고하였다.[102)

② 한국철도공사로부터 고속철도의 선로 유지·보수공사를 도급받은 회사의 근로자들이 심야 작업 중 지진 발생으로 인하여 지연 운행되던 KTX 열차가 이미 지나 간 줄 알고 만연히 선로에서 작업을 하다가 뒤늦게 진행하는 KTX 열차에 치어 사망한 사안에서, 판례는 '이 사건은 작업 팀장이 열차의 지연 여부 및 작업 개시 여부에 관하여 시설관리장의 지시를 명확히 청취하지 아니하는 등의 주의를 기울이지 아니한 채 만연히 근로자들에게 작업 지시한 결과 발생한 것으로 보이는 점, 작업계획서에는 지진으로 인해 열차가 지연될 수 있음이 기재되어 있지 않았고 이를 방치한 잘못은 있으나 가사 그 내용이 기재되고 근로자들에게 동일한 내용이 고지되었다고 하더라도 실제 현장에 있던 근로자들은 작업 팀장의 지시에 따라 작업을 개시하였을 것으로 보이는 점에 비추어 작업계획서 미작성에 따른 안전조치의무 위반과 근로자의 사망 사이에 인과관계를 인정하기 어렵다'라는 취지로 판시하였다.[103)

다. 법원의 축소사실 인정의무 검토

실무상 법 제167조 제1항으로 기소하였으나, 안전조치의무 위반과 사망 사이에 인과관계가 인정되지 않는 경우 법원에게 법 제168조 제1항 제1호 위반으로 유죄를 선고해야 하는 의무가 있는지 여부가 문제된다.

이에 대하여 법 제167조 제1항은 안전조치의무 위반으로 인해 근로자가 사망한 경우 사업주를 가중 처벌하기 위해 신설된 규정임을 들어 법 제167조 제1항은 법 제168조 제1호 위반을 기본범죄로 하여 근로자가 사망한 경우 사업주를 가중처벌하는 규정으로 해석함이 상당하다며 선고 의무를 긍정하는 견해도 있을 수 있다.

법원은 '안전조치의무 위반죄로 처벌하지 않는다고 하여 현저히 정의와 형평에 반하는 것으로 인정되지 아니하므로 법원이 직권으로 산업안전보건법 제67조 제1호(개정전 법률) 위반의 유죄로 인정하지 않더라도 위법하지 않다'고 판

102) 대법원 2014. 5. 29. 선고 2014도78 판결.
103) 대구지방법원 2018. 9. 21. 선고 2018노2238 판결(확정).

시하였다.104) 한편 법 제167조 제1항 위반으로 기소하였으나 1심에서 무죄가 선고되자 검사가 항소심에서 법 제168조 제1호 위반 혐의를 예비적으로 추가한 사안에서는 법 제168조 제1호 위반죄가 성립한다고 판시한 사례가 있다.105)

5. 고의

사업주 및 도급사업자 또는 그 행위자(사업주를 대신하여 행위자로 선정된 자, 예를 들면 안전관리책임자로서 현장소장 등)에게는 법 제38조 제1항 내지 제3항 또는 제39조 제1항, 제63조에 규정된 안전보건조치의무 위반에 대하여 고의 가 인정되어야 한다.

사업주 또는 그 행위자와 관련하여, 대법원은 '사업주가 자신이 운영하는 사업장에서 제23조 제1항에 규정된 안전상의 위험성이 있는 작업을 안전조 치를 취하지 아니한 채 작업하도록 지시하거나, 그 안전조치가 취해지지 않 은 상태에서 작업이 이루어지고 있다는 사실을 알면서도 이를 방치하는 경우 에 한하여 성립하는 것이지, 단지 사업주의 사업장에서 위와 같은 위험성이 있는 작업이 필요한 안전조치가 취해지지 않고 이루어졌다는 사실만으로 성 립하는 것이 아니라고 할 것이다'라고 판시하여 안전조치가 취해지지 않은 상태에서 작업이 이루어지고 있다는 사실을 알면서도 이를 방치하는 등 그 위반행위가 사업주에 의해 이루어졌다고 인정되어야 비로소 고의가 인정되어 사업주를 처벌할 수 있다고 하였다. 따라서, 사업주의 안전조치의무 위반으 로 처벌하기 위해서는 사업주의 고의가 입증되어야 한다. 다만, 판례는 사업 주를 대신하여 행위자로 선정된 자가 개별적·구체적으로 작업을 지시하지 않았더라도 사업장에서 안전조치가 취해지지 않은 상태에서의 작업이 이루어 지고 있고 향후 그러한 작업이 계속될 것이라는 사정을 미필적으로 인식하고 서도 이를 방치한 경우 행위자의 고의를 인정하고 있다.106)

도급인의 경우 수급인의 근로자와 직접 고용관계에 있지 아니하고 또한 작

---

104) 대법원 2016. 4. 28. 선고 2016도2463 판결.
105) 서울동부지방법원 2013. 8. 13. 선고 2013노143 판결(확정).
106) 대법원 2010. 11. 25. 선고 2009도11906 판결.

업을 직접 지시하는 관계에 있지 아니하므로, 도급인이 법 제63조를 위반하고 이로 인해 관계수급인의 근로자가 사망한 경우 도급인에게 법 제167조 제1항을 적용하여 사망에 대한 형사책임을 묻기 위해서는 도급인의 경우에도 안전보건조치의무 위반에 대한 고의가 인정되어야 한다. 그러나, 판례는 고의 인정을 위해 '안전조치를 취하지 아니한 채 안전상의 위험성이 있는 작업을 하도록 지시' 또는 '안전조치가 취해지지 않은 상태에서 안전상의 위험성이 있는 작업이 이루어지고 있다는 사실을 알면서도 방치'라는 요소를 언급하고 있어 실제 도급인의 형사책임을 인정하기에 어려움이 있을 수 있다.

가. 고의를 부정한 사례

① 근로자 2명이 사출기의 수리작업을 하던 중 1명은 사출기 내부에 들어가 수리작업을 하고, 나머지 1명이 사출기의 작동여부를 확인하기 위해 안전문을 닫자 사출기가 작동되어 사출기 내부에 들어간 재해자가 사출기 금형에 협착되어 사망한 사안에서, 판례는 '사고 발생이 주로 작업을 하던 근로자들의 잘못으로 경합하여 발생한 것일 뿐이어서 피고인이 위험을 예방하기 위한 조치를 취하지 아니한 행위라거나 근로자들이 사출기를 정지하지 아니한 채로 수리하는 것을 알면서도 이를 방치한 것이라 볼 수 없다'는 이유로 무죄를 선고하였다.107)

② 크레인 설치 작업 중 근로자가 안전벨트의 고리를 안전대에 걸지 아니한 채 작업을 하다가 추락하여 사망한 사안에서, 판례는 '피고인이 사전에 이 사건 작업의 위험요소 및 안전교육 내용을 명시한 작업계획서를 작성하였고, 합동안전점검 및 안전교육을 실시한 점, 재해 근로자가 임의로 안전벨트의 고리를 안전대에 걸지 아니한 채 작업을 하다가 이사건 사고가 발생한 점 등에 비추어 피고인이 안전조치가 취해지지 않은 상태에서 작업이 이루어지고 있다는 사실을 알면서도 이를 방치한 것으로 볼 수 없다'는 이유로 무죄를 선고하였다.108)

---

107) 대법원 2011. 10. 13. 선고 2011도10743 판결.
108) 대법원 2012. 4. 26. 선고 2010도6042 판결.

③ 근로자가 설비이상 유무를 확인하기 위해 설비를 완전 정지하지 않은 상태로 안전방호문을 열고 그 안으로 머리를 들이밀어 확인을 하던 중 설비가 재가동되어 사망한 사안에서, 판례는 '사업주로서 재해자가 설비를 완전 정지하지 않은 상태에서 안전방호문을 개방하고 그 안으로 들어가 작업을 할 것이라고 예견하기는 어려웠다'라는 이유로 무죄를 선고하였다.109)

④ 주차타워에 근무하는 근로자가 주차 기계장치가 고장나자 주차타워 내부로 들어가 이를 살펴보던 중 그가 서 있던 주차 파레트가 갑자기 추락하여 사망한 사안에서, 판례는 '재해자는 평소에 주차타워의 주차장치를 단순 조작만 한 점, 회사대표인 피고인은 평소 주차타워의 기계장치가 고장나는 경우 유지보수업체에 연락하여 점검을 받도록 교육을 한 점, 동료 근로자가 재해자에게 유지보수업체에 연락하자고 권유했으나 재해자가 임의로 주차타워에 들어간 점 등에 비추어 피고인으로서는 주차요원이 전문가인 관리업체에 연락을 취하여 조치를 기다리지 않고, 스스로 기계장치 안으로 진입하여 수동으로 조작하여 사고가 발생하리라는 것을 예상하기 어려웠다'고 판단하여 무죄를 선고하였다.110)

나. 고의를 긍정한 사례

① 건설현장에서 이동식 카고크레인을 이용하여 중량물 운반하던 중 노후된 와이어로프 후크의 해지장치가 탈착되면서 중량물이 근로자에게 낙하하여 그 충격으로 사망한 사안에서, 현장소장인 피고인이 공사현장의 작업 지시·감독은 현장책임자인 과장이 수행하였고, 자신은 과장으로부터 보고를 받고 필요한 지시를 하는 방법으로 업무를 하였으며 피해자가 자신의 편의를 위해 임의로 후크의 해지 장치를 제거하였으므로 고의가 없다고 주장하였으나, 판례는 '피고인은 해당 건설현장의 안전보건관리책임자인 점, 작업계획서에 낙하위험을 위험요소로 선정하고 후크 등의 상태를 점검하도록 기재하였던 점, 피고인은 작업 전 와이어로프 후크 해지장치 탈착 여부를 확인하지 않았던 점 등을 이유로 피고인에게 작업 전 와이어로프 후크 등의 파손 및 손상상태를

---

109) 대법원 2008. 4. 24. 선고 2008도336 판결.
110) 서울남부지방법원 2010. 12. 2. 선고 2010노1677 판결(확정).

점검하여 부적격 인양도구가 사용되지 않도록 할 조치의무가 있음에도 그러한 조치를 취하지 않았다'고 판단하여 유죄를 선고하였다.[111]

② 발주자로부터 수급받은 도급사업주가 여러 관계수급인에게 도급을 하였으나 도급사업주 소속 관리책임자를 두어 사업의 전체 진행과정을 총괄하고 수급인들 사이의 업무를 조율하고 안전보건과 관련한 구체적인 지시까지 하여 온 경우 반도체 제조생산시설의 자체 시운전 및 점검 과정에서 관계수급인 근로자로 하여금 RTO(축열실 연소장치로서 유기화합물질을 연소시키는 연소실) 내부에 들어가 단열재 시공상태의 확인 작업을 하도록 하였다가 산소결핍으로 사망하게 한 사안에서, 공사현장을 총괄 관리한 도급사업주는 수급인 소속 근로자가 RTO 내부에서 작업을 한다는 사실을 알지 못하였다고 주장하였으나, 판례는 '도급사업주 소속 관리책임자는 다른 공장의 경우 RTO 내부를 밀폐공간으로 지정하여 관리한다는 사실을 알고 있었던 점, 당시 밀폐된 공간 작업이 예정되어 있음을 사전에 인지하였던 점, 밀폐공간 프로그램의 수립, 시행 등 안전조치가 취해지지 않은 상태로 작업이 이루어지고 있거나 앞으로 이루어질 것이라는 사정을 미필적이나마 인식하였음에도 이를 방치하였다고 인정된다'는 이유로 유죄를 선고하였다.[112]

---

111) 대법원 2012. 5. 24. 선고 2011도7666 판결.
112) 대법원 2021. 3. 11. 선고 2018도10353 판결.

제4절 도급인의 책임 및 벌칙

제167조(벌칙) ① 제38조제1항부터 제3항까지(제166조의2에서 준용하는 경우를 포함한다), 제39조제1항(제166조의2에서 준용하는 경우를 포함한다) 또는 제63조(제166조의2에서 준용하는 경우를 포함한다)를 위반하여 근로자를 사망에 이르게 한 자는 7년 이하의 징역 또는 1억원 이하의 벌금에 처한다.

② 제1항의 죄로 형을 선고받고 그 형이 확정된 후 5년 이내에 다시 제1항의 죄를 저지른 자는 그 형의 2분의 1까지 가중한다.

제169조(벌칙) 다음 각 호의 어느 하나에 해당하는 자는 3년 이하의 징역 또는 3천만원 이하의 벌금에 처한다.

1. 제44조제1항 후단, **제63조**(제166조의2에서 준용하는 경우를 포함한다), 제76조, 제81조, 제82조제2항, 제84조제1항, 제87조제1항, 제118조제3항, 제123조제1항, 제139조제1항 또는 제140조제1항(제166조의2에서 준용하는 경우를 포함한다)을 위반한 자

3. 제58조제3항 또는 같은 조 제5항 후단(제59조제2항에 따라 준용되는 경우를 포함한다)에 따른 안전 및 보건에 관한 평가 업무를 제165조제2항에 따라 위탁받은 자로서 그 업무를 거짓이나 그 밖의 부정한 방법으로 수행한 자

제170조(벌칙) 다음 각 호의 어느 하나에 해당하는 자는 1년 이하의 징역 또는 1천만원 이하의 벌금에 처한다.

4. 제65조제1항, 제80조제1항·제2항·제4항, 제85조제2항·제3항, 제92조제1항, 제141조제4항 또는 제162조를 위반한 자

제58조(유해한 작업의 도급금지) ① 사업주는 근로자의 안전 및 보건에 유해하거나 위험한 작업으로서 다음 각 호의 어느 하나에 해당하는 작업을 도급하여 자신의 사업장에서 수급인의 근로자가 그 작업을 하도록 해서는 아니 된다.

1. 도금작업
2. 수은, 납 또는 카드뮴을 제련, 주입, 가공 및 가열하는 작업

3. 제118조제1항에 따른 허가대상물질을 제조하거나 사용하는 작업

② 사업주는 제1항에도 불구하고 다음 각 호의 어느 하나에 해당하는 경우에는 제1항 각 호에 따른 작업을 도급하여 자신의 사업장에서 수급인의 근로자가 그 작업을 하도록 할 수 있다.

　1. 일시·간헐적으로 하는 작업을 도급하는 경우

　2. 수급인이 보유한 기술이 전문적이고 사업주(수급인에게 도급을 한 도급인으로서의 사업주를 말한다)의 사업 운영에 필수 불가결한 경우로서 고용노동부장관의 승인을 받은 경우

③ 사업주는 제2항제2호에 따라 고용노동부장관의 승인을 받으려는 경우에는 고용노동부령으로 정하는 바에 따라 고용노동부장관이 실시하는 안전 및 보건에 관한 평가를 받아야 한다.

④ 제2항제2호에 따른 승인의 유효기간은 3년의 범위에서 정한다.

⑤ 고용노동부장관은 제4항에 따른 유효기간이 만료되는 경우에 사업주가 유효기간의 연장을 신청하면 승인의 유효기간이 만료되는 날의 다음 날부터 3년의 범위에서 고용노동부령으로 정하는 바에 따라 그 기간의 연장을 승인할 수 있다. 이 경우 사업주는 제3항에 따른 안전 및 보건에 관한 평가를 받아야 한다.

⑥ 사업주는 제2항제2호 또는 제5항에 따라 승인을 받은 사항 중 고용노동부령으로 정하는 사항을 변경하려는 경우에는 고용노동부령으로 정하는 바에 따라 변경에 대한 승인을 받아야 한다.

⑦ 고용노동부장관은 제2항제2호, 제5항 또는 제6항에 따라 승인, 연장승인 또는 변경승인을 받은 자가 제8항에 따른 기준에 미달하게 된 경우에는 승인, 연장승인 또는 변경승인을 취소하여야 한다.

⑧ 제2항제2호, 제5항 또는 제6항에 따른 승인, 연장승인 또는 변경승인의 기준·절차 및 방법, 그 밖에 필요한 사항은 고용노동부령으로 정한다.

제63조(도급인의 안전조치 및 보건조치) 도급인은 관계수급인 근로자가 도급인의 사업장에서 작업을 하는 경우에 자신의 근로자와 관계수급인 근로자의 산업재해를 예방하기 위하여 안전 및 보건 시설의 설치 등 필요한 안전조치 및 보건조치를 하여야 한다. 다만, 보호구 착용의 지시 등 관계수급인 근로자의 작업행동에 관한 직접적인 조치는 제외한다.

제64조(도급에 따른 산업재해 예방조치) ① 도급인은 관계수급인 근로자가 도급인

의 사업장에서 작업을 하는 경우 다음 각 호의 사항을 이행하여야 한다.

1. 도급인과 수급인을 구성원으로 하는 안전 및 보건에 관한 협의체의 구성 및 운영
2. 작업장 순회점검
3. 관계수급인이 근로자에게 하는 제29조제1항부터 제3항까지의 규정에 따른 안전보건교육을 위한 장소 및 자료의 제공 등 지원
4. 관계수급인이 근로자에게 하는 제29조제3항에 따른 안전보건교육의 실시 확인
5. 다음 각 목의 어느 하나의 경우에 대비한 경보체계 운영과 대피방법 등 훈련
   가. 작업 장소에서 발파작업을 하는 경우
   나. 작업 장소에서 화재·폭발, 토사·구축물 등의 붕괴 또는 지진 등이 발생한 경우
6. 위생시설 등 고용노동부령으로 정하는 시설의 설치 등을 위하여 필요한 장소의 제공 또는 도급인이 설치한 위생시설 이용의 협조
7. 같은 장소에서 이루어지는 도급인과 관계수급인 등의 작업에 있어서 관계수급인 등의 작업시기·내용, 안전조치 및 보건조치 등의 확인
8. 제7호에 따른 확인 결과 관계수급인 등의 작업 혼재로 인하여 화재·폭발 등 대통령령으로 정하는 위험이 발생할 우려가 있는 경우 관계수급인 등의 작업시기·내용 등의 조정

② 제1항에 따른 도급인은 고용노동부령으로 정하는 바에 따라 자신의 근로자 및 관계수급인 근로자와 함께 정기적으로 또는 수시로 작업장의 안전 및 보건에 관한 점검을 하여야 한다.

③ 제1항에 따른 안전 및 보건에 관한 협의체 구성 및 운영, 작업장 순회점검, 안전보건교육 지원, 그 밖에 필요한 사항은 고용노동부령으로 정한다.

제65조(도급인의 안전 및 보건에 관한 정보 제공 등) ① 다음 각 호의 작업을 도급하는 자는 그 작업을 수행하는 수급인 근로자의 산업재해를 예방하기 위하여 고용노동부령으로 정하는 바에 따라 해당 작업 시작 전에 수급인에게 안전 및 보건에 관한 정보를 문서로 제공하여야 한다.

1. 폭발성·발화성·인화·독성 등의 유해성·위험성이 있는 화학물질 중 고용노동부령으로 정하는 화학물질 또는 그 화학물질을 포함한 혼합물을 제조·사

용·운반 또는 저장하는 반응기·증류탑·배관 또는 저장탱크로서 고용노동
부령으로 정하는 설비를 개조·분해·해체 또는 철거하는 작업
  2. 제1호에 따른 설비의 내부에서 이루어지는 작업
  3. 질식 또는 붕괴의 위험이 있는 작업으로서 대통령령으로 정하는 작업
② 도급인이 제1항에 따라 안전 및 보건에 관한 정보를 해당 작업 시작 전까지
제공하지 아니한 경우에는 수급인이 정보 제공을 요청할 수 있다.
③ 도급인은 수급인이 제1항에 따라 제공받은 안전 및 보건에 관한 정보에 따
라 필요한 안전조치 및 보건조치를 하였는지를 확인하여야 한다.
④ 수급인은 제2항에 따른 요청에도 불구하고 도급인이 정보를 제공하지 아니
하는 경우에는 해당 도급 작업을 하지 아니할 수 있다. 이 경우 수급인은 계약
의 이행 지체에 따른 책임을 지지 아니한다.

1. 개요

가. 도급인 책임의 강화 필요성

앞서 제3절에서 보듯이, 종전법[113]은 도급에 의해 작업이 이루어지면서 관
계수급인의 근로자가 사망하는 경우 수급인에 대해서만 가중책임을 부담시키
고 도급인은 가중책임을 부담하지 않았으나, 개정법은 제167조 처벌규정에
도급인의 안전보건조치의무 규정인 제63조를 포함시킴으로써 도급인의 책임
을 더욱 강화하였다. 산업안전보건법은 사업주를 '근로자를 사용하여 사업을
하는 자'라고 정의하고(법 제2조 제4호), 근로자를 '근로기준법 제2조 제1항
제1호에 따른 근로자'라고 정의하고 있다. 즉, 산업안전보건법의 1차적 의무
부담 주체인 사업주는 근로자를 직접 고용하는 자이다. 따라서, 법 제38조,
제39조 및 하위법령에 규정된 안전보건조치의무의 부담자도 1차적으로는 근
로자와 직접 고용관계를 맺고 있는 사업주라고 할 것이다.

그러나, 이는 도급을 비롯한 간접고용형태가 늘어나고, 산업재해의 발생도
간접고용된 근로자에게 많이 발생하며, 특히 근로자 사망사고의 상당부분이

---

113) 2019. 1. 15. 전부개정 전의 법률.

수급인 근로자에게 나타나고 있는 산업현장의 실태로 인해 도급인의 안전보건조치의무를 강화하여야 한다는 주장과 배치되는 것이다.

도급인과 수급인 근로자 사이에 실질적인 고용관계가 인정되지 않을 경우, 결국 도급인에게 수급인 근로자에 대한 안전보건조치의무를 부담시키기 위해서는 별도의 입법이 필요하게 되고, 그 대표적인 규정이 도급사업 시의 안전보건조치를 규정한 종전법 제29조의 규정이다.[114] 즉, 종전법 제29조가 규정한 요건에 해당하는 경우에는 도급인과 수급인 근로자 사이에 실질적인 고용관계가 인정되지 않더라도 도급인이 수급인 근로자에 대하여 안전보건조치의무를 부담하였다. 그러나, 종전법 제29조 제1항, 제3항이 규정하고 있는 요건이 너무 엄격하여 도급인의 책임을 묻기 어려운 실무적인 문제점이 있었다.

이에 개정법[115]은 도급ㆍ도급인ㆍ수급인ㆍ관계수급인의 개념 정의를 명확히 하고, 종전법의 요건을 모두 삭제하면서 '도급인의 사업장' 개념을 신설하여 도급인으로 하여금 도급인의 사업장에서 작업을 하는 관계수급인 근로자에 대해 안전보건조치의무를 부담하도록 그 책임범위를 확대하였다.

이에 더 나아가 도급작업에서 산업재해예방을 강화하기 위해 도금작업 등 유해한 작업의 사내도급을 원칙적으로 금지하고(법 제58조), 도급금지의 대상이 아니더라도 유해하거나 위험한 작업을 도급할 경우 고용노동부장관의 승인을 받도록 하였으며(법 제59조), 승인받은 작업은 하도급 할 수 없고(법 제60조), 종전법에서 도급인의 의무가 여러 규정에 나누어 있는 점을 시정하여 조문을 체계적으로 정비하고(법 제64조), 관계수급인의 근로자가 사망할 경우 도급인도 가중처벌하는 규정을 신설(법 제167조)하는 등 도급인의 책임과 관련된 부분을 확대 개정하였다.

나. 규율체계

법 제58조부터 제61조까지는 도급작업 등 유해한 작업의 원칙적인 도급금지 및 예외적으로 도급이 가능한 경우 등을 규정하고, 제62조부터 제66조까

---

114) 2019. 1. 15. 전부개정 전의 법률 제29조 참조.
115) 2019. 1. 15. 전부개정.

지는 도급인의 안전보건총괄책임자 지정 의무, 도급인의 관계수급인과 동일한 안전보건조치의무, 도급인의 고유한 산업재해 예방조치 의무, 도급인의 수급인에 대한 정보제공 의무 등을 규정하고 있다.

법 제63조는 도급인이 자신의 근로자와 관계수급인의 근로자의 산업재해를 예방하기 위하여 관계수급인과 동일한 안전보건조치를 하여야 한다는 의무를 규정하고, 이를 위반하여 근로자를 사망에 이르게 할 경우 제167조 제1항에 따라 처벌할 수 있도록 하여 도급인 자신의 근로자 사망과 관계 수급인 근로자 사망 사이에 차이를 두지 않았다. 대신 근로자의 사망 결과가 발생하지 않은 일반적인 안전보건조치의무 위반에 대하여는 법 제169조 제1호에 따라 처벌하는데, 각 사업주의 소속 근로자에 대한 안전보건조치의무 위반이 제168조 제1호에 따라 처벌되는 것과 구별된다.

법 제64조는 관계수급인 근로자가 도급인의 사업장에서 작업하는 경우 수급인과는 상관없이 도급인이 이행하여야 할 고유의 의무로 안전 및 보건에 관한 협의체 구성 및 운영, 작업장 순회점검 등을 규정하고 이를 위반한 경우 제172조에 따라 처벌하도록 하였다.

법 제65조는 위험물질과 관련한 설비의 개조 등 작업을 도급하는 도급인의 수급인에 대한 정보제공 의무를 규정하고, 이를 위반한 경우 법 제170조에 제4호에 따라 처벌하도록 하였다.

법 제58조는 도금작업 등 유해한 작업의 도급을 원칙적으로 금지하되, 예외적으로 일시·간헐적으로 하는 작업, 수급인이 보유한 기술이 전문적이고 사업주의 사업 운영에 필수 불가결하여 고용노동부장관의 승인을 받은 경우에 도급을 할 수 있도록 규정하고, 그 과정에서 고용노동부장관으로부터 안전·보건에 관한 평가 업무를 위탁받은 자가 거짓이나 그 밖의 부정한 방법으로 그 업무를 수행한 경우 법 제169조 제3호에 따라 처벌하도록 하였다.

법 제76조는 타워크레인 등 위험한 기계·기구 또는 설비 등과 관련한 작업의 건설공사도급인에 대한 안전보건조치의무를 별도로 규정하고, 이를 위반한 경우 법 제169조 제1호에 따라 처벌하도록 하였다.

2. 주요 개념

가. 개념 정의의 필요성

도급인의 책임을 확대하여야 한다는 당위성에도 불구하고 종전법에서는 도급, 도급인, 수급인 등에 대한 개념 정의가 별도로 명시되지 않았고, 산업안전보건법상 사업주의 의무위반이 주로 형사처벌을 중심으로 한 벌칙부과로 이어진다는 점에서 법적 명확성의 확보에 어려움이 있고 죄형법정주의 원칙에도 부합하지 않는 면이 있었다. 이에 개정법에서는 도급인의 각종 의무와 관련하여 도급, 도급인, 수급인, 관계수급인, 건설공사발주자, 도급인의 사업장 등 각종 용어에 관한 정의 규정을 신설하였다.

나. 도급, 도급인

제2조(정의)

6. "도급"이란 명칭에 관계없이 물건의 제조·건설·수리 또는 서비스의 제공, 그 밖의 업무를 타인에게 맡기는 계약을 말한다.
7. "도급인"이란 물건의 제조·건설·수리 또는 서비스의 제공, 그 밖의 업무를 도급하는 사업주를 말한다. 다만, 건설공사발주자는 제외한다.

산업안전보건법은 '도급'에 대하여 '명칭에 관계없이 물건의 제조·건설·수리 또는 서비스의 제공, 그 밖의 업무를 타인에게 맡기는 계약을 말한다'라고 정의하고, "도급인"이란 물건의 제조·건설·수리 또는 서비스의 제공, 그 밖의 업무를 도급하는 사업주를 말한다. 다만, 건설공사발주자는 제외한다'라고 정의하고 있다.

위와 같이 산업안전보건법이 민법상의 전형계약으로서 도급을 새롭게 정의하는 것은 종전법 제29조의 도급인의 안전보건조치의무를 면탈하기 위해 계약의 형식만을 도급이 아닌 다른 방식으로 채택하는 상황을 고려하여 그 형식이 도급, 위임, 고용, 파견 등 다양하더라도 산업안전보건법상 규제 대상이 되는 도급이란 소속 외 근로자가 투입되어 업무를 수행하는 경우를 염두에 둔 것이라는 점에서 도급의 개념을 산업안전보건법상 별도로 구성한 것이다.

　개정법은 도급의 유형, 위험장소, 사업의 목적 여부와 관계없이, 즉 타인에게 맡기는 업무가 사업 목적과 직접적으로 관련 없는 부수적이거나 보조적인 경우에도(예를 들면, 도급인의 사업 목적 달성에 부수하는 업무인 생산설비의 유지 및 개·보수작업, 청소, 식당, 조경, 경비 등의 업무를 도급한 경우), 수급인 근로자가 노무를 제공하는 장소가 도급인의 사업장이기만 하면 도급인에게 수급인 근로자에 대해서도 안전보건조치의무를 부담하도록 하고 있다.

　다만, 시행령 제2조 제1항 별표 1에 따라 '사무직에 종사하는 근로자만 사용하는 사업'은 도급인의 안전보건조치의무에 관한 법 제63조가 적용되지 않는다.

다. 건설공사발주자

> **제2조(정의)**
> 10. "건설공사발주자"란 건설공사를 도급하는 자로서 건설공사의 시공을 주도하여 총괄·관리하지 아니하는 자를 말한다. 다만, 도급받은 건설공사를 다시 도급하는 자는 제외한다.
> 11. "건설공사"란 다음 각 목의 어느 하나에 해당하는 공사를 말한다.
>   가. 「건설산업기본법」 제2조제4호에 따른 건설공사
>   나. 「전기공사업법」 제2조제1호에 따른 전기공사
>   다. 「정보통신공사업법」 제2조제2호에 따른 정보통신공사
>   라. 「소방시설공사업법」에 따른 소방시설공사
>   마. 「문화재수리 등에 관한 법률」에 따른 문화재수리공사

　개정법은 도급인의 범위에서 '건설공사발주자'를 제외하고, 다만, 도급받은 건설공사를 다시 도급하는 자는 건설공사발주자에서 제외한다고 규정하고 있다. 즉, 건설공사 도급인 중에서 건설공사의 시공을 주도하여 총괄·관리하지 아니하는 자가 건설공사발주자에 해당한다.

　건설공사의 시공을 주도하지 않고 도급하는 비건설업체(정부기관, 지방자치단체, 공공기관, 제조업체, 발전소, 통신업체 등)가 건설공사를 직접 발주하는 건설공사사업자에 해당하고, 건설공사의 시공을 주도하여 총괄·관리하는 자(전형

적인 예로, 종합건설업체 또는 전문건설업체 등 시공업체)가 건설공사발주자에 해당하지 않게 되어 도급인의 책임을 부담한다. 만약 발주자가 사업장에 대한 실질적인 지배·관리권한을 행사하고 있어 건설공사의 시공을 주도하며 총괄·관리하고 있다고 볼 수 있을 경우에는 이는 발주자가 아니라 건설공사도급이라고 할 것이며 관계수급인의 근로자에 대한 안전보건조치의무를 부담하게 된다.

공사의 시공을 주도하여 총괄·관리하는지 여부는 당해 건설공사가 사업의 유지나 운영에 필수적인 업무인지, 상시적으로 발생하거나 이를 관리하는 부서 등 조직을 갖추었는지, 예측 가능한 업무인지 등 다양한 요인을 종합적으로 고려하여 판단한다.

건설공사는 통상적으로 시공자가 사업장에 대한 실질적인 지배·관리권이 있어 근로자 및 관계수급인의 근로자에 대한 안전보건조치의무는 시공사가 부담한다.

건설공사발주자가 건설공사 전반에 미치는 영향력이 크므로 개정법은 효과적인 건설재해의 예방을 위해 일정 규모 이상(법 제2조 제11호, 시행령 제55조)의 건설공사발주자에 대해 사업주의 일반적 의무로 산업재해를 방지하기 위해 필요한 조치를 하도록 명시하고(법 제5조 제2항 제3호), 건설공사의 각 단계별로 필요한 안전보건상의 조치 의무를 규정하고 있으며(법 제67조, 시행규칙 제86조), 공사기간 단축 및 공법변경의 금지(법 제69조), 건설공사 기간의 연장(법 제70조), 설계변경의 요청(법 제71조), 건설공사 등의 산업안전보건관리비의 계상 등(법 제72조)을 규정하여 건설공사발주자의 산업안전에 관한 책임을 강화하고 있다.

개정법은 건설공사의 시공을 주도하여 총괄·관리하지 않는다면 형식상 공사를 도급하더라도 산업안전보건법상 도급인의 지위에 있지 않음을 명확히 하였고, 동시에 건설공사도급인을 '건설공사발주자로부터 해당 건설공사를 최초로 도급받은 수급인 또는 건설공사의 시공을 주도하여 총괄·관리하는 자'(법 제69조 제1항)라고 정의하여 건설공사발주자와 건설공사도급인을 구별하고 있다.

위에서 본 바와 같이 만약 발주자가 사업장에 대한 실질적인 지배·관리권한을 행사하고 있어 건설공사의 시공을 주도하며 총괄·관리한다고 볼 수 있을 경우에는 이는 발주자가 아니라 건설공사도급이라고 할 것이며 관계수급인의 근로자에 대한 안전보건조치의무를 부담하게 된다.

라. 관계수급인

법 제63조, 제64조는 관계수급인의 근로자가 도급인의 사업장에서 작업을 하는 경우에 도급인이 안전보건조치의무 등을 부담하도록 규정하면서 동시에 관계수급인에 대해 '도급이 여러 단계에 걸쳐 체결된 경우에 각 단계별로 도급받은 사업주 전부를 말한다'(법 제2조 제9호)라고 규정하여 사업이 여러 단계에 걸쳐 도급된 경우 여러 수급인을 모두 관계수급인의 개념에 포섭하고, 관계수급인의 근로자 전체에 대한 안전보건조치의무를 도급인에게 부과하였다. 종전법에서는 수급인의 대한 정의를 따로 두지 않아 사업이 여러 단계에 걸쳐 도급된 경우인 소위 '중층적 도급관계'에서 도급인이 어느 단계의 수급인 근로자에게 책임을 부담하는지 논란이 있었으나 개정법에서 이러한 논란을 입법적으로 해결하였다.

마. 도급인의 사업장

종전법은 수급인 근로자에 대해 안전보건조치의무를 부담하는 도급인의 범위를 엄격하게 규정하였으나(종전법 제29조 제1항, 제3항), 오늘날 원·하청 관계 중에는 원청의 사업장 내에서 하청근로자가 도급받은 업무를 수행하는 경우가 빈번하여 원청이 소유하거나 제공하는 공간 내에 존재하는 위험은 원청에 의해 가장 수월하게 제어될 수 있는 만큼 이를 고려하여 개정법은 도급인의 안전보건조치의무와 관련하여 '도급인은 관계수급인의 근로자가 도급인의 사업장에서 작업하는 경우에 자신의 근로자와 관계수급인의 근로자의 산업재해를 예방하기 위하여 안전 및 보건시설의 설치 등 필요한 안전조치 및 보건조치를 취하여야 한다'라고 규정하여(법 제63조) 도급인으로 하여금 '도급인의 사업장'에서 작업을 하는 관계수급인 근로자에 대해 안전보건조치의무를 부담하게 하고 있다.

안전보건조치의무 부담의 기준인 '도급인의 사업장'에 관하여는 도급인의 사업장에 한정하지 않고 도급인의 사업장 밖인 경우에도 '도급인이 제공하거

나 지정하는 장소로서 도급인이 지배·관리하는 대통령령으로 정하는 장소'
인 경우에도 도급인에게 안전보건조치의무를 부과하고 있다(법 제10조 제2항).
즉, 도급인의 사업장에 대해서는 아무런 제한없이 해당 사업장 전체에 대하
여 도급인이 안전보건조치의무를 부담하고, 다만 '도급인이 제공하거나 지정
하는 장소로서 도급인이 지배·관리하는 경우'로서 토사·구축물·인공구조
물 등이 붕괴될 우려가 있는 장소 등 21개의 장소(시행령상 14개 장소, 시행규
칙상 7개 장소)에 한하여 도급인이 책임을 부담하도록 하였다(시행령 제11조,
시행규칙 제6조).

시행령 제11조(도급인이 지배·관리하는 장소) 법 제10조제2항에서 "대통령령으로
  정하는 장소"란 다음 각 호의 어느 하나에 해당하는 장소를 말한다.
  1. 토사·구축물·인공구조물 등이 붕괴될 우려가 있는 장소
  2. 기계·기구 등이 넘어지거나 무너질 우려가 있는 장소
  3. 안전난간의 설치가 필요한 장소
  4. 비계 또는 거푸집을 설치하거나 해체하는 장소
  5. 건설용 리프트를 운행하는 장소
  6. 지반을 굴착하거나 발파작업을 하는 장소
  7. 엘리베이터홀 등 근로자가 추락할 위험이 있는 장소
  8. 석면이 붙어 있는 물질을 파쇄하거나 해체하는 작업을 하는 장소
  9. 공중 전선에 가까운 장소로서 시설물의 설치·해체·점검 및 수리 등의 작
     업을 할 때 감전의 위험이 있는 장소
  10. 물체가 떨어지거나 날아올 위험이 있는 장소
  11. 프레스 또는 전단기를 사용하여 작업을 하는 장소
  12. 차량계 하역운반기계 또는 차량계 건설기계를 사용하여 작업하는 장소
  13. 전기 기계·기구를 사용하여 감전의 위험이 있는 작업을 하는 장소
  14. 「철도산업발전기본법」제3조제4호에 따른 철도차량(「도시철도법」에 따
     른 도시철도차량을 포함한다)에 의한 충돌 또는 협착의 위험이 있는 작
     업을 하는 장소
  15. 그 밖에 화재·폭발 등 사고발생 위험이 높은 장소로서 고용노동부령으
     로 정하는 장소

시행규칙 제6조(도급인의 안전·보건 조치 장소) 산업안전보건법 시행령 제11조제
15호에서 "고용노동부령으로 정하는 장소"란 다음 각 호의 어느 하나에 해당
하는 장소를 말한다.

1. 화재·폭발 우려가 있는 다음 각 목의 어느 하나에 해당하는 작업을 하는
장소

    가. 선박 내부에서의 용접·용단작업

    나. 안전보건규칙 제225조제4호에 따른 인화성 액체를 취급·저장하는 설
    비 및 용기에서의 용접·용단작업

    다. 안전보건규칙 제273조에 따른 특수화학설비에서의 용접·용단작업

    라. 가연물이 있는 곳에서의 용접·용단 및 금속의 가열 등 화기를 사용하
    는 작업이나 연삭숫돌에 의한 건식연마작업 등 불꽃이 발생할 우려가
    있는 작업

2. 안전보건규칙 제132조에 따른 양중기에 의한 충돌 또는 협착의 위험이 있
는 작업을 하는 장소

3. 안전보건규칙 제420조제7호에 따른 유기화합물 취급 특별장소

4. 안전보건규칙 제574조제1항 각 호에 따른 방사선 업무를 하는 장소

5. 안전보건규칙 제618조제1호에 따른 밀폐공간

6. 안전보건규칙 별표 1에 따른 위험물질을 제조하거나 취급하는 장소

7. 안전보건규칙 별표 7에 따른 화학설비 및 그 부속설비에 대한 정비·보수
작업이 이루어지는 장소

위와 같이 도급인이 제공하거나 지정하는 장소로서 도급인이 지배·관리하
는 경우에 대하여 시행령과 시행규칙은 21개소의 장소만 열거하고 있을 뿐
'제공하거나 지정한 경우' 및 '지배·관리하는 장소'의 의미와 그 판단기준에
대하여는 별도로 명시하지 않고 있다.

통상 '지배·관리하는 장소'란 유해·위험 요인을 인지하고 파악하여 해당
요인을 제거하는 등으로 통제할 수 있는 정도를 의미한다고 할 것이다. 예를
들어, 도급인이 제공하거나 지정한 장소 안에서 수급인이 지배·관리하는 수
급인의 시설이 존재하고 해당 시설 내에서 수급인의 근로자들이 작업을 하는
경우 해당 공간이 도급인의 사업장인지, 도급인이 지배·관리하는 장소인지,

수급인의 사업장인지에 따라 수급인 근로자에 대한 안전보건조치의무를 도급인(법 제63조) 또는 수급인(법 제38조, 제39조) 중 어느 일방만이 부담할 것인지, 도급인과 수급인 모두가 부담할 것인지 결정하여야 한다. 결국 향후 판례의 축적으로 통해 그 의미와 판단 기준의 정립이 필요할 것이다.

도급인의 책임이 인정되기 위해서는 도급인의 사업장에서 관계수급인의 근로자가 작업을 하면 되는 것이지 이에 더 나아가 도급인의 근로자와 수급인의 근로자까지 같은 시간에 작업을 하는 것까지 요구되는 것은 아니다.[116]

개정법은 도급인의 범위에 대하여, 도급인을 발주자로부터 최초 도급을 받은 자(원수급인) 등과 구별하지 않고, '물건의 제조·건설·수리 또는 서비스의 제공, 그 밖의 업무를 타인에게 맡기는 사업주'라고 정의하고 있다(법 제2조 제7호). 따라서, 도급인의 안전보건조치의무를 규정하고 있는 법 제63조의 도급인에는 발주자는 물론 원수급인 또는 그의 하수급인도 포함되는 것으로 해석할 수 있다.

작업이 발주자(도급인)의 사업장이거나 발주자(도급인)가 제공하거나 지정한 사업장으로 발주자가 이에 대한 지배·관리권을 가지고 있는 경우에는 관계수급인 근로자에 대한 안전보건조치의무를 발주자(도급인)가 부담함에는 의문이 없다.

그러나, 중층적 도급관계(예를 들면, 발주자 甲이 乙에게 도급하고, 乙이 일부를 丙에게, 다시 丙은 그 일부를 戊에게 각 하도급한 경우)에서 乙 또는 丙이 법 제63조의 책임을 부담하는지 여부는 논란이 있다. 이에 대하여 종전법 시행 당시 판례이기는 하지만 丙의 경우 '사업의 전체적인 진행과정을 총괄하고 조율할 능력이 없는 하수급인의 경우에는 도급인으로 안전보건조치의무를 부담하는 사업주로 볼 수 없다'고 하여 무죄를 선고한 판례가 있다.[117]

---

116) 대법원 2016. 3. 24. 선고 2015다8621 판결.
117) 대법원 2010. 6. 24. 선고 2010도2615 판결; 대법원 2016. 1. 14. 선고 2015도9033 판결 등.

3. 도급인의 업무상과실치사상 책임

사업주의 안전조건조치의무 위반은 인정되지만 근로자 사망과 사이에 인과관계가 인정되지 않는 경우 법 제167조 제1항은 적용되지 않고, 법 제168조 제1호(제38조 또는 제39조), 법 제169조 제1호(제63조)가 적용될 수 있다.

여기서 수급인의 근로자가 사망하거나 상해를 입은 경우 도급인에게 업무상과실치사상 책임을 인정할 수 있는지 여부가 문제된다. 판례는 '원칙적으로 도급인에게는 수급인의 업무와 관련하여 사고방지에 필요한 안전조치를 취할 주의의무가 없으나, 법령이나 계약에 의하여 도급인에게 수급인의 업무에 관하여 구체적인 관리·감독의무 등이 부여되어 있거나 도급인이 공사의 시공이나 개별 작업에 관하여 구체적으로 지시·감독하였다는 등의 특별한 사정이 있는 경우에는 도급인에게도 수급인의 업무와 관련하여 사고방지에 필요한 안전조치를 취할 주의의무가 있다'118)라고 하여 원칙적으로 도급인이나 발주자에게는 수급인의 업무와 관련하여 사고방지에 필요한 안전조치를 취할 의무가 없고, 법령이나 계약에 의하여 도급인에게 수급인의 업무에 관하여 구체적인 관리·감독의무 등이 부여되어 있거나 도급인이 공사의 시공이나 개별 작업에 관하여 구체적으로 지시·감독하였다는 등의 특별한 사정이 있는 경우에 한하여 안전조치를 취할 의무가 있다는 취지로 판시하고 있음에 유의하여야 한다.

4. 관계수급인 근로자에 대한 안전보건조치의무 위반

가. 의의

도급인은 관계수급인 근로자가 자신의 사업장에서 작업을 하는 경우 법 제63조에 따라 관계수급인 근로자의 산업재해를 예방하기 위한 안전보건조치의무를 부담하여, 이를 위반할 경우 제169조 제1호가, 근로자가 사망할 경우 법 제167조 제1항이 적용된다.

이러한 도급인이 부담하는 안전보건조치의무의 내용은 관계수급인이 근로

---

118) 대법원 2009. 5. 28. 선고 2008도7030 판결.

자에게 대해 부담하는 안전보건규칙에 규정된 의무와 기본적으로 동일하다.

나. 구성요건

1) 주체

본조의 주체가 되는 '도급인'에 대하여는 전술한 바와 같다. 다만, 시행령 제2조 제1항 별표 1에 따라 '사무직에 종사하는 근로자만 사용하는 사업'에는 법 제63조에 따른 도급인의 안전보건조치의무가 적용되지 않는다.

2) 도급인의 사업장

도급인의 사업장에 대해서는 전술한 바와 같다. 관계수급인 근로자가 도급인의 사업장에서 작업을 하는 경우 도급인에게 안전보건조치의무가 발생하고, '도급인의 사업장'에는 '도급인이 제공하거나 지정한 경우로서 도급인이 지배·관리하는 대통령령으로 정하는 장소'가 포함된다.

3) 관계수급인의 근로자

관계수급인에 대해서는 전술한 바와 같이 도급이 여러 단계에 걸쳐 체결된 소위 '중층적 도급관계'에서 각 단계별로 도급받은 사업주 전부를 의미한다. 근로자의 정의에 대해 법 제2조 제3호는 근로기준법의 정의(동법 제2조 제3호)[119]를 그대로 원용하며, 근로기준법상 근로자에 해당하는 여부는 그 계약의 형식이 민법상의 고용계약인지 또는 도급계약인지 관계없이 그 실질에 있어 근로자가 사업 또는 사업장에 임금을 목적으로 종속적 관계에서 사용자에게 근로를 제공하였는지 여부에 따라 판단하여야 한다.[120]

4) 안전조치 및 보건조치의무

도급인의 사업장에서 관계수급인 근로자가 작업을 하는 경우 도급인은 해당 근로자와 직접 고용관계에 있는 수급인이 부담하는 안전보건조치의무와 동일한 내용의 안전보건조치의무를 부담한다고 할 것이다. 안전보건조치의무

---

119) 근로기준법 제2조 제3호는 '근로자란 직업의 종류와 관계없이 임금을 목적으로 사업이나 사업장에서 근로를 제공하는 자'라고 정의하고 있다.
120) 대법원 2019. 11. 28. 선고 2018노2583 판결.

의 구체적인 내용은 앞서 본 바와 같다.

다만, 보호장구 착용의 지시 등 관계수급인 근로자의 작업행동에 관한 직접적인 조치를 제외한다(법 제63조 단서). 이러한 이유는 도급인과의 관계에서 불법파견 등의 법적 분쟁가능성이 야기될 수 있거나[121] 수급인과 달리 도급인이 작업행동에 관한 직접적인 조치까지 취하기 어려운 현실적인 한계 등을 고려한 것으로 볼 수 있다. 그러나, 이는 도급인이 법 제63조에 따라 안전 및 보건 시설의 설치 등 필요한 안전보건조치의무를 다하였음에도 불구하고, 관계수급인 근로자가 보호구 미착용 상태로 작업을 하거나 불완전한 작업행동을 하여 재해가 발생한 경우 도급인의 책임을 묻지 않는다는 의미이지, 도급인이 도급업무의 완성을 위해서 관계수급인 근로자에 대하여 보호구의 착용을 지시할 수 없다거나, 불완전한 작업행동에 대하여 시정을 요구할 수 없다는 취지는 아니다. 산업안전보건법상 도급인은 작업장을 순회점검하여야 하고(법 제64조 제1항), 자신의 근로자 및 관계수급인 근로자와 함께 정기적으로 또는 수시로 작업장의 안전 및 보건에 관한 점검을 하여야 하며(법 제64조 제2항), 관계수급인 근로자가 산업안전보건법에 따른 명령을 위반하면 관계수급인에게 그 위반행위를 시정하도록 조치를 취할 수 있기 때문이다(법 제66조 제1항).

5) 고의

도급인 또는 도급사업자의 대표자, 도급업체의 현장소장 등 행위자에게 안전보건조치의무 위반에 대한 고의가 인정되어야 한다.

이와 관련하여, 수급인 소속 근로자가 건설현장에서 안전고리를 체결하지 않은 상태에서 낙하물 방지망 설치 작업을 하던 중 추락하여 사망한 사안에서, 판례는 도급업체의 현장소장인 피고인에 대해 '수급인 소속 근로자들에게 안전고리가 부착된 안전대 등 보호장비를 지급한 점, 안전고리를 체결하지 않고 작업을 하는 경우 현장에서 퇴장당할 수 있다는 내용의 안전교육을 실시하였고, 안전요원이 현장을 돌면서 안전수칙 위반 여부를 점검한 점 등에 비추어, 안전조치가 취해지지 않은 상태에서 수급인 소속 근로자들의 작업이 이루어지고 향후 그러한 작업이 계속될 것이라는 사정을 미필적으로 인

---

121) 파견근로자 보호 등에 관한 법률 참조.

식하였다고 볼 증거가 없다'는 이유로 무죄를 선고하였다.[122]

다. 처벌규정

1) 안전보건조치의무 위반의 경우(근로자가 사망하지 않은 경우)

관계수급인 근로자가 도급인의 사업장에서 작업하는 경우 도급인은 관계수급인과 동일한 안전보건조치의무를 부담하게 되고, 도급인과 관계수급인은 같은 내용의 의무 위반이 인정된다.

다만, 도급인과 관계수급인을 각 처벌하는 근거규정과 법정형이 다르다. 즉, 도급인은 법 제169조 제1호에 따라 '3년 이하의 징역 또는 3천만원 이하의 벌금'에 처하는 반면, 직접 사업주인 관계수급인은 법 제168조 제1호에 따라 '5년 이하의 징역 또는 5천만원 이하의 벌금'에 처한다.

2) 근로자가 사망한 경우

도급인이 제63조의 안전보건조치의무를 위반하여 관계수급인의 근로자가 사망한 경우 관계수급인과 동일하게 법 제167조 제1항에 의하여 '7년 이하의 징역 또는 1억원 이하의 벌금'에 처한다. 이는 전술한 바와 같이 결과적 가중범에 해당한다.

3) 양벌규정

법 제173조는 법인의 대표자나 법인 또는 개인의 대리인, 사용인, 그 밖의 종업원이 그 법인 또는 개인의 업무에 관하여 제167조 제1항의 위반행위를 한 경우 법인에게 10억원 이하의 벌금형을 과하고, 제169조의 위반행위를 한 경우에는 법인에게 해당 조문의 벌금형을 과한다.

4) 수강명령

그 밖에 법 제174조는 법 제63조를 위반하여 근로자를 사망에 이르게 한 도급인에게 유죄의 판결을 선고하거나 약식명령을 고지하는 경우 200시간의 범위에서 산업재해 예방에 필요한 수강명령을 병과할 수 있도록 하는 내용을 신설하였다.

---

122) 인천지방법원 2011. 11. 18. 선고 2011노3356 판결(확정).

라. 도급인의 소속 근로자에 대한 책임

도급에 의해 이루어지는 사업이라 할지라도 관계수급인 근로자가 아닌 도급인 근로자(즉, 직영 근로자)와의 관계에서는 법 제38조, 제39조의 일반적인 안전보건조치의무 규정이 적용되고, 위반시 제168조 제1호, 제167조 제1항의 형사책임을 부담하게 됨은 당연하다.

이와 관련하여, 판례는 원청업체가 사업의 일부를 도급한 후, 실제 작업은 수급인 근로자가 수행하도록 하고, 직영 근로자로 하여금 현장에서 수급인 근로자의 작업을 감시·감독하도록 하였는데 사고로 수급인 근로자뿐만 아니라 직영 근로자도 사망한 사안에서, 원청업체가 도급인으로서 수급인 근로자에 대해 도급사업주 책임(법 제63조)을 부담하는 것과는 별개로 직영 근로자에 대해서도 산업재해 예방조치의무 위반책임(법 제38조)을 부담한다고 하여 원청업체(도급인)의 공장장(안전보건관리책임자)에 대하여 법 제167조 제1항에 따라 유죄를 선고하였다.[123]

5. 도급에 따른 산업재해 예방조치 의무 위반

> **제172조(벌칙)** 제64조제1항제1호부터 제5호까지, 제7호, 제8호 또는 같은 조 제2항을 위반한 자는 500만원 이하의 벌금에 처한다.
>
> **제64조(도급에 따른 산업재해 예방조치)** ① 도급인은 관계수급인 근로자가 도급인의 사업장에서 작업을 하는 경우 다음 각 호의 사항을 이행하여야 한다. <개정 2021.5.18>
> 1. 도급인과 수급인을 구성원으로 하는 안전 및 보건에 관한 협의체의 구성 및 운영
> 2. 작업장 순회점검
> 3. 관계수급인이 근로자에게 하는 제29조제1항부터 제3항까지의 규정에 따른 안전보건교육을 위한 장소 및 자료의 제공 등 지원
> 4. 관계수급인이 근로자에게 하는 제29조제3항에 따른 안전보건교육의 실시

---

123) 대법원 2014. 5. 29. 선고 2014도3542 판결.

확인

5. 다음 각 목의 어느 하나의 경우에 대비한 경보체계 운영과 대피방법 등 훈련

   가. 작업 장소에서 발파작업을 하는 경우

   나. 작업 장소에서 화재·폭발, 토사·구축물 등의 붕괴 또는 지진 등이 발생한 경우

6. 위생시설 등 고용노동부령으로 정하는 시설의 설치 등을 위하여 필요한 장소의 제공 또는 도급인이 설치한 위생시설 이용의 협조

7. 같은 장소에서 이루어지는 도급인과 관계수급인 등의 작업에 있어서 관계수급인 등의 작업시기·내용, 안전조치 및 보건조치 등의 확인

8. 제7호에 따른 확인 결과 관계수급인 등의 작업 혼재로 인하여 화재·폭발 등 대통령령으로 정하는 위험이 발생할 우려가 있는 경우 관계수급인 등의 작업시기·내용 등의 조정

② 제1항에 따른 도급인은 고용노동부령으로 정하는 바에 따라 자신의 근로자 및 관계수급인 근로자와 함께 정기적으로 또는 수시로 작업장의 안전 및 보건에 관한 점검을 하여야 한다.

③ 제1항에 따른 안전 및 보건에 관한 협의체 구성 및 운영, 작업장 순회점검, 안전보건교육 지원, 그 밖에 필요한 사항은 고용노동부령으로 정한다.

가. 의의

법 제64조는 관계수급인 근로자가 도급인의 사업장에서 작업을 하는 경우 관계수급인과 달리 도급인이 독자적으로 고유하게 부담하는 산업재해 예방조치 의무를 규정하고 있다.

이는 법 제63조가 관계수급인 근로자의 보호를 위해 도급인에게 관계수급인과 동일한 내용의 안전보건조치의무(법 제38조, 제39조)를 부담하게 하는 것과는 구별된다.

나. 구성요건

1) 주체등

도급인은 관계수급인의 근로자가 도급인의 사업장에서 작업을 하는 경우 도급에 따른 산업재해 예방조치를 이행하여야 한다.

산업안전보건법은 도급사업장에서 사업의 전체적인 관리책임은 안전보건총괄책임자가 담당하도록 하고 있음에 비추어(법 제62조, 시행령 제53조 제1항 제3호), 도급인이 법인 사업주일 경우에는 법 제64조의 산업재해 예방조치의무는 안전보건총괄책임자가 부담한다고 할 것이고 그 처벌 또한 안전보건총괄책임자가 부담하되, 법인 사업주는 양벌규정(법 제173조 제2호)에 의해 처벌된다고 할 것이다. 이때, 양벌규정 단서상의 상당한 주의 · 감독의 의무자는 법인의 대표이사 등 안전보건총괄책임자보다 상위의 관리자가 될 것이다.[124]

2) 행위

관계수급인의 근로자가 도급인의 사업장에서 작업을 하는 경우 수급인과 공동책임을 부담하는 의무(법 제63조)와 구분하여 법 제64조에 규정한 도급인 고유의 책임은 다음과 같다.

① 안전 및 보건에 관한 협의체의 구성 및 운영(법 제64조 제1항 제1호)

도급인은 도급인과 수급인(수급인이 여럿인 경우 전원)을 구성원으로 하는 안전 및 보건에 관한 협의체를 구성하고 운영하여야 한다. 여기에서 수급인은 도급인으로부터 직접 도급받은 자를 의미하므로 수급인으로부터 재하도급을 받은 관계수급인은 제외된다.

협의체는 작업의 시작 시간, 작업 또는 작업장 간의 연락방법, 재해발생 위험이 있는 경우 대피방법, 작업장에서의 법 제36조에 따른 위험성평가의 실시에 관한 사항, 사업주와 수급인 또는 수급인 상호 간의 연락 방법 및 작업공정의 조정을 협의하여 하며 매월 1회 이상 정기적으로 회의를 개최하고 그 결과를 기록 · 보존해야 한다(시행규칙 제79조 제2항, 제3항). 따라서, 30일 이내에 종료되는 일시적인 작업의 경우에는 협의체의 구성 · 운영이 제외된다.

---

124) 전형배, "산업안전보건법상 상위관리자의 책임과 양벌규정의 개정", 노동법학 제71호 (2019. 9.), 한국노동법학회, 282쪽.

② 작업장 순회점검(법 제64조 제1항 제2호)

도급인은 작업장을 순회점검하여야 한다. 건설업, 제조업, 토사석 광업, 서적, 잡지 및 기타 인쇄물 출판업, 음악 및 기타 오디오물 출판업, 금속 및 비금속 원료 재생업의 경우에는 2일에 1회 이상, 그 외 사업의 경우에는 1주일에 1회 이상 순회점검을 실시한다(시행규칙 제80조 제1항).

이는 도급인의 의무이므로 관계수급인은 도급인이 실시하는 순회점검을 거부·방해 또는 기피해서는 안 되며 점검 결과 도급인의 시정요구가 있으면 이에 따라야 한다(시행규칙 제80조 제2항).

③ 관계수급인이 근로자에게 하는 안전보건교육을 위한 지원 및 실시 확인(법 제64조 제1항 제3, 제4호)

도급인은 법 제64조 제1항 제3호에 따라 관계수급인이 실시하는 근로자의 안전·보건교육에 필요한 장소 및 자료의 제공 등을 요청하는 경우 지원하고, 위 교육의 실시를 확인하여야 한다(시행규칙 제80조 제3항).

④ 경보체계 운영과 대피방법 등 훈련(법 제64조 제1항 제5호)

도급인은 작업 장소에서 발파작업을 하는 경우, 작업 장소에서 화재·폭발, 토사·구축물 등의 붕괴 또는 지진 등이 발생한 경우에 대비한 경보체계 운영과 대피방법 등 훈련을 이행하여야 한다.

⑤ 위생시설 등 장소 제공·협조(법 제64조 제1항 제6호)

도급인은 위생시설 등 고용노동부령으로 정하는 시설의 설치 등을 위하여 필요한 장소의 제공 또는 도급인이 설치한 위생시설 이용의 협조를 이행하여야 한다. 위생시설 등은 휴게시설, 세면·목욕시설, 세탁시설, 탈의시설, 수면시설을 의미하며, 도급인이 위생시설 등을 설치할 때에는 해당 시설에 대해 안전보건규칙에서 정하고 있는 기준을 준수해야 한다(시행규칙 제81조).

법 제64조 제1호 내지 제5호와 달리 제6호는 사무직에 종사하는 근로자만을 사용하는 사업장의 경우에도 적용됨에 주의하여야 한다(시행령 제1항 제2항 별표 1).

⑥ 안전·보건 점검 의무(법 제64조 제2항)

도급인은 고용노동부령으로 정하는 바에 따라 자신의 근로자 및 관계수급인 근로자와 함께 정기적으로 또는 수시로 작업장의 안전 및 보건에 관한 점검을 하여야 한다. 도급인은 도급인(같은 사업 내에 지역을 달리하는 사업장이 있는 경우에는 그 사업장의 안전보건관리책임자), 관계수급인(같은 사업 내에 지역을 달리하는 사업장이 있는 경우에는 그 사업장의 안전보건관리책임자), 도급인 및 관계수급인의 근로자 각 1명(관계수급인의 근로자의 경우에는 해당 공정만 해당한다)으로 점검반을 구성하여야 한다(시행규칙 제81조 제1항).

안전보건 점검은 건설업, 선박 및 보트 건조업의 경우 2개월에 1회 이상, 그 외 사업의 경우 분기에 1회 이상 하여야 한다(시행규칙 제81조 제2항).

다. 처벌규정

위와 같이 법 제64조를 위반한 경우 법 제172조는 '500만원 이하의 벌금형'만을 규정하고 있다. 따라서, 도급인의 안전보건조치의무(법 제63조) 위반의 점과 함께 법 제64조 위반의 점으로 기소된 경우 별도의 벌금형이 부과될 수 있다.

법 제173조는 양벌규정에 따라 법인의 대표자나 법인 또는 개인의 대리인, 사용인, 그 밖의 종업원이 그 법인 또는 개인의 업무에 관하여 제172조의 위반행위를 한 경우 법인에게 해당 조문의 벌금형을 과한다.

6. 도급인의 안전 및 보건에 관한 정보 제공 등 의무 위반

> **제170조(벌칙)** 다음 각 호의 어느 하나에 해당하는 자는 1년 이하의 징역 또는 1천만원 이하의 벌금에 처한다.
> 　4. 제65조제1항, 제80조제1항·제2항·제4항, 제85조제2항·제3항, 제92조제1항, 제141조제4항 또는 제162조를 위반한 자
>
> **제65조(도급인의 안전 및 보건에 관한 정보 제공 등)** ① 다음 각 호의 작업을 도급하는 자는 그 작업을 수행하는 수급인 근로자의 산업재해를 예방하기 위하여 고용노동부령으로 정하는 바에 따라 해당 작업 시작 전에 수급인에게 안전 및 보건에 관한 정보를 문서로 제공하여야 한다.
> 　1. 폭발성·발화성·인화성·독성 등의 유해성·위험성이 있는 화학물질 중 고용노동부령으로 정하는 화학물질 또는 그 화학물질을 포함한 혼합물을 제

> 조·사용·운반 또는 저장하는 반응기·증류탑·배관 또는 저장탱크로서 고용노동부령으로 정하는 설비를 개조·분해·해체 또는 철거하는 작업
> 2. 제1호에 따른 설비의 내부에서 이루어지는 작업
> 3. 질식 또는 붕괴의 위험이 있는 작업으로서 대통령령으로 정하는 작업
> ② 도급인이 제1항에 따라 안전 및 보건에 관한 정보를 해당 작업 시작 전까지 제공하지 아니한 경우에는 수급인이 정보 제공을 요청할 수 있다.
> ③ 도급인은 수급인이 제1항에 따라 제공받은 안전 및 보건에 관한 정보에 따라 필요한 안전조치 및 보건조치를 하였는지를 확인하여야 한다.
> ④ 수급인은 제2항에 따른 요청에도 불구하고 도급인이 정보를 제공하지 아니하는 경우에는 해당 도급 작업을 하지 아니할 수 있다. 이 경우 수급인은 계약의 이행 지체에 따른 책임을 지지 아니한다.
> **시행령 제54조(질식 또는 붕괴의 위험이 있는 작업)** 법 제65조제1항제3호에서 "대통령령으로 정하는 작업"이란 다음 각 호의 작업을 말한다.
> 1. 산소결핍, 유해가스 등으로 인한 질식의 위험이 있는 장소로서 고용노동부령으로 정하는 장소에서 이루어지는 작업
> 2. 토사·구축물·인공구조물 등의 붕괴 우려가 있는 장소에서 이루어지는 작업

가. 의의

화학물질 또는 그 화학물질을 포함한 혼합물을 제조·사용·운반 또는 저장하는 설비를 개조·분해하는 등 안전보건상 유해하거나 위험한 작업을 도급하는 자는 해당 작업을 수행하는 수급인 근로자의 산업재해를 예방하기 위하여 수급인에게 안전보건에 관한 정보를 제공하는 등 필요한 조치를 하여야 하고, 이를 위반한 경우 1년 이하의 징역 또는 1천만원 이하의 벌금에 처한다(법 제170조 제4호, 제65조 제1항).

이는 위험한 물질의 취급 작업을 도급하는 경우 영세한 수급인이 이에 대한 위험성 인식없이 작업을 하다가 발생하는 사고를 사전에 방지하기 위해 도급인에게 관련 관련 정보제공 등 필요한 조치를 취하여야 할 의무를 부과하고 있다.

나. 구성요건

1) 주체

법 제63조, 제64조에는 '도급인의 사업장'을 구성요건으로 하지만 법 제65조는 '도급인의 사업장' 요건이 없다. 따라서, 화학물질 또는 화학물질을 함유한 혼합물을 제조·사용·운반 또는 저장하는 설비를 개조하는 등 안전보건상 유해하거나 위험한 작업을 도급하는 도급인이라면 '도급인의 사업장'과 무관하게 모두 본조의 적용을 받는다.

가) 화학물질 설비 개조 등 작업

① 화학물질 또는 화학물질을 함유한 혼합물

법 제65조 제1항 제1호는 '화학물질 또는 화학물질을 함유한 혼합물'에 대하여 '폭발성·발화성·인화성·독성 등의 유해성·위험성이 있는 화학물질 중 고용노동부령으로 정하는 화학물질 또는 그 화학물질을 포함한 혼합물'로 규정하고, 시행규칙 제84조 제1항은 '고용노동부령으로 정하는 화학물질 또는 그 화학물질을 함유한 혼합물이란 안전보건규칙 별표 1 및 별표 12에 따른 위험물질 및 관리대상 유해물질을 말한다'고 규정하고 있다.

② 화학물질 등을 제조·사용·운반 또는 저장하는 설비

법 제65조 제1항 제1호는 위 화학물질 또는 그 화학물질을 함유한 혼합물을 제조·사용·운반 또는 저장하는 반응기·증류탑·배관 또는 저장탱크로서 고용노동부령으로 정하는 설비를 개조·분해·해체 또는 철거하는 작업에 관하여 도급인의 정보제공 등 의무를 규전하고, 시행규칙 제84조 제2항은 '고용노동부령으로 정하는 설비란 안전보건규칙 별표 7에 따른 화학설비 및 그 부속설비를 말한다'고 규정하고 있다.

나) 화학물질 설비 내부의 작업

법 제65조 제1항 제2호는 제1호에 규정한 설비의 내부에서 이루어지는 작업은 작업의 종류를 불문하고 수급인이 위험성에 대한 인식없이 작업하다가 사고를 당할 위험이 높으므로 도급인이 사전에 정보제공 등 필요한 조치를 취할 필요가 있다는 점을 규정하였다.

다) 질식 · 붕괴 위험 있는 작업

법 제65조 제1항 제3호는 제1, 2호의 설비 등에 대한 제한을 두지 않고 '질식 또는 붕괴의 위험이 있는 작업으로서 대통령령이 정하는 작업'에 대한 안전 및 보건에 대한 정보제공의무를 규정하고 있다.

이에 대해 시행령 제54조는 '질식의 위험이 있는 장소'를 '산소결핍, 유해가스 등으로 인한 질식의 위험이 있는 장소로서 고용노동부령으로 정하는 장소에서 이루어지는 작업, 토사 · 구축물 · 인공구조물 등의 붕괴 우려가 있는 장소에서 이루어지는 작업'으로 규정하고 있다. 시행규칙 제85조는 '질식의 위험이 있는 장소에서 이루어지는 작업'을 '안전보건규칙 별표 18에 따른 밀폐공간에서 하는 작업'으로 규정하고 있다.

라) 중층적 도급관계인 경우

이는 법 제65조의 의무를 부담하는 도급인의 범위와 관련하여 도급이 1회에 그치지 않고 순차적으로 하도급된 경우(중층적 도급관계), 도급인뿐만 아니라 수급인(또는 하수급인)도 본조의 도급인에 해당한다고 할 것이다.

2) 안전 · 보건에 관한 정보제공 의무 등

가) 위험물질 정보제공 등

법 제65조 제1항에 따른 안전 · 보건에 관한 정보를 해당 작업 시작 전에 수급인에게 문서로 제공하는 등 필요한 조치를 하여야 하고, 도급인이 취하여야 할 안전 · 보건에 관한 정보제공 등 필요한 조치에 대해서는 시행규칙 제83조 제1항, 제2항에서 구체화하고 있다.

나) 수급인의 도급인에 대한 정보제공 요청권 및 지체책임의 면제

법 제65조 제2항은 도급인이 제1항에 따라 안전 및 보건에 관한 정보를 해당 작업 시작 전까지 제공하지 아니한 경우에는 수급인이 정보 제공을 요청할 수 있도록 규정하고 있다.

법 제65조 제4항은 수급인의 요청에도 불구하고 도급인이 정보를 제공하지 아니하는 경우에는 해당 도급 작업을 하지 아니할 수 있고, 이 경우 수급인은 계약의 이행 지체에 따른 책임을 지지 않는다고 규정하고 있다.

다) 도급인의 필요 조치 확인 의무

법 제65조 제3항은 도급인이 제공한 정보에 대하여 수급인이 필요한 안전보건조치를 하였는지 확인하도록 규정하고 있다. 위와 같은 확인을 위해 도급인은 수급인에게 관련된 기록 등 자료의 제출을 요청할 수 있다(시행규칙 제83조 제3항).

다. 처벌규정

법 제170조 제4호는 제65조 제1항(안전보건조치에 대한 작업 전 정보제공 의무)을 위반한 도급인에 대하여 1년 이하의 징역이나 1천만원 이하의 벌금에 처하고 있다.

주의할 점은 같은 법 제65조 제2항(수급인의 정보제공 요청권), 제3항(도급인의 필요 조치 확인의무)을 위반한 경우 처벌하는 규정은 별도로 없다.

법 제173조는 양벌규정에 따라 법인의 대표자나 법인 또는 개인의 대리인, 사용인, 그 밖의 종업원이 그 법인 또는 개인의 업무에 관하여 제172조의 위반행위를 한 경우 법인에게 해당 조문의 벌금형을 과한다.

7. 유해한 작업의 도급금지 위반

가. 의의

유해성·위험성이 매우 높은 작업의 도급 등 외주화로 인하여 대부분의 산업재해가 수급인 근로자에게 발생하는 문제점을 개선하기 위해 법 제58조 제1항은 도금작업 등 유해·위험한 작업의 도급을 원칙적으로 금지하였다.

산업안전보건법은 도금작업, 수은·납 또는 카드뮴의 제련, 주입, 가공 및 가열하는 작업 등 유해·위험한 작업의 도급을 원칙적으로 금지하고(법 제58조 제1항), 일시·간헐적으로 하는 작업인 경우와 수급인이 보유한 기술이 전문적이고 사업주의 사업 운영에 필수, 불가결한 경우로서 고용노동부장관의 승인을 받은 경우 예외적으로 도급이 허용되는 것으로 규정하며(법 제58조 제2항), 승인을 받더라도 하도급을 금지하면서(법 제60조), 이를 위반한 경우 10억원 이하의 과징금 부과 대상으로 규정하였다(법 제161조 제1항 제1호).

또한, 고용노동부장관의 승인을 받으려면 안전·보건에 관한 평가를 받도록 하면서 평가 업무를 거짓이나 부정한 방법으로 수행한 자를 처벌하는 규정을 신설하였다(법 제169조 제3호, 제58조 제3항). 따라서, 원칙적으로 금지된 도급을 하는 경우 도급인은 과징금 부과 대상이며, 예외적으로 고용노동부장관의 승인을 받아 도급하는 경우 승인을 위한 안전·보건에 관한 평가 업무를 거짓이나 부정한 방법으로 수행한 자는 형사처벌의 대상이 된다.

나. 과징금 부과 대상

1) 유해 · 위험한 작업의 도급

법 제58조 제1항은 직업병 발생의 위험이 높은 도금작업 등 유해·위험한 작업의 도급을 원칙적으로 금지하고 있다. 이는 회사의 규모와 상관없이 금지하는 조항이므로 대기업 간의 도급계약인 경우에도 도급금지 대상이 된다.

도급이 금지되는 작업의 종류는 도금작업과 수은, 납 또는 카드뮴을 제련, 주입, 가공 및 가열하는 작업 및 직업성 암을 유발하는 것으로 확인되어 근로자의 건강에 특히 해롭다고 인정되는 물질 등으로 대체물질이 개발되지 아니한 물질 등 대통령령으로 정하는 물질을 제조하거나 사용하는 작업이다.

도급인이 이를 위반하여 도급한 경우 고용노동부장관은 10억원 이하의 과징금을 부과할 수 있다(법 제161조 제1항 제호). 그러나, 도금작업 등 유해·위험한 작업이라 하더라도, 일시·간헐적으로 하는 작업인 경우와 수급인이 보유한 기술이 전문적이고 사업주의 사업운영에 필수 불가결한 경우로서 고용노동부장관의 승인을 받은 후에는 도급이 허용되므로 이 경우는 본조 위반으로 볼 수 없다(법 제58조 제2항).

사내도급이 허용되는 일시적 작업이라 함은 그 수요가 갑자기 발생하여 상시인력 고용이 불가능한 경우로써 30일 이내에 종료되는 1회성 작업을 의미하며, 간헐적 작업이라 함은 작업 수요는 예측이 가능하나, 작업의 간격이 장기간이어서 상시인력 고용이 어려운 경우로 연간 총 작업일수가 60일을 초과하지 않는 작업을 의미한다고 할 것이다.

또한, 수급인이 보유한 기술이 전문적이라고 함은 도급인이 습득·보유하기 어려운 전문적인 기술임이 지정, 고시, 공고, 인증, 특허 등에 의해 객관적으로 확인 가능하여야 하고, 사업주의 사업운영에 필수 불가결한 경우라 함은 해당 기술이 없을 경우 도급인의 전체 사업 중 해당 도급과 관련한 사업의 운영이 불가능한 경우임을 의미한다고 할 것이다.

2) 유해·위험한 작업 등을 승인 받지 않고 도급한 경우

위와 같이 수급인이 보유한 기술이 전문적이고 사업주의 사업운영에 필수 불가결한 경우로서 도급이 예외적으로 가능하더라도 고용노동부장관의 승인을 받아야 하고(법 제58조 제2항 제2호), 일시·간헐적으로 하는 작업을 도급하는 경우 고용노동부장관의 승인을 받을 필요는 없지만 그러한 도급이 안전·보건에 유해하거나 위험한 작업 중 급성 독성, 피부 부식성 등이 있는 물질의 취급 등 대통령령으로 정하는 작업을 도급하려는 경우에는 고용노동부장관의 승인을 받아야 한다(법 제59조 제1항).

도급인이 이를 위반하여 승인을 받지 아니하고 도급한 경우 고용노동부장관은 10억원 이하의 과징금을 부과할 수 있다(법 제161조 제1항 제2호).

한편, 고용노동부장관의 승인을 받아 도급이 가능하다고 하여도 해당 사업주는 산업재해 예방을 위한 조치를 할 수 있는 능력을 갖춘 사업주에게 도급하여야 한다(법 제61조). 다만, 이를 위반하더라도 형사처벌이나 과징금 부과 대상은 아니다.

3) 승인받은 도급을 재하도급한 경우

위와 같이 위험한 작업의 도급을 원칙적으로 금지하면서 예외적으로 허용하는 입법 취지에 비추어 도급인이 고용노동부장관의 승인을 받아 유해·위험한 작업 등을 도급받은 수급인은 그 작업을 하도급할 수 없다(법 제60조).

다. 처벌대상

앞서 전술한 바와 같이 원칙적으로 금지된 도급을 하는 경우 도급인은 과징금 부과 대상이며, 예외적으로 고용노동부장관의 승인을 받아 도급하는 경우 승인을 위한 안전·보건에 관한 평가 업무를 거짓이나 부정한 방법으로 수행한 자는 형사처벌 대상이 되므로 이하에서 처벌대상은 승인을 위한 안전·보건에 관한 평가 업무를 거짓이나 부정한 방법으로 수행한 자에 대한 것이다.

1) 구성요건

가) 주체

법 제58조 제3항 또는 제5항 후단(제59조 제2항에 따라 준용되는 경우를 포함한다)에 따른 안전 및 보건 평가 업무를 제165조 제2항에 따라 고용노동부장관으로부터 위탁받은 사람이다.

나) 행위

고용노동부장관으로부터 위탁받은 안전·보건에 관한 평가업무를 거짓이나 그 밖의 부정한 방법으로 수행한 경우 처벌대상이 된다.

구체적인 사안에서 어떤 행위가 '거짓이나 그 밖의 부정한 방법'에 해당되는지 문제될 것으로 보이나, 문언 해석상 안전·보건 평가와 관련하여 관련 서류를 사실과 다르게 허위로 작성하는 등 위계 기타 사회통념상 부정한 행위로써 고용노동부장관의 승인에 관한 의사결정에 영향을 미칠 수 있는 행위를 의미한다고 보아야 할 것이다.

2) 처벌규정

고용노동부장관으로부터 위탁받은 안전 및 보건에 관한 평가 업무를 거짓이나 그 밖의 부정한 방법으로 수행한 자는 3년 이하의 징역이나 3천만원 이하의 벌금에 처한다(법 제169조 제3호).

법인의 대표자나 법인 또는 개인의 대리인, 사용인, 그 밖의 종업원이 그 법인 또는 개인의 업무에 관하여 제169조 제3호의 위반행위를 한 경우 법인에게 해당 조문의 벌금형을 과한다(법 제173조).

8. 기계 · 기구 등에 대한 건설공사도급인의 안전조치의무 위반

> **제169조(벌칙)** 다음 각 호의 어느 하나에 해당하는 자는 3년 이하의 징역 또는 3천만원 이하의 벌금에 처한다.
>
> 1. 제44조제1항 후단, 제63조(제166조의2에서 준용하는 경우를 포함한다), 제76조, 제81조, 제82조제2항, 제84조제1항, 제87조제1항, 제118조제3항, 제123조제1항, 제139조제1항 또는 제140조제1항(제166조의2에서 준용하는 경우를 포함한다)을 위반한 자
>
> **제76조(기계 · 기구 등에 대한 건설공사도급인의 안전조치)** 건설공사도급인은 자신의 사업장에서 타워크레인 등 대통령령으로 정하는 기계 · 기구 또는 설비 등이 설치되어 있거나 작동하고 있는 경우 또는 이를 설치 · 해체 · 조립하는 등의 작업이 이루어지고 있는 경우에는 필요한 안전조치 및 보건조치를 하여야 한다.

가. 의의

고층 건물의 건설공사에서 건설자재를 인양하는데 사용되는 타워크레인 사고가 급증하고 대형 인명피해 사고가 자주 발생함에도 타워크레인 임대업체, 설치 · 해체 업체는 영세한 사업주인 경우가 대부분이어서 안전관리에 취약한 경우가 많다. 따라서, 개정법은 계약의 형식에 관계없이 건설현장에서 안전을 총괄 · 관리하는 건설공사도급인이 자신의 사업장에서 사용되는 타워크레인 등에 대한 설치부터 해체에 이르기까지 전 과정에 대해 안전보건조치의무를 부담하도록 할 필요가 있어, 타워크레인 등 위험한 기계 · 기구 또는 설비 등과 관련한 작업이 이루어지고 있는 사업장의 건설공사도급인에게 안전조치와 보건조치의무를 별도로 규정하고, 이를 위반한 경우 처벌하는 규정을 신설하였다.

나. 구성요건

1) 주체

건설공사도급인으로서 자신의 사업장에서 타워크레인 등 대통령으로 정하는 기계 · 기구 또는 설비 등이 설치되어 있거나 작동하고 있는 경우 또는 이를 설치 · 해체 · 조립하는 등의 작업이 이루어지고 있는 경우이며, 위 타워

크레인 등이 사용 또는 설치·해체 작업에 대한 직접 계약관계 유무와 관계없이 의무를 부담한다.

위 대통령령으로 정하는 기계·기구 또는 설비 등에는 타워크레인, 건설용 리프트, 항타기(해머나 동력을 사용하여 말뚝을 박는 기계) 및 항발기(박힌 말뚝을 빼내는 기계)가 포함된다(시행령 제66조).

2) 안전조치 및 보건조치 의무

위 건설공사의 도급인은 필요한 안전조치 및 보건조치를 하여야 하며, 시행규칙 제94조가 이를 구체적으로 규정하고 있다. 즉, ① 작업시작 전 기계·기구 등을 소유 또는 대여하는 자와 합동으로 안전점검 실시 ② 작업을 수행하는 사업주의 작업계획서 작성 및 이행여부 확인(영 제66조 제1호 및 제3호에 한정한다) ③ 작업자가 법 제140조에서 정한 자격·면허·경험 또는 기능을 가지고 있는지 여부 확인(영 제66조 제1호 및 제3호에 한정한다) ④ 그 밖에 해당 기계·기구 또는 설비 등에 대하여 안전보건규칙에서 정하고 있는 안전보건조치 ⑤ 기계·기구 등의 결함, 작업방법과 절차 미준수, 강풍 등 이상 환경으로 인하여 작업수행 시 현저한 위험이 예상되는 경우 작업중지 조치가 이에 해당한다.

다. 처벌규정

위 건설공사의 도급인이 위와 같은 안전보건조치를 이행하지 않은 경우 3년 이하의 징역이나 3천만원 이하의 벌금에 처한다(법 제169조 제1호).

중대재해처벌 법상의 규제

제3장

중대재해처벌법상의 규제

제3장

제1절 주요개념 및 적용범위

1. 중대산업재해

제2조(정의) 이 법에서 사용하는 용어의 뜻은 다음과 같다.
1. "중대재해"란 "중대산업재해"와 "중대시민재해"를 말한다.
2. "중대산업재해"란 「산업안전보건법」 제2조제1호에 따른 산업재해 중 다음 각 목의 어느 하나에 해당하는 결과를 야기한 재해를 말한다.
   가. 사망자가 1명 이상 발생
   나. 동일한 사고로 6개월 이상 치료가 필요한 부상자가 2명 이상 발생
   다. 동일한 유해요인으로 급성중독 등 대통령령으로 정하는 직업성 질병자가 1년 이내에 3명 이상 발생

　중대재해처벌법상 '중대산업재해'는 산업안전보건법상의 산업재해 개념(제1장 제1절 참조)을 전제로 하고 있는데, 이러한 산업재해 중에서도 사망자 1명 이상, 6개월 이상 치료가 필요한 부상자 2명 이상, 급성중독 등 직업성 질병자가 1년 이내에 3명 이상 발생하는 경우를 중대산업재해라고 규정하고 있다.

가. 사망자 1명 이상 발생

사망원인은 규정되어 있지 아니하므로, 사고 이외에 질병에 의한 사망도 포함되나 '산업재해'에 해당되어야 하므로 암 등의 질병(직업성 질병 등 포함)으로 사망한 경우에는, 그 질병이 업무로 인하여 발병된 것임이 입증되어야 한다. '자살'의 경우 원칙적으로는 산업재해에 해당되지 아니하나, 직장내 괴롭힘이나 성희롱 등으로 인한 자살의 경우처럼, 자살과 업무와의 상당인과관계가 인정되는 경우에는 산업재해 및 중대산업재해에 해당할 수 있을 것이다.

나. 동일한 사고로 6개월 이상 부상자가 2명 이상 발생

'동일한 사고'에는 시간적·장소적으로 근접성을 갖는 일련의 과정에서 발생한 사고가 포함되고,[125] 사고발생 원인이 같더라도 시간적·장소적 근접성이 없는 경우에는 제외된다.

'6개월 이상 치료가 필요'하다는 말은 해당 부상에 대한 직접적인 치료에 필요한 기간으로 해석함이 원칙이고, 원칙적으로 '의사의 진단 소견서' 등 객관적 자료에 의해 판단한다.

다. 동일한 유해요인으로 직업성 질병자가 1년 이내에 3명 이상 발생

'동일한 유해요인[126]'이란 노출된 각 유해인자와 유해물질의 성분, 작업의 양태 등이 객관적으로 동일한 경우를 말하고,[127] '직업성 질병'은 시행령 제2조 별표 1에서 24가지의 질병 등을 규정하고 있는데, 뇌심혈관계, 직업성 암, 근골격계 질병 등은 제외되었다. 증상의 정도는 규정되어 있지 않으나, 만성질환이나 개인적 소인에 부가되어 발생하는 작업관련성 질병은 포함되지 않는다고 보아야 한다.[128]

---

125) 고용노동부, 앞의 책, 11쪽. 폭발사고시 직접적 화상피해 이외에 폭발충격으로 인한 추락, 파편으로 인한 충돌 등.
126) 시행령 별표 1에서 직업성 질병의 원인으로 열거하고 있는 각종 화학적 유해인자, 유해작업 등을 말한다.
127) 고용노동부, 앞의 책, 12쪽.
128) 김·장법률사무소 중대재해대응팀, 앞의 책, 52쪽.

■ **중대재해 처벌 등에 관한 법률 시행령 별표 1**

직업성 질병(제2조 관련)

1. 염화비닐·유기주석·메틸브로마이드(bromomethane)·일산화탄소에 노출되어 발생한 중추신경계장해 등의 급성중독

2. 납이나 그 화합물(유기납은 제외한다)에 노출되어 발생한 납 창백(蒼白), 복부 산통(産痛), 관절통 등의 급성중독

3. 수은이나 그 화합물에 노출되어 발생한 급성중독

4. 크롬이나 그 화합물에 노출되어 발생한 세뇨관 기능 손상, 급성 세뇨관 괴사, 급성신부전 등의 급성중독

5. 벤젠에 노출되어 발생한 경련, 급성 기질성 뇌증후군, 혼수상태 등의 급성중독

6. 톨루엔(toluene)·크실렌(xylene)·스티렌(styrene)·시클로헥산(cyclohexane)·노말헥산(n-hexane)·트리클로로에틸렌(trichloroethylene) 등 유기화합물에 노출되어 발생한 의식장해, 경련, 급성 기질성 뇌증후군, 부정맥 등의 급성중독

7. 이산화질소에 노출되어 발생한 메트헤모글로빈혈증(methemoglobinemia), 청색증(靑色症) 등의 급성중독

8. 황화수소에 노출되어 발생한 의식 소실(消失), 무호흡, 폐부종, 후각신경 마비 등의 급성중독

9. 시안화수소나 그 화합물에 노출되어 발생한 급성중독

10. 불화수소·불산에 노출되어 발생한 화학적 화상, 청색증, 폐수종, 부정맥 등의 급성중독

11. 인[백린(白燐), 황린(黃燐) 등 금지물질에 해당하는 동소체(同素體)로 한정한다]이나 그 화합물에 노출되어 발생한 급성중독

12. 카드뮴이나 그 화합물에 노출되어 발생한 급성중독

13. 다음 각 목의 화학적 인자에 노출되어 발생한 급성중독

    가. 「산업안전보건법」 제125조제1항에 따른 작업환경측정 대상 유해인자 중 화학적 인자

    나. 「산업안전보건법」 제130조제1항제1호에 따른 특수건강진단 대상 유해인자 중 화학적 인자

14. 디이소시아네이트(diisocyanate), 염소, 염화수소 또는 염산에 노출되어

발생한 반응성 기도과민증후군

15. 트리클로로에틸렌에 노출(해당 물질에 노출되는 업무에 종사하지 않게 된 후 3개월이 지난 경우는 제외한다)되어 발생한 스티븐스존슨 증후군 (stevens-johnson syndrome). 다만, 약물, 감염, 후천성면역결핍증, 악성 종양 등 다른 원인으로 발생한 스티븐스존슨 증후군은 제외한다.

16. 트리클로로에틸렌 또는 디메틸포름아미드(dimethylformamide)에 노출(해당 물질에 노출되는 업무에 종사하지 않게 된 후 3개월이 지난 경우는 제외한다)되어 발생한 독성 간염. 다만, 약물, 알코올, 과체중, 당뇨병 등 다른 원인으로 발생하거나 다른 질병이 원인이 되어 발생한 간염은 제외한다.

17. 보건의료 종사자에게 발생한 B형 간염, C형 간염, 매독 또는 후천성면역결핍증의 혈액전파성 질병

18. 근로자에게 건강장해를 일으킬 수 있는 습한 상태에서 하는 작업으로 발생한 렙토스피라증(leptospirosis)

19. 동물이나 그 사체, 짐승의 털·가죽, 그 밖의 동물성 물체를 취급하여 발생한 탄저, 단독(erysipelas) 또는 브루셀라증(brucellosis)

20. 오염된 냉각수로 발생한 레지오넬라증(legionellosis)

21. 고기압 또는 저기압에 노출되거나 중추신경계 산소 독성으로 발생한 건강장해, 감압병(잠수병) 또는 공기색전증(기포가 동맥이나 정맥을 따라 순환하다가 혈관을 막는 것)

22. 공기 중 산소농도가 부족한 장소에서 발생한 산소결핍증

23. 전리방사선(물질을 통과할 때 이온화를 일으키는 방사선)에 노출되어 발생한 급성 방사선증 또는 무형성 빈혈

24. 고열작업 또는 폭염에 노출되는 장소에서 하는 작업으로 발생한 심부체온상승을 동반하는 열사병

'1년 이내 3명 이상 발생'에서 발생한 시점과 기산점을 어떻게 정할지에 대해서는 규정되어 있지 않은데, 유해·위험요인에 노출된 날이 특정되면 이를 발생일로, 특정할 수 없으면 의사의 진단일을 발생일로 보고, 세 번째 직업성 질병자의 발생 시점부터 역산하여 1년 이내를 판단한다.

동일한 유해요인으로 직업성 질병이 발생한 종사자들이 하나의 사업에 속

해있다면, 사업장이 다르더라도 중대산업재해에 해당할 수 있다.

사례연구

과로로 인한 사망의 중대산업재해 해당여부 – 업무의 내용과 방식에 내재한 유해·위험요인이 원인이 되었다면 산업안전보건법129)에 의해 산업재해에 해당할 수 있으므로, 이에 따라 중대산업재해에도 해당할 수 있다. 다만, 업무와 질병 내지 사망 사이에 상당인과관계가 인정되어야 한다.

---

2. 종사자 - 보호대상

중대재해처벌법상 보호대상인 '종사자'란 산업안전보건법상의 보호대상인 '근로자'에 비하여 상당히 확장된 개념이다.

제2조(정의) 이 법에서 사용하는 용어의 뜻은 다음과 같다.

7. "종사자"란 다음 각 목의 어느 하나에 해당하는 자를 말한다.

   가. 「근로기준법」상의 근로자

   나. 도급, 용역, 위탁 등 계약의 형식에 관계없이 그 사업의 수행을 위하여 대가를 목적으로 노무를 제공하는 자

   다. 사업이 여러 차례의 도급에 따라 행하여지는 경우에는 각 단계의 수급인 및 수급인과 가목 또는 나목의 관계가 있는 자

가. '근로기준법상 근로자'

계약의 형식에 관계없이 실질에 있어서 임금을 목적으로 종속적인 관계에서 사용자에게 근로자를 제공하였는지 여부에 따라 판단되며(대법원 2006. 12. 7. 선고 2004다2976 판결), 여기에는 공무원도 포함된다.130)

---

129) 산업안전보건법 제39조 제1항 제5호.
130) 대법원 1998. 8. 21. 선고 98두9714 판결.

나. '사업의 수행을 위하여 대가를 목적으로 노무를 제공하는 자'

근로자가 아니라고 하더라도 대가를 목적으로 노무를 제공하기만 하면 해당된다. 보험모집인, 학습지교사, 건설기계운전자 등 특수형태근로종사자(산업안전보건법 제77조)도 해당되며, 현장실습생의 경우에도 실질적인 근로의 내용을 판단하여 여기에 해당하거나 근로자에 해당할 수도 있을 것이다.[131]

다. 수급인 및 수급인과 근로관계 또는 노무제공관계에 있는 자

산업안전보건법과 달리 각 단계의 수급인(노무를 제공하는 수급인을 말함)은 '종사자'에 포함되며, 그 수급인의 근로자 또는 대가를 목적으로 노무를 제공하는 자도 포함하여 그 보호대상을 확대하였다.

> **사례연구**
>
> ① 회사와 용역관계에 있는 콜센터 직원도 '종사자'인가 – 용역계약에 따라 대가를 목적으로 노무를 제공하는 자이므로, 종사자에 해당하여 중대재해처벌법 제4조, 제5조의 적용을 받는다.
> ② 회사와 매매계약이 체결된 상대방의 근로자도 '종사자'에 해당할 수 있나 – 법문상 '계약의 형식에 관계없이'라고 하지만, 죄형법정주의 원칙상 매매계약의 경우에는 해당하지 않는다고 본다.

3. 사업주와 경영책임자등 – 의무의 주체

중대재해처벌법은 '사업주 또는 경영책임자등'에게 안전 및 보건 확보의무를 부여하고, 이를 이행하지 아니하여 중대재해의 결과가 발생하였을 때 형사처벌을 하고 있으므로, '사업주 또는 경영책임자등'은 중대재해처벌법상 의무의 주체가 된다.

---

131) 이에 관한 자세한 논의는 김·장법률사무소 중대재해대응팀, 앞의 책, 33~34쪽 참조.

> **제2조(정의)** 이 법에서 사용하는 용어의 뜻은 다음과 같다.
>
> 8. "사업주"란 자신의 사업을 영위하는 자, 타인의 노무를 제공받아 사업을 하는 자를 말한다.
>
> 9. "경영책임자등"이란 다음 각 목의 어느 하나에 해당하는 자를 말한다.
>
>   가. 사업을 대표하고 사업을 총괄하는 권한과 책임이 있는 사람 또는 이에 준하여 안전보건에 관한 업무를 담당하는 사람
>
>   나. 중앙행정기관의 장, 지방자치단체의 장, 「지방공기업법」에 따른 지방공기업의 장, 「공공기관의 운영에 관한 법률」 제4조부터 제6조까지의 규정에 따라 지정된 공공기관의 장

가. 사업주

"사업주"란 '자신의 사업을 영위하는 자', '타인의 노무를 제공받아 사업을 하는 자'를 말하는데, 노무를 제공하는 타인의 범위에 제한이 없어 산업안전보건법상의 사업주 개념에 비하여 그 범위가 상당히 넓다. 다만, 여기서 사업주는 법인, 기관 등이 아닌 '개인사업주'에 한정된다(법 제3조 참조).

나. 경영책임자등

중대재해처벌법은 안전사고에 대한 예방효과를 높이려는 입법 목적을 실현하기 위하여 '경영책임자등'이라는 개념을 신설하였는데, 이는 ① 사업을 대표하고 사업을 총괄하는 권한과 책임이 있는 사람 또는 이에 준하여 안전보건에 관한 업무를 담당하는 사람, ② 중앙행정기관의 장, 지방자치단체의 장, 「지방공기업법」에 따른 지방공기업의 장, 「공공기관의 운영에 관한 법률」 제4조부터 제6조까지의 규정에 따라 지정된 공공기관의 장으로 규정하고 있다(법 제2조 제9호).

1) '사업을 대표하고 사업을 총괄하는 권한과 책임이 있는 사람'이란 회사의 대표자(대표이사)와 같은 사람이 일반적이지만, 형식적인 직함과 상관없이 실질적으로 최종적인 의사결정권한을 가진 사람도 해당할 수 있다. 공동대표이사나 각자대표이사의 경우에는 실제 관여정도를 기준으로 판단하여야 할

것이고, 모자회사나 외국인투자법인의 경우에도 실질적이고 최종적인 결정을 누가 하는지에 따라 판단하여야 할 것이다.

2) '이에 준하여 안전보건에 관한 업무담당자'는 안전보건에 관하여는 위와 같은 사업총괄책임자에 준한 정도의 권한과 지위를 가지고 있어야 하므로, 일부 사업장만 관리하거나 직함과는 달리 실질적으로 총괄관리 및 최종 의사결정권을 가지지 못한 경우는 해당하지 아니한다.[132] 이러한 안전보건 업무책임자가 선임되어 있다고 하여 대표이사 등 사업총괄책임자가 자동으로 면책된다고 볼 수는 없고, 실질적인 권한과 의무를 살펴 형사책임의 주체를 정해야 할 것이다.[133]

3) '중앙행정기관의 장, 지방자치단체의 장, 공공기관의 장'은 공공부문에서 영위하는 사업의 경우에도 경영책임자등을 정하여 중대재해에 대한 책임의 주체를 명확하게 하기 위한 것이다. 학교의 경우에는 그 설립주체에 따라 경영책임자가 달라지는데, 국립대학은 총장이, 공립학교는 교육감이, 사립학교는 학교법인의 이사장이 될 것이다.[134]

사례연구

① 공동대표이사 중 1인에게 안전보건업무를 전적으로 담당시키는 경우, 나머지 공동대표이사들은 경영책임자등에서 제외될 수 있는가 - 원칙적으로 안전보건업무를 전담하는 공동대표이사만 책임을 질 것이지만, 법위반사실을 알고 있고 관여하는 경우 등에는 다른 공동대표이사에게도 공범의 책임이 인정될 수 있다.

② 대표이사 이외에 대주주, 미등기임원도 경영책임자등에 해당할 수 있는가 - 원칙적으로 책임주체에 해당하지 않지만, 실질적으로 안전 및 보건에 관한 최종적인 의사결정권한이 있다면 경영책임자등에 해당할 수 있다.

---

132) 고용노동부, 앞의 책, 22쪽.
133) 다른 견해로는 김·장법률사무소 중대재해대응팀, 앞의 책, 26~27쪽 참조.
134) 고용노동부, 앞의 책, 29쪽.

4. 적용범위 및 적용유예

중대재해처벌법은 공포 후 1년이 지난 2022년 1. 27.부터 시행되었는데, 소규모 영세사업장의 사정을 감안하여 그에 대하여는 중대산업재해 관련규정의 적용을 배제하고 있고, 사업 또는 사업장의 규모에 따라서 법 적용의 시기를 다시 2년간 유예하여 2024. 1. 27.부터 법이 시행된다.

제3조(적용범위) 상시 근로자가 5명 미만인 사업 또는 사업장의 사업주(개인사업주에 한정한다. 이하 같다) 또는 경영책임자등에게는 이 장의 규정을 적용하지 아니한다.

부칙 제1조(시행일) ① 이 법은 공포 후 1년이 경과한 날부터 시행한다. 다만, 이 법 시행 당시 개인사업자 또는 상시 근로자가 50명 미만인 사업 또는 사업장(건설업의 경우에는 공사금액 50억원 미만의 공사)에 대해서는 공포 후 3년이 경과한 날부터 시행한다.

가. 상시근로자 5명 이상인 사업 또는 사업장

중대재해처벌법이 적용되는 사업 또는 사업장은 상시근로자가 5명 이상인 경우인데, '사업[135) 또는 사업장'이란 경영상 일체를 이루면서 유기적으로 운영되는 기업 등 조직 그 자체를 의미하며 사업장이 장소적으로 인접하는지에 따라 판단되는 것이 아니다. 즉, 본사와 지사 내지 공장, 대학과 부속병원은 하나의 사업 또는 사업장으로 보아야 한다.

상시근로자 수의 산정은 근로기준법 시행령 제7조의2에 따라 "법 적용사유 발생일 전 1개월 사용한 근로자의 연인원/같은 기간 중의 가동일수"로 산정한다.

상시근로자에는 근로기준법상 근로자라면 일용근로자, 외국인근로자, 공무원, 파견근로자[136)도 모두 포함되지만, 도급 등을 행한 제3자의 근로자, 특수형태근로종사자, 플랫폼종사자 등은 '종사자'에는 해당해도 상시근로자 숫자

---

135) 대법원 1993. 2. 29. 선고 91다21381 판결; 대법원 2018. 7. 26. 선고 2018도7650 판결 등.
136) 고용노동부의 입장과는 달리 파견노동자는 상시근로자 수에서 제외된다는 견해는 김·장 법률사무소 중대재해대응팀, 앞의 책, 45쪽 참조.

에 포함되지 않는다고 본다.[137)]

따라서, 도급인의 상시근로자가 5명 미만인 경우에는 수급인 소속 상시근로자가 5명 이상이 된다 하더라도 도급인은 적용대상이 아니지만, 도급인의 상시근로자가 5명 이상이라면 수급인의 상시근로자가 5명 미만이라고 하더라도 도급인은 수급인과 수급인의 근로자까지 법 제2장에 규정된 안전 및 보건 확보의무를 부담한다.

나. 적용유예 - 개인사업자 또는 상시근로자 50명 미만 사업 또는 사업장

법 적용이 2024. 1. 27.까지 유예되는 대상인 '개인사업자'는 '개인사업주'와 동일한 개념으로 보아야 한다.

'상시근로자 50명 미만'이란 법 시행 당시인 2022. 1. 27.부터 2024. 1. 27.까지의 기간에 적용되므로, 만약 위 기간 안에 50명이 넘으면 그때부터 법 적용대상이 된다.

건설업의 경우 상시근로자 수에 관계없이 2024. 1. 27.까지 법적용이 유예되는 '공사금액 50억원 미만의 공사'는 전체 사업단위가 아니라 개별 건설공사현장을 기준으로 하여 도급계약상 계약금액이 기준이 될 것이고, 2차례 이상 도급이 이루어지는 경우에는 총 공사금액과 각 공사업자가 하도급한 금액을 구분하여 판단하여야 할 것이다.

사례연구

① 외국회사가 국내에서 사업은 영위하지만, 사업장이 없고 경영책임자등도 국내에 거주하지 않는 경우 - 중대재해처벌법상 중대산업재해 관련 규정은 우리나라에 사업 또는 사업장이 있고 상시근로자수가 5명 이상인 경우 적용하므로, 적용대상이 아니다.

② 회사의 전체 근로자가 사무직인 경우 - 법상 명시적으로 사무직을 제외하는 규정이 없으므로, 원칙적으로 적용되고 개별규정별로 적용이 제외될 수 있을 것이다.

---

137) 고용노동부, 앞의 책, 33쪽.

제2절 사업주와 경영책임자등의 안전 및 보건 확보의무

1. 개요

제4조(사업주와 경영책임자등의 안전 및 보건 확보의무) ① 사업주 또는 경영책임자등은 사업주나 법인 또는 기관이 실질적으로 지배·운영·관리하는 사업 또는 사업장에서 종사자의 안전·보건상 유해 또는 위험을 방지하기 위하여 그 사업 또는 사업장의 특성 및 규모 등을 고려하여 다음 각 호에 따른 조치를 하여야 한다.
  1. 재해예방에 필요한 인력 및 예산 등 안전보건관리체계의 구축 및 그 이행에 관한 조치
  2. 재해 발생 시 재발방지 대책의 수립 및 그 이행에 관한 조치
  3. 중앙행정기관·지방자치단체가 관계 법령에 따라 개선, 시정 등을 명한 사항의 이행에 관한 조치
  4. 안전·보건 관계 법령에 따른 의무이행에 필요한 관리상의 조치
  ② 제1항제1호·제4호의 조치에 관한 구체적인 사항은 대통령령으로 정한다.

중대재해처벌법은 제4조를 통하여 사업주 또는 경영책임자등에게 실질적으로 지배·운영·관리하는 사업 또는 사업장에서 안전·보건상 유해 또는 위험을 방지하기 위한 안전 및 보건 확보의무를 부과하고 있는데, 구체적으로는 ① 재해예방에 필요한 인력 및 예산 등 안전보건관리체계의 구축 및 그 이행에 관한 조치, ② 재해 발생 시 재발방지 대책의 수립 및 그 이행에 관한 조치, ③ 중앙행정기관·지방자치단체가 관계 법령에 따라 개선, 시정 등을 명한 사항의 이행에 관한 조치, ④ 안전·보건 관계 법령에 따른 의무이행에 필요한 관리상의 조치가 그것이다.

여기서 '실질적으로 지배·운영·관리하는 사업 또는 사업장'이란, 하나의 사업 목적 하에 해당 사업 또는 사업장의 조직·인력·예산 등에 대한 결정을 총괄하여 행사하는 경우를 의미하고, 단순히 장소적 개념에 따라 나누어져서는

안된다. 여기에 해당하는 경우라면 사업주 또는 경영책임자등은 사업 또는 사업장의 종사자 모두(근로자, 대가목적 노무제공자, 수급인, 수급인의 근로자 등)의 안전과 보건을 위하여 안전 및 보건 확보의무를 이행하여야 한다.[138]

사례연구

자가용으로 출퇴근하던 중 사업장 내에서 교통사고로 사망한 경우 - 출퇴근 재해는 산업재해보상보험법상 '업무상 재해'에는 해당할 수 있으나, 산업안전보건법상 안전조치 및 보건조치 의무 위반으로 인한 '산업재해'에 해당하지 않는 경우라면 중대산업재해에도 해당할 수 없다.

2. 안전보건관리체계 구축 및 이행에 관한 조치

중대재해처벌법 제4조 제1항 제1호 및 동법 시행령 제4조는 안전보건관리체계의 구축 및 이행조치를 규정하고 있는데, 이는 단순한 조직의 구성과 역할 분담을 정하라는 의미에 한정되는 것이 아니라, 종사자의 안전과 보건이 유지되고 증진될 수 있도록 사업 전반을 운영하라는 의미[139]라고 보아야 한다.

시행령 제4조는 이러한 조치의 구체적 내용으로 9가지 의무사항을 규정하고 있는데, 이는 예시규정이 아니라 열거규정으로 보아야 하지만, 형사처벌 규정의 구성요건으로서 역할을 하기에 불명확한 규정이 사용되는 등의 문제가 있다.[140]

① 안전·보건 목표와 경영방침의 설정
② 안전·보건 업무를 총괄·관리하는 전담 조직 설치
③ 유해·위험요인 확인 개선 절차 마련, 점검 및 필요한 조치
④ 재해예방에 필요한 안전·보건에 관한 인력·시설·장비 구입과 유해·위험

---

138) 고용노동부, 앞의 책, 61쪽.
139) 고용노동부, 앞의 책, 41~42쪽.
140) 김·장법률사무소 중대재해대응팀, 앞의 책, 58쪽.

요인 개선에 필요한 예산 편성 및 집행
⑤ 안전보건관리책임자등의 충실한 업무수행 지원(권한과 예산 부여, 평가기준 마련 및 평가·관리)
⑥ 산업안전보건법에 따른 안전관리자, 보건관리자 등 전문인력 배치
⑦ 종사자 의견 청취 절차 마련, 청취 및 개선방안 마련·이행 여부 점검
⑧ 중대산업재해 발생 시 조치 매뉴얼 마련 및 조치 여부 점검
⑨ 도급, 용역, 위탁 시 산재예방 조치 능력 및 기술에 관한 평가기준·절차 및 관리비용, 업무수행기관 관련 기준 마련·이행 여부 점검

가. 안전·보건에 관한 목표와 경영방침 설정

시행령 제4조(안전보건관리체계의 구축 및 이행 조치) 법 제4조제1항제1호에 따른 조치의 구체적인 사항은 다음 각 호와 같다.
　1. 사업 또는 사업장의 안전·보건에 관한 목표와 경영방침을 설정할 것

구체적인 내용은 사업주 등이 임의로 정할 수 있으나, 실현 가능한 목표나 경영방침을 설정하여야 하고, 실현 시기를 나누어 정할 수도 있다. 이와 관련하여 산업안전보건법은 상시근로자 500명 이상을 사용하는 회사와 토건 시공능력 순위 1,000위 이내인 건설회사의 대표이사에게 매년 회사의 안전보건계획을 수립하여 이사회에 보고하고 승인을 받도록 규정하고 있고(산업안전보건법 제14조), 고용노동부는 '대표이사의 안전보건계획 수립 가이드'[141]를 제시하고 있으므로, 이를 참고하여 목표나 경영방침 설정에 참고할 수 있을 것이다.

나. 안전·보건 업무 전담조직 설치

시행령 제4조(안전보건관리체계의 구축 및 이행 조치)
　2. 「산업안전보건법」 제17조부터 제19조까지 및 제22조에 따라 두어야 하는

---

141) 고용노동부, "산업재해 예방을 위한 2022 안전·보건계획 수립 가이드북", 10쪽.

> 인력이 총 3명 이상이고 다음 각 목의 어느 하나에 해당하는 사업 또는
> 사업장인 경우에는 안전·보건에 관한 업무를 총괄·관리하는 전담 조직
> 을 둘 것. 이 경우 나목에 해당하지 않던 건설사업자가 나목에 해당하게
> 된 경우에는 공시한 연도의 다음 연도 1월 1일까지 해당 조직을 두어야
> 한다.
> 가. 상시근로자 수가 500명 이상인 사업 또는 사업장
> 나. 「건설산업기본법」 제8조 및 같은 법 시행령 별표 1에 따른 토목건축
>   공사업에 대해 같은 법 제23조에 따라 평가하여 공시된 시공능력의
>   순위가 상위 200위 이내인 건설사업자

　전담조직을 설치해야 하는 사업 또는 사업장은, ① 산업안전보건법에 따라
안전관리자,[142] 보건관리자,[143] 안전보건담당자,[144] 산업보건의[145] 등 3명
이상의 인력이 필요하고, ② 상시근로자 500명 이상인 사업 또는 사업장과
시공능력의 순위가 상위 200위 이내인 건설사업자인 경우이다.
　'안전·보건에 관한 업무를 총괄·관리하는 전담조직'이란, 이에 관한 구체
적인 규정은 존재하지 아니하지만, 사업 전체의 모든 사업장을 총괄·관리하
는 조직을 말하고, 개별 사업장 단위의 안전관리자, 보건관리자 등과는 별개
의 조직으로 구성되어 다른 업무를 병행하지 않는 조직이라 할 것이다.[146]

다. 유해·위험요인 확인 및 개선 업무절차 마련, 점검 및 필요한 조치

> **시행령 제4조(안전보건관리체계의 구축 및 이행 조치)**
> 　3. 사업 또는 사업장의 특성에 따른 유해·위험요인을 확인하여 개선하는 업
> 　　무절차를 마련하고, 해당 업무절차에 따라 유해·위험요인의 확인 및 개선
> 　　이 이루어지는지를 반기 1회 이상 점검한 후 필요한 조치를 할 것. 다만,

---

142) 산업안전보건법 제17조, 시행령 제16조 제1항 별표 3.
143) 산업안전보건법 제18조, 시행령 제20조 제1항 별표 5.
144) 산업안전보건법 제19조, 시행령 제24조.
145) 산업안전보건법 제22조, 시행령 제20조 제1항 별표 5.
146) 고용노동부, 앞의 책, 48쪽.

> 「산업안전보건법」 제36조에 따른 위험성평가를 하는 절차를 마련하고, 그 절차에 따라 위험성 평가를 직접 실시하거나 실시하도록 하여 실시 결과를 보고받은 경우에는 해당 업무절차에 따라 유해·위험요인의 확인 및 개선에 대한 점검을 한 것으로 본다.

일반적으로 형사처벌과 관련하여 가장 핵심적인 쟁점이 될 중요한 의무로서, ① 사업 또는 사업장의 특성에 따른 유해·위험요인을 확인하여 개선하는 업무절차를 마련하고, ② 이러한 업무절차의 이행을 반기 1회 이상 점검한 후 필요한 조치를 하여야 한다.

[참고] 유해·위험요인의 제거·대체 및 통제방안(예시)[147]

1. 재해 유형별 예방조치 방안

① 떨어짐

o 위험요인: 추락 위험이 있는 모든 장소
o 예방 방안: 교육·주의 등 비재정적인 방법을 포함하여 가능한 방법을
선택적으로 활용하여 합리적으로 요구되는 수준으로 관리되어야 함

① 제거·대체
- 설계·시공 시 개구부 최소화, 작업계획 수립단계에서 위험성평가 실시를
통한 추락 위험 장소 최소화

② 통제
- (공학적) 추락 위험 장소에 안전난간, 덮개, 추락방호망(Safety net) 등
추락방지 설비를 설치, 강관비계 아닌 시스템비계 사용
  * 규격화된 부재(수직재, 수평재, 가새재 등)를 안정적인 구조로 조립하여 사용하는 비계
- (행정적) 작업 전 관리감독자의 안전대 부착 설비와 추락방호망 점검 및
작업자들의 안전대 착용 지시, 추락위험 표지판 설치

③ 개인 보호구
- 모든 작업자는 언제나 안전모·안전대 등 보호구 착용

② 끼임

o 위험요인: 끼임 위험이 있는 기계·기구를 사용하는 작업
  * 위험기계에 대한 기본적인 안전조치는 산업안전보건기준에 관한 규칙 제2편 제3장 참고
o 예방 방안: 교육·주의 등 비재정적인 방법을 포함하여 가능한 방법을
선택적으로 활용하여 합리적으로 요구되는 수준으로 관리되어야 함

① 제거·대체
- 끼임 위험이 없는 자동화 기계 도입 또는 작업 방법·동선 고려

② 통제
- (공학적) 기계·설비의 작업점에 센서, 덮개 등 방호장치 설치, 기어·롤러의
말림점이나 벨트·체인 등 동력전달부에 방호덮개 설치
- (행정적) 방호조치와 안전인증(자율안전확인신고) 및 안전검사 여부 확인,
위험기계·기구의 정비·수리 등 비정형작업 전 운전 정지, 기동스위치 잠금
조치 및 표지판(조작금지) 설치(Lock Out, Tag Out), 작업허가제* 등
  * 작업부서가 소관 상급부서 또는 안전부서의 허가·승인을 거쳐 작업을 실시

③ 개인 보호구
- 말려 들어갈 위험이 없는 작업복 착용

---

3. 화재·폭발 재해 예방

o 위험요인: 화재·폭발 위험이 있는 물질이나 작업
  * 화학물질 위험성과 관리체계는 물질안전보건자료(MSDS)에서 확인
o 예방 방안: 교육·주의 등 비재정적인 방법을 포함하여 가능한 방법을
선택적으로 활용하여 재해방지를 위해 합리적으로 요구되는 수준으로
관리되어야 함

① 제거·대체
- 화기작업 시 내부 인화성 물질 제거 및 인근 가연물 제거, 건설공사 시
비가연성 자재로 대체

② 통제
- (공학적) 용접작업 시 용접불티 비산방지덮개 또는 용접방화포 설치
- (행정적) 화재·폭발 위험 장소에서 화기작업 시 작업장 내 위험물 현황을
파악하는 절차 수립, 화기작업 시 가스·분진 농도 측정 및 주기적
확인, 작업 중 화재감시자 배치

③ 개인 보호구
- 제전작업화 착용, 가스검지기 휴대, 방폭공구 사용

4. 질식 재해 예방

o 위험요인: 밀폐공간 등 질식 위험이 있는 모든 장소
  * 최근 10년 간(11~'20년) 밀폐공간 질식 재해자 316명 중 168명 사망(53.2%)

밀폐공간
- 근로자가 작업을 수행할 수 있는 공간으로서 환기가 불충분한 공간
- 산소결핍, 유해가스로 인한 질식, 화재·폭발 등의 위험이 있는 장소로서 산업
안전보건규칙에 관한 규칙 별표 18에서 정한 장소(18개 작업장소)
  * 산소결핍: 공기 중의 산소농도가 18% 미만인 상태
  * 유해가스: 밀폐공간에서 탄산가스, 일산화탄소, 황화수소 등 기체로서 인체에 유해한
영향을 미치는 물질

o 예방 방안: 교육·주의 등 비재정적인 방법을 포함하여 가능한 방법을
선택적으로 활용하여 재해 방지를 위해 합리적으로 요구되는 수준으로
관리되어야 함

① 제거·대체
- 설계단계부터 사업장 내 밀폐공간이 발생하지 않도록 작업장 조성, 밀폐
공간 내부의 기계기구 제거(예: 내부모터 → 외부로부터)

② 통제
- (공학적) 환기배기장치 설치, 유해가스 경보기 설치
- (행정적) 출입금지 표지판 설치, 작업허가제 도입, 작업 전 산소 및 유해
가스 농도 등 적정 상태 측정, 감시인 배치

③ 개인 보호구
- 송기마스크 착용

---

2. 비정형작업 재해 예방

① 비정형작업

o 작업조건, 방법, 순서 등 표준화된 반복성 작업이 아니고, 작업의 조건 등이 일상
적이지 않은 상태에서 이루어지는 정비·청소·급유·검사·수리 교체·조정 등의 작업
- (위험의 특성) 작업장비 ①위험이 특정 기계·설비에 국한되지 않음, ②생산효율을 위한
전원 미차단이나 방호장치 부재 또는 해체, 안전절차 및 교육 부재 등으로
인한 안전(人災)적 특성

o 비정형작업 재해예방 기법

① 정비 등의 작업시의 운전정지(Lock Out, Tag Out)

- 기계의 정비·수리 등 작업을 위해 가동을 중지할 경우, 제3자의 재가동을
방지하도록 잠금장치* 또는 표지판을 설치하는 재해예방기법
  * 전기 잠금장치, 스위치 잠금장치, 게이트별브 잠금장치, 볼밸브 잠금장치, 자물쇠·걸쇠 등

Lock-Out(잠금장치)

기계 등의 에너지 공급을 차단하여 안전한 상태로
유지하기 위해 사용되는 자물쇠·열쇠와 같은
잠금수단에 이용되는 장치

Tag-Out(표지판)

표지판을 제3자가 전거지고 가동하지 못하도록
에너지 차단장치와 기계가 통제되고 있음을 표시
하고 잠금장치가 통제된 상태를 확보하기 위해 사용
되는 꼬리표와 같은 경고표시

- (절차) 전원차단 준비 및 공지 → 정지 → 전원차단 및 잔류에너지 확인
  → 잠금장치·표지판 설치 → 정비 등 실시 → 주변상태 확인 및 공지
  → 잠금장치·표지판 제거 → 재가동

② 작업허가제

- 고위험 비정형작업의 경우, 작업부서가 소관 상급부서 또는 안전부서의
허가·승인을 거쳐 작업을 실시하는 안전관리기법

- (절차) 안전작업허가 신청(작업자) → 안전조치 확인 및 허가(안전담당자)
  → 작업(작업자) 및 감독(안전담당자) → 완료확인 및 허가서 보존(안전담당자)

---

3. 화학물질 관리

① 유해물질 관리

o 유해물질(유기화합물, 금속류, 산·알칼리류, 가스상태 물질류)은 근로자의
건강에 위해를 가하므로 엄격한 관리 필요
  * 산업안전보건법 시행규칙 별표 19(유해인자별 노출농도의 허용기준) 및
  고용노동부 고시 제2장 화학물질 및 물리적 인자의 노출기준 참고

o 유해물질 취급 전 반드시 물질안전보건자료(MSDS)를 참고하여 해당 물질의
유해위험성 및 적정 보호구, 비상 시 대응요령 숙지 필요

o 직업성 암 유발물질 등은 원칙적으로 제조·사용 등 금지(산안법 제117조),
대체 불가능한 화학물질은 고용노동부장관의 허가 필요(산안법 제118조)

o 관리대상유해물질(산업안전보건기준에 관한 규칙 별표12)은 산업안전보건
기준에 관한 규칙 제3편 제1장에 따라 사용

- 사업주는 제조등금지유해물질, 허가대상유해물질, 관리대상유해물질을 취급하는
근로자에게 취급 전후 특수건강검진을 실시해야 함
  * 특수건강진단 대상 유해물질은 산업안전보건법 시행규칙 별표22 참조
- 허가대상유해물질, 관리대상유해물질을 사용하는 사업주는 정기적으로 작업환경
측정을 실시해야 함
  * 작업환경측정 대상 유해물질은 산업안전보건법 시행규칙 별표21 참조
  * 30인 미만 사업장은 정부지원제도 활용 가능

② 위험물질 관리

o 화재·폭발 등의 원인이 되는 위험성을 가진 물질(위험물질)은 취급부주의 등에
따라 대형사고가 발생할 수 있으므로 반드시 안전수칙 준수 필요
  * ① 폭발성 물질 및 유기과산화물, ② 물반응성 물질 및 인화성 고체, ③ 산화성 액체·고체,
  ④ 인화성 액체, ⑤ 인화성 가스, ⑥ 부식성 물질, ⑦ 급성 독성 물질

o 대규모 재난을 야기할 수 있는 51종의 위험물질을 규정량 이상 사용하는
경우 공정안전보고서*작성 심사 및 이행 필요
  * 산업안전보건법 시행령 별표13 규정 유해·위험물질 규정량 참고
  ** 공정안전자료, 공정위험성평가서, 안전운전계획, 비상조치계획 등을 필수 기재

o (기타) 물리적·생물학적 인자를 제거·대체하지 못하는 경우 산업
안전보건기준에 관한 규칙에 따른 기준(제3편) 준수 필요
  * 소음·진동(제4장), 기압(제5장), 온도·습도(제6장), 방사선(제7장), 병원체(제8장), 분진(제9장),
  밀폐공간(제10장), 사무실(제11장), 근골격계부담작업(제12장), 기타(제13장)

---

147) 고용노동부, 앞의 책, 57~60쪽.

　　다만, 위 업무절차 마련에 대한 이행상황 점검 의무는 산업안전보건법 제
36조에 따른 '위험성평가'의 실시로 갈음할 수 있는데, 위 '위험성평가'란 유
해·위험요인을 파악하고 해당 유해·위험요인에 의한 부상 또는 질병의 발
생가능성(빈도)과 중대성(강도)을 추정·결정하고 감소대책을 수립하여 실행
하는 일련의 과정을 말한다.[148] 위험성 평가는 실시 시기별로 최초평가, 매년
정기적으로 하는 정기평가, 수시평가가 있고, 위험성평가 결과와 조치사항을
기록하여 3년간 보존하여야 한다(산업안전보건법 시행규칙 제37조 제2항).

[참고] 위험성평가 실시 흐름도[149]

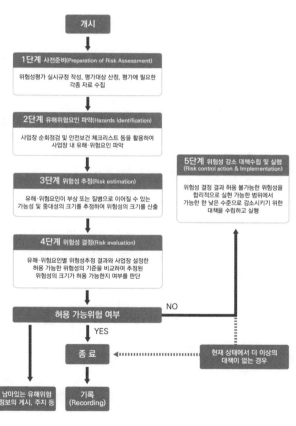

---

148) 사업장 위험성평가에 관한 지침(고용노동부 고시 제2020-53호) 제3조 제1항 제1호.
149) 고용노동부, 앞의 책, 65쪽.

그러나, 위험성평가의 실시는 점검을 한 것으로 간주하는 것이고, 점검 후 필요한 조치에 대한 의무이행까지 간주되는 것은 아니므로, 필요한 조치를 취할 의무는 별도로 이행하여야 한다.

라. 필요한 예산 편성 및 용도에 맞는 집행

> **시행령 제4조(안전보건관리체계의 구축 및 이행 조치)**
> 4. 다음 각 목의 사항을 이행하는 데 필요한 예산을 편성하고 그 편성된 용도에 맞게 집행하도록 할 것
> 　가. 재해 예방을 위해 필요한 안전·보건에 관한 인력, 시설 및 장비의 구비
> 　나. 제3호에서 정한 유해·위험요인의 개선
> 　다. 그 밖에 안전보건관리체계 구축 등을 위해 필요한 사항으로서 고용노동부장관이 정하여 고시하는 사항

사업주 또는 경영책임자등은 재해예방을 위해 필요한 안전·보건에 관한 인력, 시설, 장비의 구비와 유해·위험요인의 개선 및 안전보건관리체계 구축 등을 위하여 필요한 예산을 편성하고, 그 편성된 용도에 맞게 집행하도록 하여야 한다. 예산의 편성 시에는 예산 규모가 중요한 것이 아니라, 유해·위험요인을 어떻게 분석하고 평가했는지 여부가 중요하고, 예산이 편성되었더라도 사업장에서 용도에 맞게 제대로 집행되지 않으면 의무 위반에 해당한다. 다만, '필요한 예산'의 개념이 추상적이고 불명확하여 수사와 재판과정에서 이를 위반하였는지를 판단하기에 어려움이 있을 수 있다.[150]

> 【예시】
> ❶ 타워크레인 작업 시 신호수 배치(안전보건규칙 제146조제3항)
> ❷ 스쿠버 잠수작업 시 2명이 1조를 이루어 잠수작업을 하도록 할 것(안전보건규칙 제545조제1항)

---

150) 김·장법률사무소 중대재해대응팀, 앞의 책, 77쪽.

> ❸ 생활폐기물 운반 시 3명이 1조를 이루어 작업할 것(폐기물관리법 시행규칙 16조의3제2항제3호나목)
> ❹ 2인1조로 근무하여야 하는 위험작업과 해당 작업에 대한 6개월 미만인 근로자가 단독으로 수행할 수 없는 작업에 대한 기준 마련(공공기관의 안전관리에 관한 지침 제14조제3항) 등

마. 안전보건관리책임자등에게 필요한 권한과 예산 부여 및 업무수행평가

> **시행령 제4조(안전보건관리체계의 구축 및 이행 조치)**
>   5. 산업안전보건법 제15조, 제16조 및 제62조에 따른 안전보건관리책임자, 관리감독자 및 안전보건총괄책임자(이하 이 조에서 "안전보건관리책임자등"이라 한다)가 같은 조에서 규정한 각각의 업무를 각 사업장에서 충실히 수행할 수 있도록 다음 각 목의 조치를 할 것
>   가. 안전보건관리책임자등에게 해당 업무 수행에 필요한 권한과 예산을 줄 것
>   나. 안전보건관리책임자등이 해당 업무를 충실하게 수행하는지를 평가하는 기준을 마련하고, 그 기준에 따라 반기 1회 이상 평가·관리할 것

실질적으로 안전보건관리업무를 담당하고 있는 안전보건관리책임자(산업안전보건법 제15조), 관리감독자(산업안전보건법 제16조) 및 안전보건총괄책임자(산업안전보건법 제62조, 이하 '안전보건관리책임자등'이라 함)를 통하여 사업장에서 안전보건에 관한 제반업무가 이행되므로, 이들의 충실한 업무수행을 위하여 ① 안전보건관리책임자등에게 해당 업무수행에 필요한 권한과 예산을 주고, ② 해당 업무를 충실히 수행하는지를 평가하는 기준을 마련하고, 그 기준에 따라 반기 1회 이상 평가·관리하여야 한다. 이 의무의 경우에도 '충실히', '충실하게'라는 개념이 추상적이고 불명확하다는 비판이 있다.

바. 충분한 안전관리자 등 전문 인력 배치

시행령 제4조(안전보건관리체계의 구축 및 이행 조치)

6. 산업안전보건법 제17조부터 제19조까지 및 제22조에 따라 정해진 수 이상의 안전관리자, 보건관리자, 안전보건관리담당자 및 산업보건의를 배치할 것. 다만, 다른 법령에서 해당 인력의 배치에 대해 달리 정하고 있는 경우에는 그에 따르고, 배치해야 할 인력이 다른 업무를 겸직하는 경우에는 고용노동부장관이 정하여 고시하는 기준에 따라 안전·보건에 관한 업무 수행시간을 보장해야 한다.

사업주 또는 경영책임자등은 산업안전보건법 제17조부터 제19조까지 및 제22조에 따라 정해진 수 이상의 안전관리자, 보건관리자, 안전보건관리담당자 및 산업보건의를 배치하여야 한다. 다만, 다른 법령(기업활동 규제완화에 관한 특별조치법 제29조 등)에서 달리 정하고 있는 경우 해당 법령을 따르면 된다. 또한, 안전관리자, 보건관리자, 안전보건관리담당자가 법령상 겸직이 가능하여 다른 업무와 겸직하는 경우[151]에도, 고용노동부의 고시에 따라 안전·보건에 관한 업무수행시간을 보장하여야 한다.

사. 종사자 의견 청취 절차 마련 및 개선방안 등 이행점검

시행령 제4조(안전보건관리체계의 구축 및 이행 조치)

7. 사업 또는 사업장의 안전·보건에 관한 사항에 대해 종사자의 의견을 듣는 절차를 마련하고, 그 절차에 따라 의견을 들어 재해 예방에 필요하다고 인정하는 경우에는 그에 대한 개선방안을 마련하여 이행하는지를 반기 1회 이상 점검한 후 필요한 조치를 할 것. 다만, 「산업안전보건법」 제24조에 따른 산업안전보건위원회 및 같은 법 제64조·제75조에 따른 안전 및 보

---

151) 안전관리자는 산업안전보건법 시행령 제16조 제2항, 보건관리자는 동법 시행령 제20조 제2항, 안전보건관리담당자는 동법 시행령 제24조 제3항에 의하여 겸직이 가능한 경우가 있다.

> 건에 관한 협의체에서 사업 또는 사업장의 안전·보건에 관하여 논의하거
> 나 심의·의결한 경우에는 해당 종사자의 의견을 들은 것으로 본다.

안전·보건에 관한 종사자 의견 청취절차는 사업 또는 사업장의 특성에 따라 달리 정할 수 있고, 다양한 방법을 중첩적으로 활용할 수도 있다. 종사자 의견이 재해예방에 필요하다고 인정하는 경우에는 개선방안을 마련하여 이행하는지를 반기 1회 이상 점검한 후 필요한 조치를 하여야 한다. 이때 재해예방에 필요하다고 인정되는지 여부에 대한 구체적인 판단 기준은 사업 또는 사업장의 특성, 규모 등을 고려하여 합리적이고 자율적으로 결정해야 할 사항이다.152)

다만, 종사자 의견청취절차는 산업안전보건위원회(산업안전보건법 제24조), 안전 및 보건에 관한 협의체(산업안전보건법 제64조, 제75조)에서의 논의, 의결로써 갈음할 수 있다. 그러나, 의견청취절차를 제외한 개선방안 마련이나 이행조치는 갈음할 수 없다.

아. 매뉴얼 마련 및 조치 여부 점검

> **시행령 제4조(안전보건관리체계의 구축 및 이행 조치)**
>
> 8. 사업 또는 사업장에 중대산업재해가 발생하거나 발생할 급박한 위험이 있을 경우를 대비하여 다음 각 목의 조치에 관한 매뉴얼을 마련하고, 해당 매뉴얼에 따라 조치하는지를 반기 1회 이상 점검할 것
>   가. 작업 중지, 근로자 대피, 위험요인 제거 등 대응조치
>   나. 중대산업재해를 입은 사람에 대한 구호조치
>   다. 추가 피해방지를 위한 조치

중대산업재해가 발생하거나 발생할 급박한 위험이 있는 경우를 대비하여 ① 작업 중지,153) 근로자 대피, 위험요인 제거 등 대응조치, ② 중대산업재해

---

152) 고용노동부, 앞의 책, 83쪽.
153) 산업안전보건법 제52조(근로자의 작업중지) 참조.

를 입은 사람에 대한 구호조치, ③ 추가 피해방지를 위한 조치에 관한 매뉴
얼을 마련하고, 해당 매뉴얼에 따라 조치하는지를 반기 1회 이상 점검하여야
한다. 일반적으로 준비된 경우가 많지 않은 '중대산업재해가 발생할 급박한
위험이 있는 경우'에 대비한 매뉴얼의 준비가 필요하고, 준비된 매뉴얼은 종
사자 전원에게 공유되어야 한다.

자. 도급, 용역, 위탁시 안전보건 확보를 위한 절차 마련 및 이행상황 점검

> **시행령 제4조(안전보건관리체계의 구축 및 이행 조치)**
> 9. 제3자에게 업무의 도급, 용역, 위탁 등을 하는 경우에는 종사자의 안전·
>   보건을 확보하기 위해 다음 각 목의 기준과 절차를 마련하고, 그 기준과
>   절차에 따라 도급, 용역, 위탁 등이 이루어지는지를 반기 1회 이상 점검할
>   것
>   가. 도급, 용역, 위탁 등을 받는 자의 산업재해 예방을 위한 조치 능력과
>   기술에 관한 평가기준·절차
>   나. 도급, 용역, 위탁 등을 받는 자의 안전·보건을 위한 관리비용에 관한
>   기준
>   다. 건설업 및 조선업의 경우 도급, 용역, 위탁 등을 받는 자의 안전·보건
>   을 위한 공사기간 또는 건조기간에 관한 기준

  제3자에게 업무를 도급, 용역, 위탁 등을 하는 경우에, 종사자의 안전·보
건을 확보하기 위해 도급, 용역, 위탁 등을 받는 자의 ① 산업재해 예방을 위
한 조치 능력과 기술에 관한 평가기준·절차, ② 안전·보건을 위한 관리비용
에 관한 기준, ③ 건설업 및 조선업의 경우에는 안전·보건을 위한 공사기간
또는 건조기간에 관한 기준과 절차를 마련하고, 그 기준과 절차에 따라 이루
어지는지를 반기 1회 이상 점검하여야 한다. 이는 수급인 선정시 안전보건에
관한 역량이 우수한 업체가 선정될 수 있도록 하고 기준과 절차에 미달하는
업체와는 계약하지 않도록 하려는 것이다.

3. 재해발생시 재발방지대책 수립 및 이행에 관한 조치

이 의무의 경우 법 제4조 제1항 제1호나 제4호와는 달리 대통령령에 위임한 구체적인 내용이 없으므로, 해당 법률조항을 해석하여 판단해야 하는데, 여기서의 '재해'는 중대산업재해에 한하는 것이 아니라 산업안전보건법상 경미한 산업재해를 포함한다고 보아야 하지만, 경영책임자등에게 재발방지대책의 수립을 기대할 수 있는 정도의 산업재해에 한정된다고 해석된다.

재해발생이 중대재해처벌법 시행 이전에 있었던 것이라면 해당 의무를 부과하는 것은 죄형법정주의에 반하므로, 재해발생은 법 시행 이후에 발생한 산업재해에 한정되고, 재발방지대책의 수립은 발생한 재해에 대한 조사와 결과 분석, 현장 담당자 및 전문가의 의견 수렴 등을 통해 발생원인을 파악하고, 재해가 재발하지 않도록 파악된 유해·위험 요인별 제거·대체 및 통제 방안을 검토하여 종합적인 개선 대책을 수립하는 일련의 조치를 말한다.[154]

하인리히 법칙(1:29:300의 법칙)

- 어떤 대형사고가 발생하기 전에는 그와 관련된 수십 차례의 경미한 사고와 수 백번의 징후들이 반드시 나타난다는 것을 뜻하는 통계적 법칙
- 큰 재해는 항상 사소한 것들을 방치할 때 발생하므로 문제나 오류를 초기에 신속히 발견해 대처해야 한다는 의미로 사용

---

4. 중앙행정기관 등의 개선·시정명령 이행에 관한 조치

중앙행정기관, 지방자치단체가 개선 또는 시정을 명한 사항이 이행되지 않은 경우에는 해당 법령에 따른 처분과는 별개로 개선·시정명령 미이행으로 인해 중대산업재해가 발생하였다면 중대재해처벌법에 따른 처벌대상이 될 수 있다.

위 2호와 마찬가지로 대통령령에의 위임이 없으므로 법 규정 자체로 판단해야 하는데, 여기서 '개선·시정명령'은 안전·보건 관계 법령에 따라 시행

---

154) 고용노동부, 앞의 책, 95쪽.

한 행정처분155)을 의미하고 행정지도나 권고, 조언은 포함되지 않는다. 위 2호와 마찬가지로 법 시행일 이후에 내려진 개선·시정명령만이 대상이 된다고 할 것이다.

5. 안전·보건 관계 법령에 따른 의무이행에 필요한 관리상의 조치

> **시행령 제5조(안전·보건 관계 법령에 따른 의무이행에 필요한 관리상의 조치)** ① 법 제4조제1항제4호에서 "안전·보건 관계 법령"이란 해당 사업 또는 사업장에 적용되는 것으로서 종사자의 안전·보건을 확보하는 데 관련되는 법령을 말한다.
>
> ② 법 제4조제1항제4호에 따른 조치에 관한 구체적인 사항은 다음 각 호와 같다.
>
> 1. 안전·보건 관계 법령에 따른 의무를 이행했는지를 반기 1회 이상 점검(해당 안전·보건 관계 법령에 따라 중앙행정기관의 장이 지정한 기관 등에 위탁하여 점검하는 경우를 포함한다. 이하 이 호에서 같다)하고, 직접 점검하지 않은 경우에는 점검이 끝난 후 지체 없이 점검 결과를 보고받을 것
> 2. 제1호에 따른 점검 또는 보고 결과 안전·보건 관계 법령에 따른 의무가 이행되지 않은 사실이 확인되는 경우에는 인력을 배치하거나 예산을 추가로 편성·집행하도록 하는 등 해당 의무 이행에 필요한 조치를 할 것
> 3. 안전·보건 관계 법령에 따라 의무적으로 실시해야 하는 유해·위험한 작업에 관한 안전·보건에 관한 교육이 실시되었는지를 반기 1회 이상 점검하고, 직접 점검하지 않은 경우에는 점검이 끝난 후 지체 없이 점검 결과를 보고받을 것
> 4. 제3호에 따른 점검 또는 보고 결과 실시되지 않은 교육에 대해서는 지체 없이 그 이행의 지시, 예산의 확보 등 교육 실시에 필요한 조치를 할 것

'안전·보건 관계 법령'이란 구체적으로 열거되지 아니하고 포괄적으로 규정되어 있지만, 산업안전보건법령을 중심으로, 이에 한정되지 아니하고 광산

---

155) 산업안전보건법 제53조에 따른 고용노동부장관의 시정조치(사용중지, 작업중지 명령 등), 제56조에 따른 중대재해 발생원인 조사 등의 조치를 말한다.

안전법, 원자력안전법, 항공안전법, 선원법, 폐기물관리법 등이 포함될 수 있을 것이다.[156] '의무이행에 필요한 관리상의 조치' 의무는 안전·보건 관계 법령상의 의무를 직접 이행하도록 하는 의무가 아니라, 각 사업장의 안전·보건 관계 법령에 따른 법적 의무이행 과정을 전반적으로 점검하고 그 결과를 평가하는 별도의 조직을 두어, 경영책임자가 그 조직을 통해 사업장의 법상 의무이행을 해태함이 없도록 하기 위한 제반 조치들을 이행할 의무를 말한다.

이러한 관리상 조치의 내용은 ① '안전·보건 관계 법령에 따른 의무 이행 여부에 대한 반기 1회 이상 점검 및 필요한 조치'(시행령 제5조 제2항 제1호, 제2호)와 ② '유해·위험한 작업에 관한 안전·보건 교육 실시 여부 반기 1회 이상 점검 및 교육 실시에 필요한 조치'(시행령 같은항 제3호, 제4호)로 규정되어 있고, 제1호의 점검은 안전관리전문기관(산업안전보건법 제17조), 보건관리전문기관(산업안전보건법 제18조), 안전보건진단기관(산업안전보건법 제47조), 건설재해예방전문지도기관(산업안전보건법 제73조) 등에게 위탁점검이 가능하다.

제3절 도급, 용역, 위탁 등 관계에서의 안전 및 보건 확보의무

> **제5조(도급, 용역, 위탁 등 관계에서의 안전 및 보건 확보의무)** 사업주 또는 경영책임자 등은 사업주나 법인 또는 기관이 제3자에게 도급, 용역, 위탁 등을 행한 경우에는 제3자의 종사자에게 중대산업재해가 발생하지 아니하도록 제4조의 조치를 하여야 한다. 다만, 사업주나 법인 또는 기관이 그 시설, 장비, 장소 등에 대하여 실질적으로 지배·운영·관리하는 책임이 있는 경우에 한정한다.

---

156) 고용노동부, 앞의 책, 104쪽.

1. 개요

도급, 용역, 위탁 등으로 인한 이른바 '위험의 외주화'는 중대재해처벌법의 중요한 입법배경이라 할 수 있다. 이에 중대재해처벌법은 개인사업주나 기관이 제3자에게 도급, 용역, 위탁 등을 행한 경우에도 해당 시설, 장비, 장소 등에 대하여 실질적으로 지배·운영·관리하는 책임이 있는 경우에는 사업주 또는 경영책임자등에게 제3자의 종사자를 중대산업재해에서 보호할 의무(제4조의 안전·보건 확보 의무)를 부여하고 있다.

중대재해처벌법은 산업안전보건법과 달리 도급 외에도 '용역, 위탁 등' 법률관계에 대해서도 확대 적용하고 있고, 장소적으로도 제한규정이 없이 시설, 장비, 장소 등에 대하여 실질적으로 '책임'이 있는 경우라면 안전보건 확보의무가 있다고 규정하고 있다.

2. 제3자에게 도급, 용역, 위탁 등을 행한 경우

'도급'은 산업안전보건법(제2조 제6호)에서의 개념과 같이 '그 명칭이나 형식에 관계없이 물건의 제조·건설·수리 또는 서비스 제공 등 어떤 일을 수행할 것을 타인에게 맡기는 계약'으로 해석된다. '건설공사발주자'[157]의 경우에는 실질적으로 공사의 시공에 적극적으로 관여하는 경우에는 산업안전보건법상 도급인으로서 중대재해처벌법 제4조나 제5조의 책임을 부담할 수 있지만, 그 외의 경우에는 제외된다고 할 것이다.[158]

3. 시설, 장비, 장소 등에 대하여 실질적으로 지배·운영·관리하는 책임이 있는 경우

도급인의 사업장에서 발생한 사고라 하더라도 실질적 지배책임이 인정되

---

157) 산업안전보건법 제2조(정의) 제10호 "건설공사를 도급하는 자로서 건설공사의 시공을 주도하여 총괄·관리하지 아니하는 자를 말한다. 다만, 도급받은 건설공사를 다시 도급하는 자는 제외한다."

158) 김·장법률사무소 중대재해대응팀, 앞의 책, 119~120쪽 참조.

지 않는 경우가 있고, 사업장 밖의 시설이라도 도급인의 책임이 인정되는 경우가 있을 수 있다.

고용노동부는 '실질적으로 지배·운영·관리하는 책임이 있는 경우'란 '중대산업재해 발생원인을 살펴 해당 시설이나 장비, 장소에 관한 소유권, 임차권, 그 밖에 사실상의 지배력을 가지고 있어 위험에 대한 제어 능력이 있다고 볼 수 있는 경우를 의미한다'라고 한다.[159] 다만, 그 판단에 있어서는 발생원인을 따져 사실상 결과 책임으로 확대되거나 단순히 민사상 권리의 존부를 기준으로 판단해서는 안 되고, 해당 시설 등에 대한 위험을 통제하는 관점에서 '법률 또는 계약관계에 의한 책임'으로 해석하여 개별적이고 구체적으로 판단해야 할 것이다.

사례연구

① A가 공장의 일부를 B에게 임대하였는데, B가 해당 장소에서 도급을 주어 작업을 진행하다가 중대재해가 발생한 경우 - 해당 장소의 임대인인 A와 임차인 B가 소유권, 임차권 등의 사실상 지배력이 인정되어 실질적으로 지배·운영·관리하는 책임이 인정된다면 제5조의 책임을 질 수 있다.

② A는 배달업무를 B에게 위탁하고 있는데, B의 배달종사자가 도로에서 배달을 하다가 사고를 당한 경우 - A는 B의 종사자에 대해서도 안전·보건확보의무가 있으나, 사업장이 아닌 도로는 실질적으로 지배·운영·관리하는 장소가 아니므로 책임범위를 벗어난 것이다.

③ A가 B에게 공사를 하도급 주었는데, B의 직원이 중대재해를 입은 경우 - 하수급인 B는 제4조에 따라 책임여부를 따져봐야 하고, 하도급인 A의 경우, 실질적으로 지배·운영·관리하는 사업 또는 사업장이 아니더라도 재해가 발생한 시설, 장비, 장소에 대하여 실질적으로 지배·운영·관리하는 책임이 있다면 제5조의 책임을 부담할 수 있다.

---

159) 고용노동부, 앞의 책, 109쪽.

4. 법 제4조와 제5조의 관계 - '제3자의 종사자'의 의미

중대재해처벌법 제4조가 보호대상으로 규정하고 있는 '종사자'는 근로자뿐만 아니라 계약의 형식에 관계없이 노무를 제공하는 자도 포함되는 개념이므로, 사업이 여러 차례의 도급 등에 따라 행하여지는 경우에 해당 근로자 및 노무제공자뿐만 아니라 수급인 및 수급인의 근로자의 노무제공자까지 모두 '종사자'에 해당한다. 따라서 제5조의 규정이 없다고 하더라도 제3자의 종사자는 보호된다고 할 수 있는데, 제5조가 어떤 독자적인 의미를 가지는지 의문이 제기된다.

이에 관하여 고용노동부는 제4조는 "여러 차례 도급을 주는 경우에도 실질적으로 지배·운영·관리하는 사업 또는 사업장에서 도급 등 업무가 이루어지는 경우, 각 단계의 수급인 및 수급인의 종사자 등 모든 종사자에 대한 안전 및 보건 확보의무를 부과한 것"이고, 제5조는 "사업 또는 사업장을 실질적으로 지배·운영·관리하고 있지 않다 하더라도, 해당 시설, 장비, 장소 등에 대하여 도급인 등이 실질적으로 지배·운영·관리하는 '책임'이 있는 경우, 해당 종사자에 대한 안전 및 보건 확보의무를 부과한 것"이라고 해석한다.[160)]

	법 제4조	법 제5조
의무주체	사업주 및 경영책임자등	사업주 및 경영책임자등
보호대상	종사자	제3자의 종사자
의무규정	제4조 제1항 각호	제4조 제1항 각호
적용범위	실질적으로 지배·운영·관리하는 사업 또는 사업장인 경우	제3자에게 도급, 용역, 위탁 등을 행한 경우
적용방법	경영적 차원에서 지배·운영·관리 등 위험제어 능력 범위내 우선 적용	시설, 장비, 장소 등에 대하여 실질적 지배·운영·관리 '책임'이 있는 경우에만 적용

---

160) 고용노동부, 앞의 책, 108쪽.

제4절 사업주와 경영책임자등의 처벌

> **제6조(중대산업재해 사업주와 경영책임자등의 처벌)** ① 제4조 또는 제5조를 위반하여 제2조제2호가목의 중대산업재해에 이르게 한 사업주 또는 경영책임자등은 1년 이상의 징역 또는 10억원 이하의 벌금에 처한다. 이 경우 징역과 벌금을 병과할 수 있다.
>
> ② 제4조 또는 제5조를 위반하여 제2조제2호나목 또는 다목의 중대산업재해에 이르게 한 사업주 또는 경영책임자등은 7년 이하의 징역 또는 1억원 이하의 벌금에 처한다.
>
> ③ 제1항 또는 제2항의 죄로 형을 선고받고 그 형이 확정된 후 5년 이내에 다시 제1항 또는 제2항의 죄를 저지른 자는 각 항에서 정한 형의 2분의 1까지 가중한다.

1. 개요

중대재해처벌법의 형사처벌은 사업주 또는 경영책임자등이 법 제4조 또는 제5조를 위반하였다고 하여 바로 처벌하는 것이 아니고, 이러한 위반행위로 중대산업재해에 이르게 한 경우에만 처벌한다. 즉, 개인사업주나 경영책임자에게 법 제4조 또는 제5조의 안전 및 보건 확보의무를 직접적으로 부과하고, 그 의무를 위반하여 중대산업재해(제2조 제2호)가 발생하게 되면, 이에 대한 책임을 묻는 것이다. 사망자가 발생한 중대산업재해는 법 제6조 제1항에 의해 처벌되고, 부상자가 발생하였거나 직업상 질병자가 발생한 중대산업재해는 같은 조 제2항에 따라 처벌된다.

법률적으로는 사업주 또는 경영책임자라는 신분이 있어야 범죄가 성립하는 '신분범'161)에 해당하고, '결과적 가중범'162)과 유사한 형식이나, 산업안전

---

161) 범죄 구성요건상 행위자에게 일정한 신분이 요구되는 범죄로 수뢰죄, 위증죄 등이 이에 해당한다.

162) 일정한 고의에 기한 범죄행위(기본범죄)가 이를 초과하여 행위자가 예견하지 못한 중

보건법상 안전조치위반치사죄, 보건조치위반치사죄(산업안전보건법 제167조 제
1항)는 결과적 가중범으로서 안전조치위반죄(산업안전보건법 제168조 제1항) 등
의 기본범죄가 처벌되지만, 중대재해처벌법상 형사처벌은 기본범죄가 처벌되
지 아니한다는 점에서 구별된다.[163]

2. 구성요건

동 범죄가 성립되기 위해서는 ① 사업주 또는 경영책임자등의 법 제4조 또
는 제5조의 안전보건확보의무 위반행위, ② 법 제4조 또는 제5조의 의무 불
이행에 대한 고의(미필적 고의[164] 포함), ③ 중대산업재해의 발생, ④ 의무위반
과 중대산업재해라는 결과발생 사이의 인과관계, ⑤ 결과발생에 대한 예견가
능성이 인정되어야 한다.

인과관계와 관련하여, 우리 대법원은 이른바 '상당인과관계설'의 입장에서
인과관계의 존부를 '결과발생의 개연성'으로 판단하여, 그 행위로부터 그 결과
가 발생하는 것이 경험상 일반적일 때 형법상의 인과관계를 긍정하고 제3자의
중대한 과실이 개입되고 그 때문에 중한 결과가 발생한 경우에는 인과관계의
상당성을 부정한다. 중대재해처벌법위반죄는 부작위범의 형태를 가지고 있으
므로, 안전보건 확보의무를 이행하였다면 중대재해가 발생하지 않을 것이라는
관계가 인정되어야 둘 사이에 인과관계가 있다고 평가할 수 있을 것이다.[165]

산업안전보건법위반 사건에 관하여 대법원은 "직무상 의무위반과 사상의 결
과 사이의 상당인과관계는 직무상 의무위반이 사상이라는 결과를 발생하게 한
유일하거나 직접적인 원인이 될 경우만이 아니라, 직무상 의무위반과 사상의
결과 사이에 피해자나 제3자의 과실 등 다른 사실이 개재된 때에도 그와 같은
사실이 통상 예견될 수 있는 것이라면 인정될 수 있다."고 판시하고 있다.[166]

한 결과를 발생시킨 경우에 그 중한 결과에 대해서까지 형사책임을 묻는 범죄를 말
한다. 상해치사죄, 현주건조물방화치사상, 강도치사상죄 등이 그 예이다.
163) 고용노동부, 앞의 책, 112쪽.
164) 결과의 발생이 불확실한 경우, 결과발생에 대한 확실한 예견은 없으나 결과발생가능
성에 대해 인식하고 결과발생을 용인하는 내심의 의사가 있는 경우를 말한다.
165) 김·장법률사무소 중대재해대응팀, 앞의 책, 232~233쪽 참조.
166) 대법원 2014. 7. 24. 선고 2014도6206 판결.

3. 가중처벌

법 제6조 제3항은, 법 제6조 제1항 또는 제2항의 죄로 형을 선고받고 그 형이 확정된 후 5년 이내에 재범을 저지른 경우에는 가중처벌하고 있는데, 여기서 재범의 판단 시점은 중대산업재해 발생일(사망자 1명, 부상자 2명 또는 직업성 질병자 3명 발생한 날)이다.

또한, 앞의 범행과 뒤의 범행이 같은 조항의 죄를 저지른 경우가 아니더라도[167] 법 제6조 제3항의 가중처벌규정이 적용된다고 해석된다.

4. 양벌규정

> **제7조(중대산업재해의 양벌규정)** 법인 또는 기관의 경영책임자등이 그 법인 또는 기관의 업무에 관하여 제6조에 해당하는 위반행위를 하면 그 행위자를 벌하는 외에 그 법인 또는 기관에 다음 각 호의 구분에 따른 벌금형을 과한다. 다만, 법인 또는 기관이 그 위반행위를 방지하기 위하여 해당 업무에 관하여 상당한 주의와 감독을 게을리하지 아니한 경우에는 그러하지 아니하다.
> 1. 제6조제1항의 경우: 50억원 이하의 벌금
> 2. 제6조제2항의 경우: 10억원 이하의 벌금

중대재해처벌법은, 법인 또는 기관의 경영책임자등이 그 법인 등 업무에 관하여 안전보건 확보의무를 위반하여 중대산업재해에 이르게 한 경우 해당 경영책임자등을 처벌하는 외에 그 법인 또는 기관 그 자체를 벌금형으로 처벌한다. 다만, 국가는 형벌권의 주체이지 객체가 될 수 없어 양벌규정에 의한 처벌대상이 되지 않는다.

다만, 법인 또는 기관이 그 위반행위를 방지하기 위하여 해당 업무에 관하여 상당한 주의와 감독을 게을리하지 아니한 경우에는 예외로 하는데, '상당한 주의와 감독을 게을리 하였는지 여부'의 판단은 당해 위반행위와 관련된

---

167) 앞의 범행이 법 제6조 제2항의 죄이고, 뒤의 범행이 제6조 제1항의 죄인 경우 또는 그 반대의 경우.

모든 사정, 즉 당해 법률의 입법취지, 처벌조항 위반으로 예상되는 법익 침해의 정도, 그 위반행위에 관하여 양벌규정을 마련한 취지 등은 물론 위반행위의 구체적인 모습과 그로 인하여 실제 야기된 피해 또는 결과의 정도, 법인의 영업 규모 및 행위자에 대한 감독가능성 또는 구체적인 지휘감독 관계, 법인이 위반행위 방지를 위하여 실제 행한 조치 등을 전체적으로 조합하여 판단한다.[168] 현실적으로는 최고책임자인 경영책임자등의 범죄행위가 인정되어 처벌되는 경우 이들에 대한 상위기관을 상정하기 어려우므로, 법인이 면책조항에 의해 책임을 면하기는 어려울 것이다.[169]

제5절 기타사항

1. 안전보건교육의 수강의무

> **제8조(안전보건교육의 수강)** ① 중대산업재해가 발생한 법인 또는 기관의 경영책임자등은 대통령령으로 정하는 바에 따라 안전보건교육을 이수하여야 한다.
> ② 제1항의 안전보건교육을 정당한 사유 없이 이행하지 아니한 경우에는 5천만원 이하의 과태료를 부과한다.
> ③ 제2항에 따른 과태료는 대통령령으로 정하는 바에 따라 고용노동부장관이 부과·징수한다.

중대산업재해가 발생한 경우 경영책임자등은 경각심을 가지고 재발방지대책을 세워야 하므로, 이를 촉구하기 위하여 중대재해처벌법은 법인 또는 기관의 경영책임자등에게 안전보건교육 이수의무를 부여하고 있다. 개인사업주

---

168) 대법원 2010. 2. 25. 선고 2009도5824 판결.
169) 김·장법률사무소 중대재해대응팀, 앞의 책, 266쪽.

는 교육 의무이수 대상에 포함되지 않으며, 경영책임자등이 법 제4조 및 제5
조의 의무를 위반하였는지는 고려하지 않고 중대산업재해의 발생만으로도 의
무가 발생한다.

　교육시간과 내용, 시기와 방법, 비용부담 등은 시행령 제6조에 규정되어 있다.

시행령 제6조(안전보건교육의 실시 등) ① 법 제8조제1항에 따른 안전보건교육
(이하 "안전보건교육"이라 한다)은 총 20시간의 범위에서 고용노동부장관이
정하는 바에 따라 이수해야 한다.

② 안전보건교육에는 다음 각 호의 사항이 포함되어야 한다.

　1. 안전보건관리체계의 구축 등 안전·보건에 관한 경영 방안

　2. 중대산업재해의 원인 분석과 재발 방지 방안

③ 고용노동부장관은 「한국산업안전보건공단법」에 따른 한국산업안전보건공단
이나 「산업안전보건법」 제33조에 따라 등록된 안전보건교육기관(이하 "안전보
건교육기관등"이라 한다)에 안전보건교육을 의뢰하여 실시할 수 있다.

④ 고용노동부장관은 분기별로 중대산업재해가 발생한 법인 또는 기관을 대상으로
안전보건교육을 이수해야 할 교육대상자를 확정하고 안전보건교육 실시일 30일 전
까지 다음 각 호의 사항을 해당 교육대상자에게 통보해야 한다.

　1. 안전보건교육을 실시하는 안전보건교육기관등

　2. 교육일정

　3. 그 밖에 안전보건교육의 실시에 필요한 사항

⑤ 제4항에 따른 통보를 받은 교육대상자는 해당 교육일정에 참여할 수 없는
정당한 사유가 있는 경우에는 안전보건교육 실시일 7일 전까지 고용노동부장관
에게 안전보건교육의 연기를 한 번만 요청할 수 있다.

⑥ 고용노동부장관은 제5항에 따른 연기 요청을 받은 날부터 3일 이내에 연기
가능 여부를 교육대상자에게 통보해야 한다.

⑦ 안전보건교육을 연기하는 경우 교육일정 등의 통보에 관하여는 제4항을 준
용한다.

⑧ 안전보건교육에 드는 비용은 안전보건교육기관등에서 수강하는 교육대상자
가 부담한다.

⑨ 안전보건교육기관등은 안전보건교육을 실시한 경우에는 지체 없이 안전보건

교육 이수자 명단을 고용노동부장관에게 통보해야 한다.

⑩ 안전보건교육을 이수한 교육대상자는 필요한 경우 안전보건교육이수확인서를 발급해 줄 것을 고용노동부장관에게 요청할 수 있다.

⑪ 제10항에 따른 요청을 받은 고용노동부장관은 고용노동부장관이 정하는 바에 따라 안전보건교육이수확인서를 지체 없이 내주어야 한다.

경영책임자등이 정당한 사유없이 교육을 미이수한 경우, 5천만원 이하의 과태료 부과대상이 되는데(법 제8조 제2항), 해당 과태료는 아래의 기준(별표 4)에 따라 고용노동부장관이 부과·징수한다(시행령 제7조).

■ **중대재해 처벌 등에 관한 법률 시행령 별표 4**
과태료의 부과기준(제7조 관련)

1. 일반기준
   가. 위반행위의 횟수에 따른 과태료의 가중된 부과기준은 최근 1년간 같은 위반행위로 과태료 부과처분을 받은 경우에 적용한다. 이 경우 기간의 계산은 위반행위에 대해 과태료 부과처분을 받은 날과 그 처분 후 다시 같은 위반행위를 하여 적발된 날을 기준으로 한다.
   나. 가목에 따라 가중된 부과처분을 하는 경우 가중처분의 적용 차수는 그 위반행위 전 부과처분 차수(가목에 따른 기간 내에 과태료 부과처분이 둘 이상 있었던 경우에는 높은 차수를 말한다)의 다음 차수로 한다.
   다. 부과권자는 다음의 어느 하나에 해당하는 경우에는 제3호의 개별기준에 따른 과태료(제2호에 따라 과태료 감경기준이 적용되는 사업 또는 사업장의 경우에는 같은 호에 따른 감경기준에 따라 산출한 금액을 말한다)의 2분의 1 범위에서 그 금액을 줄여 부과할 수 있다. 다만, 과태료를 체납하고 있는 위반행위자에 대해서는 그렇지 않다.
      1) 위반행위자가 자연재해·화재 등으로 재산에 현저한 손실을 입었거나 사업여건의 악화로 사업이 중대한 위기에 처하는 등의 사정이 있

는 경우

2) 위반행위가 사소한 부주의나 오류로 인한 것으로 인정되는 경우

3) 위반행위자가 법 위반상태를 시정하거나 해소하기 위해 노력한 것이 인정되는 경우

4) 그 밖에 위반행위의 정도, 위반행위의 동기와 그 결과 등을 고려하여 과태료 금액을 줄일 필요가 있다고 인정되는 경우

2. 사업·사업장의 규모나 공사 규모에 따른 과태료 감경기준

상시근로자 수가 50명 미만인 사업 또는 사업장이거나 공사금액이 50억원 미만인 건설공사의 사업 또는 사업장인 경우에는 제3호의 개별기준에도 불구하고 그 과태료의 2분의 1 범위에서 감경할 수 있다.

3. 개별기준

위반행위	근거 법조문	과태료		
		1차 위반	2차 위반	3차 이상 위반
법 제8조제1항을 위반하여 경영책임자 등이 안전보건교육을 정당한 사유없이 이행하지 않은 경우	법 제8조제2항	1천만 원	3천만 원	5천만 원

2. 심리절차에 관한 특례

제14조(심리절차에 관한 특례) ① 이 법 위반 여부에 관한 형사재판에서 법원은 직권으로 「형사소송법」 제294조의2에 따라 피해자 또는 그 법정대리인(피해자가 사망하거나 진술할 수 없는 경우에는 그 배우자·직계친족·형제자매를 포함한다)을 증인으로 신문할 수 있다.

② 이 법 위반 여부에 관한 형사재판에서 법원은 검사, 피고인 또는 변호인의 신청이 있는 경우 특별한 사정이 없으면 해당 분야의 전문가를 전문심리위원으로 지정하여 소송절차에 참여하게 하여야 한다.

중대재해처벌법 제14조에서는 법원이 형사재판에서 직권으로 피해자 또는 그 법정대리인을 증인으로 신문할 수 있도록 하였다, 또한 검사, 피고인 또는 변호인의 신청이 있는 경우 특별한 사정이 없으면 해당 분야의 전문가를 전문심리위원으로 지정하여 소송절차에 참여하게 할 수 있다고 규정하고 있다.

피해자 등을 법원이 직권 신문할 수 있다는 것은 노동재해 사건에서 합의가 되지 않은 경우, 산재 인정 여부에 다툼이 있는 경우 의미가 있다. 특히 피해자 인 근로자는 사고 현장을 목격하였고, 사고 원인에 대해 잘 알 수 있으므로 실체적 진실을 파악하기 위해 직권으로 증인신문이 가능하도록 한 것이다. 피해자의 진술과 관련해서는 형사소송법상 피해자 증언 관련 규정들이 적용된다.[170]

기업 실무자들은 피해자인 근로자에 대한 진술 회유, 번복, 은닉 등을 유도 하여서는 절대 안 된다. 다만, 합의 등의 문제로 다소 과장된 진술이 나올 가 능성도 배제할 수 없으므로 동료 근로자나 목격자 등 회사측 증인도 확보해 야 할 것이다.

법원은 재판 당사자의 신청이 있으면 전문심리위원을 지정하여 소송절차에 참여시킬 수 있다. 전문위원은 대부분 한국산업안전보건공단 소속 직원이 될 가능성이 크다. 공단 소속 직원들은 중대재해 발생 초기부터 근로감독관과 함께 사고 원인 등을 조사하게 되며 해당 분야 전문지식을 갖춘 인력들이므로 재판에서 사고 원인을 분석하는데 도움이 될 수 있다. 다만 전문위원들은 공단 소속이므로 아무래도 고용노동부나 검찰의 입장을 대변할 우려가 있기 때문에, 피고인 등 반대 입장에서는 증거기록 중 공단에서 작성한 재해결과 보고서에 대해 다른 전문가나 기관에 사실조회를 신청하거나, 전문위원의 의견에 대해 적극 반박하는 방식으로 소송에 임해야 할 것이다.

3. 형 확정 사실의 통보 등

> **제12조(형 확정 사실의 통보)** 법무부장관은 제6조, 제7조, 제10조 또는 제11조에 따른 범죄의 형이 확정되면 그 범죄사실을 관계 행정기관의 장에게 통보하여야 한다.

---

170) 김 · 장법률사무소 중대재해대응팀, 앞의 책, 270쪽.

법무부장관은 중대재해처벌법 제6조(중대산업재해 사업주 등 처벌), 제7조(중대산업재해 양벌규정), 제10조(중대시민재해 사업주 등 처벌), 제11조(중대시민재해 양벌규정)에 따른 범죄의 형이 확정되면 그 범죄사실을 관계 행정기관의 장에게 통보하여야 한다. 강행규정이므로 형이 확정되면 예외없이 통보하게 되며, 범죄사실 및 형의 종류(벌금, 징역형 등)까지 통보된다. 중대재해처벌법 제6조 제1항, 제2항(중대산업재해 사업주 등 처벌)의 죄로 형이 확정된 후 5년 이내에 다시 같은 죄를 저지른 경우에는 각 항에서 정한 형의 2분의 1까지 가중해야 하고(동법 제6조 제3항), 산업안전보건법에서도 비슷한 규정이 있으며, 중대재해처벌법이나 산업안전보건법위반으로 형이 확정된 경우 주무관청의 허가 취소 등 행정처분을 해야 하므로 형 확정 사실 통보를 규정하였다. 다만 이에 대해 관계 행정기관이 고용노동부인지, 국토교통부인지, 중소벤처기업부인지 또는 산하 외청인지 불명확하다는 견해가 있다.[171]

4. 중대산업재해 발생사실 공표

> **제13조(중대산업재해 발생사실 공표)** ① 고용노동부장관은 제4조에 따른 의무를 위반하여 발생한 중대산업재해에 대하여 사업장의 명칭, 발생 일시와 장소, 재해의 내용 및 원인 등 그 발생사실을 공표할 수 있다.
> ② 제1항에 따른 공표의 방법, 기준 및 절차 등은 대통령령으로 정한다.

고용노동부장관은 발생한 중대산업재해에 대하여 사업장의 명칭, 발생 일시와 장소, 재해의 내용 및 원인 등 그 발생사실을 공표할 수 있다. 또한 산업안전보건법 제10조도 고용노동부장관이 산업재해를 예방하기 위하여 대통령령으로 정하는 사업장의 근로자 산업재해 발생건수, 재해율 또는 그 순위 등을 공표하여야 한다고 규정하고 있다.

중대재해처벌법은 시행령에서 중대재해로 형이 확정된 사업장을 공표 대상으로 하고, 산업안전보건법은 대통령령에서 정하는 사망재해자 연간 2명

---

171) 김 · 장법률사무소 중대재해대응팀, 앞의 책, 272쪽.

이상 발생, 사망만인율이 규모별 같은 업종 평균 이상, 중대산업사고 발생, 산업재해 발생사실 은폐, 산업재해 발생보고 최근 3년간 2회 이상 누락한 기업을 공표대상으로 하고 있다.

시행령 제12조(중대산업재해 발생사실의 공표) ① 법 제13조제1항에 따른 공표 (이하 이 조에서 "공표"라 한다)는 법 제4조에 따른 의무를 위반하여 발생한 중대산업재해로 법 제12조에 따라 범죄의 형이 확정되어 통보된 사업장을 대상으로 한다.

② 공표 내용은 다음 각 호의 사항으로 한다.

   1. "중대산업재해 발생사실의 공표"라는 공표의 제목
   2. 해당 사업장의 명칭
   3. 중대산업재해가 발생한 일시·장소
   4. 중대산업재해를 입은 사람의 수
   5. 중대산업재해의 내용과 그 원인(사업주 또는 경영책임자등의 위반사항을 포함한다)
   6. 해당 사업장에서 최근 5년 내 중대산업재해의 발생 여부

③ 고용노동부장관은 공표하기 전에 해당 사업장의 사업주 또는 경영책임자등에게 공표하려는 내용을 통지하고 30일 이상의 기간을 정하여 그에 대해 소명자료를 제출하게 하거나 의견을 진술할 수 있는 기회를 주어야 한다.

④ 공표는 관보, 고용노동부나 「한국산업안전보건공단법」에 따른 한국산업안전보건공단의 홈페이지에 게시하는 방법으로 한다.

⑤ 제4항에 따라 홈페이지에 게시하는 방법으로 공표하는 경우 공표기간은 1년으로 한다.

이러한 노동재해가 발생한 사실이 관보나 인터넷에 공표될 경우 기업 가치에 타격이 될 수 있으므로 기업 실무자로서는 대응이 필요하다. 중대재해처벌법 시행령 제12조 제3항은 공표하기 전에 사업장의 사업주에게 공표하려는 내용을 통지하고 30일 이상 기간을 정하여 소명자료를 제출하게 하거나 의견을 진술할 수 있는 기회를 주도록 하였으므로 재판 과정에서 제출한 증

거자료를 제출하는 등 소명 기회를 적극 이용하여야 한다.

최근 고용노동부는 매년 1회 이상 사망재해 발생 등 산업재해 예방조치 의무를 위반한 사업장 명단을 적극 공표하고 있다.[172)]

5. 징벌적 손해배상

> **제15조(손해배상의 책임)** ① 사업주 또는 경영책임자등이 고의 또는 중대한 과실로 이 법에서 정한 의무를 위반하여 중대재해를 발생하게 한 경우 해당 사업주, 법인 또는 기관이 중대재해로 손해를 입은 사람에 대하여 그 손해액의 5배를 넘지 아니하는 범위에서 배상책임을 진다. 다만, 법인 또는 기관이 해당 업무에 관하여 상당한 주의와 감독을 게을리하지 아니한 경우에는 그러하지 아니하다.
>
> ② 법원은 제1항의 배상액을 정할 때에는 다음 각 호의 사항을 고려하여야 한다.
> 1. 고의 또는 중대한 과실의 정도
> 2. 이 법에서 정한 의무위반행위의 종류 및 내용
> 3. 이 법에서 정한 의무위반행위로 인하여 발생한 피해의 규모
> 4. 이 법에서 정한 의무위반행위로 인하여 사업주나 법인 또는 기관이 취득한 경제적 이익
> 5. 이 법에서 정한 의무위반행위의 기간·횟수 등
> 6. 사업주나 법인 또는 기관의 재산상태
> 7. 사업주나 법인 또는 기관의 피해구제 및 재발방지 노력의 정도

중대재해처벌법은 형사처벌규정과는 별개로 제15조에서 징벌적 손해배상책임을 도입하였다. 산업안전보건법에는 민사상 손해배상에 대한 규정이 없는 것과 대비된다. 즉, 사업주 또는 경영책임자등이 고의 또는 중대한 과실로 인해 중대재해를 발생시킨 경우, 피해자에게 손해액의 5배를 넘지 않는 범위에서 민사상 손해배상책임을 지도록 하고 있다. 이러한 징벌적 손해배상은

---

172) 고용노동부 홈페이지 보도자료 2022. 12. 28. 사망재해 발생 등 산업재해 예방조치 의무를 위반한 723개 사업장 명단 공표 https://moel.go.kr/news/enews/report/enewsView.do?news_seq= 14453.

악의적이고 중대한 행위에 대한 전보 배상을 넘어 발생한 손해액 이상을 배상하게 함으로써 사실상 형사처벌에 준하는 불이익을 가하는 것으로 영미법계에서 주로 도입되어 활용되고 있다.[173] 이에 대해 민법에 형벌적 성격이 가미되어 이중처벌금지 원칙에 위배되는 것이 아니냐는 비판도 제기된다.[174]

사업주 등에 대해 전보 배상을 초과하는 금전적 불이익을 가하여 의무이행을 확보하려는 이유는 기존 금전적 제재인 벌금형, 과태료, 과징금, 영업정지, 민법상 손해배상으로는 효과가 미미하다는 반성적 고려에 따른 것으로서, 이에 따라 중대재해처벌법에 특별규정을 도입하였다. 현행 법률 중 징벌적 손해배상 제도가 규정된 법률은 하도급거래 공정화에 관한 법률, 기간제 및 단시간 근로자 보호등에 관한 법률, 신용정보의 이용 및 보호에 관한 법률, 대리점거래의 공정화에 관한 법률, 파견근로자 보호에 관한 법률, 가맹사업 거래의 공정화에 관한 법률, 환경보건법, 축산계열화사업에 관한 법률, 특허법, 부정경쟁방지 및 영업비밀보호에 관한 법률, 대·중소기업 상생 협력 촉진에 관한 법률 등 대체로 갑을관계나 사회적 약자 보호를 위한 법률에 규정되어 있다.[175]

징벌적 손해배상이 인정되기 위해서는 사업주 등의 고의 또는 중대한 과실로 인해 노동재해가 발생하여야 한다. 만일 노동재해로 인해 사업주 등이 형사처벌을 받았다면 중대재해처벌법, 산업안전보건법위반이 고의범인 이상 사업주 등의 고의가 인정된다고 할 것이므로 징벌적 손해배상이 인정될 여지가 크다. 다만 사업주 등이 무혐의 내지 무죄를 받았을 경우 중과실이 인정되는지 여부가 문제될 수 있다. 형사절차에서 무혐의를 받았다고 하여도 중과실이 인정될 수도 있으므로 실무자 입장에서는 노동재해 관련 민사소송에서 중과실 인정 여부에 대해서도 대응해야 할 필요가 있다.[176]

---

173) 김·장 법률사무소 중대재해대응팀, 앞의 책, 276쪽.
174) 송인택, 앞의 책, 370쪽.
175) 김·장 법률사무소 중대재해대응팀, 앞의 책, 277쪽.
176) 대법원 2021. 6. 3. 선고 2016다34007 판결. 민사책임과 형사책임은 지도이념 및 증명책임의 부담과 증명의 정도 등에서 서로 다른 원리가 적용된다. 불법행위에 따른 형사책임은 사회의 법질서를 위반한 행위에 대한 책임을 묻는 것으로서 행위자에 대한 공적인 제재(형벌)를 내용으로 함에 비하여, 민사책임은 타인의 법익을 침해한 데 대하여 행위자의 개인적 책임을 묻는 것으로서 피해자에게 발생된 손해의 전보를 내

  중과실 인정 기준으로는 안전조치 미확보 등이 일회성인지, 지속적인지, 지속되었다면 어느 정도 기간인지, 사업주 등의 자금력, 인력, 기업의 규모 등에 비추어 충분히 안전조치 의무를 확보할 수 있었음에도 만연히 이를 방치한 것인지, 노동재해 발생에 피재해자의 귀책사유가 전혀 없는 경우, 사업주 등을 위해 행위하는 자의 중과실로 인해 노동재해가 발생한 경우, 동종 노동재해가 이전에도 발생한 경우 등을 생각할 수 있다.

용으로 하고 손해배상제도는 손해의 공평·타당한 부담을 지도원리로 하는 것이므로, 형사상 범죄를 구성하지 않는 침해행위라고 하더라도 그것이 민사상 불법행위를 구성하는지는 형사책임과 별개의 관점에서 검토되어야 한다.

노동재해실무

주요 노동재해 사례 및 처벌수위

제4장

제1절 서설

우리나라는 1970년 이후 급속한 산업화를 이루면서 안전에 대한 인식 부족으로 크고 작은 노동재해 사건이 발생하였다. 산업재해로 인한 사망자수를 살펴보면 아래 표와 같다. 물론 산업재해 중에 질병재해[177)로 인한 사망자 수가 많으나, 사고로 인한 사망자 수도 연간 1,000명에 육박하여 외부적 요인에 의한 사망 중 자살, 교통사고를 이어 3번째로 많은 비중을 차지하고 있다.[178)

연도별 사고 사망자 수[179)

연도	2014	2015	2016	2017	2018	2019	2020	2021	2022
사고 사망자	992	955	969	964	971	855	882	828	874

---

177) 질병재해(산업재해보상보험법, 제37조제1항) 업무수행 과정에서 물리적 인자, 화학물질, 분진, 병원체, 신체에 부담을 주는 업무 등 근로자의 건강에 장해를 일으킬 수 있는 요인을 취급하거나 그에 노출되어 발생한 질병, 업무상 부상이 원인이 되어 발생한 질병, 직장 내 괴롭힘, 고객의 폭언 등으로 인한 업무상 정신적 스트레스가 원인이 되어 발생한 질병, 그 밖에 업무와 관련하여 발생한 질병.

178) 2022. 9. 27. 대한민국 정책브리핑, 통계청, 2021년 사망원인통계.

179) 한국산업안전보건공단 홈페이지 내 자료마당, '산업재해 통계'.

우리가 기억하는 주요 노동재해 사례로는 2013년 S전자 불산누출사건, 2013년 여수산단 화학공장 폭발사건, 2016년 구의역 스크린도어 사망사건, 2018년 진해 조선소 선박 폭발사건, 2018년 태안화력발전소 하청업체 근로자 사망사건, 2020년 이천시 물류창고 화재사건, 2022년 광주 아파트 붕괴사건 등이 있다. 모두 너무 가슴아픈 사건이고 이로 인해 중대재해처벌법이 제정되는 등 노동계에 많은 변화를 가져온 사건들이다. 그러나 아직 노동재해로 인한 사망이 위 표에서 본 것처럼 급격하게 감소하였다고 보기 어렵고, 여전히 노동현장 곳곳에서 재해가 발생하고 있다.

특히 중대재해처벌법 시행으로 과거에 발생하였던 사건에 대해 중대재해처벌법이 적용되는지 여부가 문제된다. 최근 광주 화정동 아파트 붕괴사건은 불과 며칠 차이로 중대재해처벌법이 적용되지 않아 언론의 관심을 끌었다.

중대재해처벌법이 적용되기 위해서는 1) 중대재해처벌법상 중대재해 결과의 발생, 2) 경영책임자등 의무주체, 3) 경영책임자의 안전보건 확보의무 특정 및 의무위반 여부, 4) 안전보건 확보의무 위반과 중대재해 결과 사이의 인과관계, 5) 안전보건 확보의무 위반에 대한 고의 및 결과에 대한 예견가능성 등을 확인해야 한다. 안전보건 확보의무 관련해서 그 사업장이 해당 법인이 실질적으로 지배, 운영, 관리하는 사업장인지, 해당 사업 또는 사업장의 특성 및 규모 등을 고려하여야 할 것이다.

최근 2023. 4. 6.에 중대재해처벌법위반에 대한 법원의 첫 판결[180]이 선고되었는데, 해당 판결에 대해 쌍방 모두 항소하지 않아 판결은 확정되었다. 본 건은 2022. 5. 고양시 요양병원 증축 공사현장에서 일하던 노동자 1명이 추락하여 사망하였고, 검찰은 원청 회사 대표에 대해 안전보건관리체계 구축 및 이행 조치를 하지 않은 혐의로 중대재해처벌법위반 및 산업안전보건법위반죄로 기소하였고, 법원은 원청 회사 대표에게 징역 1년 6개월, 집행유예 2년을 선고하였다. 법원은 동종 전과가 없고, 피해자와 합의가 된 점을 고려하여 대표에게 유죄를 인정하면서도 집행유예를 선고한 것으로 보인다. 그 이후 선고된 두 번째 중대재해처벌법위반사건 판결에 대해서는 아래에서 후술한다.

---

180) 의정부지법고양지원 2023. 4. 6. 선고 2022고단3254 판결.

이하에서는 주요 노동재해에 대한 사례를 검토하여 예방책을 찾아보도록 하겠다. 그리고 실제로 어느 정도 형사책임을 지게 되는지 살펴보아 경영자 및 실무자, 노동자들이 경각심을 가질 수 있도록 하겠다.

제2절 반도체공장 불산누출사건

1. 개요

대기업의 경우 본사와 공장이 여러 군데 있고, 사업 분야도 다양하여 과연 특정 사업 분야, 특정 지역 공장에서 노동재해가 발생한 경우 어디까지 법률적 책임을 지게 되는지 종종 문제된다. 또한 특정 지역 공장 내 위험물질에 대한 유지·보수 업무를 도급 내지 위탁한 경우 그 위험물질로 인한 재해가 발생한 경우 원청에 대해 어느 범위까지 책임을 물을 수 있는지도 문제된다. 피해자 입장에서는 그 사업으로 인해 직접적인 이익을 얻는 원청에 대해 책임을 묻고 싶고, 원청 입장에서는 가급적 하청업체 선에서 마무리하고 싶어 한다. 중대재해처벌법 시행 이후 '경영책임자' 개념 도입으로 원청의 책임 소지가 커졌으나, 아직까지 원청 오너에 대해 경영책임자로 인해 책임을 물은 사례는 찾아보기 힘들다.

아래 사례도 중대재해처벌법 시행 이전 사건으로 결론적으로 원청에 대해 책임을 물을 수 없었으나, 검찰에서 원청 회사 임원에 대해 적극적으로 산업안전보건법위반으로 기소하여 재판에서 치열한 공방이 이루어졌던 사건이다.

2. 사건의 경과

S전자 화성사업장에서 불산이 담긴 탱크 2대가 제조설비 구역에 필요한 불산을 공급하였고, 2013. 1. 27. 불산이 담긴 탱크 아랫부분 밸브 연결부위에

서 불산이 누출되었다. 불산 누출을 확인한 직원이 상부에 이를 보고한 후 전 직원에게 불산 누출사실을 통지하였다. 탱크 유지보수 업체는 S전자 담당 자에게 밸브 교체를 진행하겠다고 보고하였고, S전자 담당자는 보호복 착용 등에 대한 지시나 감독없이 작업을 승인하였다. 유지보수 업체 노동자들은 비상사태 발생시 작업수칙 및 계획서 미작성, 안전기준에 적합한 보호복 미 비, 작업관리자 미지정 상태에서 밸브 교체 및 설비 점검을 하였고, 그로 인 한 불산 중독으로 유지보수 업체 근로자 1명 사망, 4명이 상해를 입게 되었다.

검찰은 S전자 직원 4명에 대해 긴급 누출 등에 대한 비상대응 매뉴얼을 작 성하는 등 예방대책마련을 소홀히 한 업무상과실로 기소하였다. 또한, S전자 전무 및 법인에 대해서 사업의 일부를 분리하여 도급을 주는 도급사업주로서 수급인의 근로자가 산업재해 발생위험이 있는 장소에서 작업을 함에도 위험 방지조치를 하지 않은 혐의로 산업안전보건법위반죄 및 업무상과실치사상죄 로 기소하였다. S전자 전무가 불산 누출 사고 발생 후 주말 또는 야간의 긴급 누출 등에 대한 비상대응 매뉴얼을 작성하지 않았고 매뉴얼을 점검하지 않은 과실 및 안전보건조치의무 위반 혐의가 있다고 본 것이다. 물론 유지보수 업 체 법인, 임직원들도 업무상과실치사상, 산업안전보건법위반죄로 기소하였다.

유지보수 업체 법인, 임직원에 대해서는 법원에서도 2018. 10. 최종적으로 모두 유죄가 인정되었고, 벌금형이 선고되었다.[181] 쟁점은 S전자 법인과 최 고위직인 S전자 전무에 대한 산업안전보건법위반 인정 여부였다.

3. 법원의 판단

검찰은 안전보건업무를 총괄하는 안전관리책임자인 S전자 전무를 산업안전 보건법상 행위자로 특정하여 기소하였으나, 법원은 피고인이 인프라기술 센터 장이기는 하나, 업무위탁계약에 따라 탱크 유지보수 업체가 안전관리 업무를

---

181) 최고 벌금 1천만원, 최저 벌금 400만원이 선고되었고, 피해자와 합의한 점 등을 고려 하여 벌금형이 선고된 것으로 보인다. 수원지방법원 2014. 10. 31. 선고 2013고단 6589, 수원지방법원 2016. 7. 7. 선고 2014노6828, 대법원 2018. 10. 25. 선고 2016 도11847 판결.

담당한 점, 유지보수 업체 담당부서는 피고인이 아니라 다른 부서장인 점, 안전보호구 구매 관련 업무는 부장이 최종 승인하고, 시설 등 점검 관련 업무는 기술팀 과장이 최종 승인한 점, S전자의 규모, 조직체계, 사무분담 및 피고인의 지위에 비추어 위 전무는 산업안전보건법상 행위자가 아니라고 하였다.

검찰은 이에 대해 항소심에서 원청회사를 수범자로 하고, 위 전무를 양벌규정에 따라 처벌되는 형태로 예비적으로 공소장을 변경하였으나, 항소심에서도 무죄가 선고되고 대법원에서 확정되었다.

위 사건이 만일 중대재해처벌법 시행 이후 발생하였다면 S전자 전무를 경영책임자등으로 볼 수 있을 것이다. 특히 S전자처럼 사업별로 조직이 나누어지고 전무가 사업 조직 책임자로서 업무를 총괄하여 사업의 실질적인 의사결정 및 실행주체로 볼 수 있다면 경영책임자로 보아야 할 것이다. 물론 위 전무가 안전보건 확보의무를 소홀히 했는지 여부는 경영책임자 인정 여부와 별도로 검토해야 할 것이다.

다만, 위 사건에서 원청 전무에 대해 산업안전보건법상 안전보건조치의무를 이행할 행위자라고 인정하지 않았으므로 중대재해처벌법이 적용되더라도 법원에서 안전보건 확보의무를 위반하였다고 보기는 어렵다고 생각된다.

제3절 구의역 스크린도어 사망사건

1. 개요

'위험의 외주화', 중대재해처벌법이 제정되는 계기가 된 사건 중 하나로 구의역 스크린도어 정비원 사망사건을 들 수 있다. 아웃소싱이라는 명칭 하에 한때 기업에서 직접 해야 할 일을 외부기업에 도급, 하청하는 사례가 종종 있었다. 특히 힘들고, 어렵고, 위험한 이른바 3D 분야는 원가 절감, 경영 혁신이라는 명목 하에 외주화하는 경우가 많았다. 위험의 외주화는 사기업뿐만 아니라 공기업에서도 원가 절감을 통한 개혁방안으로 많이 이루어졌다.

정직원을 고용해서 맡길 경우 많은 비용 부담이 드는 위험한 업무를 통째로 외부 기업에 하도급할 경우 인건비도 절감되고, 사고로 인한 위험 부담도 면할 수 있게 된다. 그러나 이에 대해 위험을 영세업체에 전가하고, 안전조치를 기업이 소홀히 할 수 있다는 여론이 높아지고, 사고 발생 위험이 높은 정비 업무를 위탁받은 영세업체의 근로자들이 사망하는 사고가 발생하자 점차 줄어들고 있는 추세이다.

2. 사건의 경과

2016. 5.경 서울 지하철 2호선 구의역에서 단독으로 선로측 스크린도어 정비 중 젊은 정비원이 들어오는 열차에 치어 사망하는 사고가 발생하였다. 정비원은 도시철도를 운영하는 S메트로 본사 직원이 아닌, 철도 스크린도어 관리 운영업무를 하청받은 업체 소속 직원이었다. 스크린도어 정비 작업은 2인 1조가 되어 진행하여야 함에도 정비원 혼자 작업하다가 들어오는 열차를 피하지 못하고 변을 당하였다.

스크린도어는 지하철 승객의 안전을 위한 중요한 설비이고, 고장 발생시 지하철 운행이 지연되는 등 사업에 큰 영향을 미치는 분야이다. S메트로는 스크린도어 관리 정비 사업을 하청업체에 위탁하여 안전관리에 관한 모든 책임을 하청업체에 부과하였고, '스크린도어 장애 신고 접수시 1시간 이내 출동 완료, 고장 접수 24시간 이내 미처리시 지연배상금 부과' 등 특약 조건을 포함시켰다.

사고 발생 후 언론에서는 젊은 청년이 혼자 선로에 내려가 스크린도어 정비 작업을 하다 사망한 것에 대해 원청인 S메트로의 안전불감증을 비판하였고, 특히 9개월 전에 동일한 사고가 발생하였음에도 다시 안타까운 사고가 발생한 점에 주목하였다.

이에 검찰은 2017. 5.경 S메트로 사장을 포함하여 본사 임직원 6명, 구의역 직원 2명, 스크린도어 정비업체 임원 1명 등 9명과 각 법인을 업무상과실치사, 산업안전보건법위반죄로 기소하였다. 검찰은 S메트로 본사 임직원, 서울

메트로 구의역 직원, 스크린도어 정비업체 임직원은 정비원이 선로 측에 진입하여 스크린도어를 수리할 경우 2인 1조 작업(1인 정비, 1인 열차진입 감시)이 필수라는 점을 인식하고 있었음에도 각각 다음과 같은 과실이 있다고 발표하였다. S메트로 본사 임직원들은 2015. 8. 강남역에서 유사사고가 발생한 이후에도 2인 1조 작업이 불가능한 인력부족 상황을 방치하고, 사고 재발방지를 위해 도입한 '스크린도어 장애현황 수집시스템' 설비를 활용하지 않고, S메트로 구의역 직원들은 정비원의 안전을 위해 자체 시행하고 있던 스크린도어 장애 발생 시 대응조치를 미이행하고, 스크린도어 정비업체 임직원들은 2인 1조 작업이 불가능한 인력부족 상황을 방치하면서 사고 당일에도 피해자 1인이 사고 현장에 출동 후 작업하도록 한 과실이 있다는 것이 검찰이 발표한 내용이었다.

검찰은 사고 원인에 대해 산업안전보건기준에 관한 규칙(고용노동부령) 중 궤도 보수에 관한 규정 및 2015. 8. 강남역 스크린도어 정비원 사망 사고 이후 S메트로가 시행한 안전대책 등에 의하면, 선로 측에서 수리 작업을 할 경우 2인 1조 작업이 필수임에도 피해자가 단독으로 현장에 출동하여 작업한 것이 직접적 원인이라고 하였다. 또한 강남역 사고 이후 재발방지를 위해 구비한 '스크린도어 장애현황 수집 시스템' 설비에 대한 담당자도 지정하지 않는 등 설비를 활용하지 않고, 2인 1조 작업을 하기 위해 정비업체에게 약속한 인원만큼의 정비원을 증원해주지도 않았으며, 현장점검 등을 통해 2인 1조 작업 실시 여부를 관리 감독하지 않는 등 주의의무를 위반한 것으로 보았다.

심지어 구의역 역무원들은 사고 전 본사 종합관제소로부터 스크린도어 장애발생 통보를 받고 역무실 내에서 장애발생 알람이 울렸음에도, 현장 상황을 점검한 후 본사에 보고하여 열차운행이 조절될 수 있도록 조치하지 않고, 스크린도어를 개방하고 선로 측에서 수리작업을 하기 위해 역무실에 들어와 스크린도어 마스터키를 꺼내 가는 피해자에게 2인 1조 작업 관리 감독을 위한 역사작업신청대장 등 서류 작성을 요구하지 않았다. 또한 정비업체 임직원들도 2인 1조 작업 실시가 불가능한 인력부족 상태를 방치하면서 1인 작업이 실시될 수밖에 없는 인원 구성으로 수리작업반을 계속 편성 운영하고, 1인 작업이 실시된 경우에도 정비원들이 2인 1조 작업이 실시된 것처럼 관련

서류를 허위로 작성하는 것을 묵인하였다.

3. 법원의 판단

재판 결과 법원은 S메트로 사장에게 업무상과실치사죄로 벌금 1천만원, 안전관리본부장에게 벌금 500만원을 선고하였고, 스크린도어 정비업체 대표에게 업무상과실치사, 산업안전보건법위반죄로 징역 1년, 집행유예 2년을 선고하였다.[182] S메트로 사장에게 업무상과실치사죄로 유죄가 선고된 점은 2인 1조 작업이 현실적으로 불가능한 상황을 개선하지 않고 묵인한 점이 인정되었기 때문으로 보인다. 다만 피해자와 합의한 점을 고려하여 벌금형이 선고되었고, 제일 책임이 무거운 정비업체 대표에게도 집행유예 형이 선고되었다.

이 사건에서 S메트로에 대해서 산업안전보건법은 인정되지 않았다. 법원은 피해자와 실질적 고용관계가 없었고, 도급인이라고 하더라도 같은 장소에서 행하여지는 사업의 일부가 아닌 전부를 도급한 것으로 보아 도급인의 책임도 물을 수 없다고 하였다. 다만 최근 산업안전보건법에 의하면 사업의 일부이든, 전부이든 도급인의 책임이 인정되므로 이제는 산업안전보건법위반죄가 성립할 수 있다.

이 사건에서 S메트로에 대해 중대재해처벌법이 적용될 수 있는지 문제된다. 이 사건은 언론에서 크게 관심을 가졌고, 2인 1조 작업이 불가능한 상황이 너무 명백하여 원청업체에 쉽사리 인정되지 않는 업무상과실치사죄도 인정된 점에 비추어 S메트로 사장에게도 중대재해처벌법이 인정될 여지가 크다. 특히 중대재해처벌법은 지방공기업의 장에게도 적용되며, 몇 달 전에 동종 사고가 발생하였음에도 위험원인을 그대로 방치하였고, 스크린도어 유지보수업체는 S메트로의 지배 관리를 받았다고 볼 수 있으므로 S메트로에 중대재해처벌법이 적용될 수 있다고 생각한다.

이 사건 이후 S메트로는 자회사를 설립하여 스크린도어 정비업무를 직영체제로 전환하고 스크린도어 정비 업무 담당자도 150명에서 264명으로 증원하기로 하였다.

---

182) 서울동부지방법원 2018. 6. 8. 선고 2017고단1506 판결; 서울동부지방법원 2019. 8. 22. 선고 2018노831판결; 대법원 2019. 11. 14. 2019도13257 판결.

제4절 진해 조선소 선박 폭발사건

1. 개요

노동재해가 주로 발생하는 업종 중에 선박 건조 등 조선업도 포함된다. 조선업은 대형강판을 이용한 조립 및 용접작업, 수십미터 높이에서 진행되는 고공작업, 밀폐된 공간에서 유해물질을 이용한 도색작업 등 노동재해가 발생할 여지가 많다. 특히 선박 내부 도장 작업은 밀폐된 공간에서 이루어지고, 비계나 발판 등도 제대로 갖추어지지 않은 경우가 많아 매우 위험한 작업이다. 밀폐된 공간 내부 도장 작업의 경우 작업등이 폭발하는 것을 방지하기 위해 방폭등을 주로 사용한다. 안전인증 기준을 갖추지 못한 방폭등을 사용할 경우 도장 물질에서 발생하는 인화성 가스로 인해 폭발할 위험이 있다.

선박 건조 작업도 분야별 단계별로 도급이 이루어지고 노동자들도 수시로 변경되어 안전교육이 완전하게 이루어지지 않는 경우가 있다. 이 사건도 석유운반선 탱크 안 도장 작업 중 폭발이 일어났고, 하청업체 노동자가 사망한 사건이다.

이 사건에서는 원청업체 간부인 조선소 현장소장도 산업안전보건법위반죄로 처벌을 받았다. 선박 건조업체 실무자 입장에서는 단계별로 위험한 작업을 구분하여 산업안전보건기준에 관한 규칙에 따른 안전보건조치 이행 여부를 수시로 확인하여야 한다. 하도급을 준 작업이라도 안전조치 준수 여부를 확인하여야 하고, 이를 장부나 업무시스템에 남겨놓아야 한다.

2. 사건의 경과

2017. 8.경 진해에 있는 S조선소 내에서 석유운반선 RO탱크 안에서 도장 작업 중 발생한 인화성 가스의 폭발로 하청업체 노동자 4명이 사망하였다. 폭발원인으로 RO탱크 안으로 유입된 인화성 가스가 방폭등 램프의 유리구

표면 또는 발광판 표면과 접촉하여 페인트 등 혼합성 인화가스의 발화점 이상에서 폭발이 발생하였을 것으로 추정되고, RO탱크 도장작업은 페인트 및 경화제를 스프레이 방식으로 분사하여 이루어지므로 그 과정에서 인화성 가스가 발생하여 화재, 폭발 위험이 있음에도 도장 작업시 충분한 환기설비를 설치하지 않았고, 작업현장에 설치된 방폭등이 안전인증 기준을 위반하거나, 방폭 기능을 상실한 것으로 확인되었다. 또한 S조선소는 방폭등의 수리, 관리 등의 업무를 협력업체에 하도급 준 후 적절한 방폭기능 유지에 대한 관리를 소홀히 한 과실도 있었으며, S조선소의 담당 직원들은 위험작업 허가절차, 밀폐공간 작업절차 등 기본적인 안전수칙을 준수하지 않았고, 하도급업체나 재하도급업체 관리자들 또한 위험작업 절차나 안전교육 등을 실시하지 않았다.

3. 법원의 판단

법원도 조선소 안전보건총괄책임자로 전반적인 안전관리를 소홀히 한 책임을 물어 전 S조선소 진해조선소장에게 징역 1년 6개월에 집행유예 3년, 벌금 500만원을 선고했다.[183] 이와 함께, 산업안전보건법상 양벌규정에 따라 S조선소 법인에 벌금 2천만원, 하청업체 법인에게 벌금 1천만원을 선고했다.

본건도 노동자가 4명이나 사망하는 중대한 재해였으며 안전기준에 맞는 방폭등을 사용하고, 환기를 철저히 했다면 막을 수 있는 인재였다. 본건도 중대재해처벌법이 시행되었다면 조선소장에 대해 중대재해처벌법을 적용할 수 있었을 것이다. 다만 S조선소 본사 대표이사에게 중대재해처벌법을 적용하기는 기업 규모나, 본사의 위치, 현장 업무의 독립성 등을 고려하면 다소 어려웠을 것으로 보인다.

---

183) 창원지방법원 2018. 5. 3. 선고 2017고단3731 판결.

제5절 태안화력발전소 하청업체 근로자 사망사건

1. 개요

위에서 언급했듯이 중대재해처벌법 제정까지 너무 안타까운 사고가 많이 있었다. 중대재해처벌법이 제정 당시 김용균법이라고 불린 것처럼 발전소 하청업체 근로자 고 김용균씨 사고는 중대재해처벌법 제정에 막대한 영향을 미쳤다.

구의역 스크린 도어 사고와 같이 발전소 근로자 사망사건도 2명이 같이 근무하였다면 재해를 예방할 수 있었다고 생각한다. 인건비, 근로시간 등으로 인해 2인 1조 근무가 영세업체에 쉽지 않지만 근로자 사망 등 중대 노동재해가 발생하는 것을 막을 수 있다면 당연히 감수해야 할 비용이다. 발전소, 스크린도어 정비 작업 외에도 간단한 천장 전등을 교체하는 작업도 혼자 할 경우 사다리에서 추락하여 사망하는 등 노동재해 발생 가능성이 높다.

근로자의 안전은 근로자 본인의 주의도 중요하지만 동료의 관심, 협조도 매우 중요하다. 최근 도로 작업 현장에 보면 신호수가 배치되어 보행자를 안내하는 경우를 종종 볼 수 있다. 신호수 배치 의무도 산업안전보건법에 따라 이루어지는 것이지만 신호수 배치로 인해 장비 작업시 근로자뿐 아니라 시민의 안전도 보장될 수 있다. 신호수를 배치하는 것처럼 위험한 작업은 모두 2인 1조로 실시하고 굳이 기능직 근로자가 아니더라도 작업을 지켜보고 위험을 경고하는 역할을 할 수 있는 근로자를 배치하면 안타까운 노동재해를 줄일 수 있다고 생각한다.

2. 사건의 경과

2018. 12. 11.경 태안화력발전소에서 하청업체 소속 근로자 고 김용균씨(당시 24세)가 밤늦은 시간 혼자 발전소 점검 작업을 하다가 안전조치가 미비된

컨베이어벨트에 몸이 끼여 사망하는 사고가 발생하였다.

검찰은 노동청으로부터 사건을 송치받은 이후 대규모 압수수색 등 보완수사를 통해 원청인 A발전 대표이사 등 임직원 9명, 하청업체 대표이사 등 5명과 각 법인을 업무상과실치사 및 산업안전보건법위반 혐의로 불구속 기소하였다. 검찰은 안전사고의 위험이 상존하는 부문을 하청업체에 도급·위탁하는 방식인 소위 '위험의 외주화'의 구조 하에서 원청과 하청 소속 근로자 사이의 실질적인 지휘·감독 관계를 규명하여 원청 역시 안전사고에 있어 책임자임을 확인하였고, 원·하청의 대표이사들이 유사한 안전사고가 빈발하여 안전사고의 근본적인 해결을 위해 대표이사의 역할이 요구되는 상황 속에서 사고 발생의 위험성을 인식하였음에도 아무런 조치를 위하지 않고 방치하였다고 판단하였다.

특히 원청 대표이사에 대해 산업안전보건법에서 정한 안전조치를 취하지 아니하고, 업무상 주의의무를 위반하여 피해자로 하여금 안전조치가 미비된 컨베이어벨트에서 점검 작업을 하도록 하여 벨트 및 아이들러(롤러)에 신체가 협착되어 사망에 이르게 하였다고 업무상과실치사, 산업안전보건법위반죄로 기소하였다.

3. 법원의 판단

재판 결과 하청업체 대표이사는 유죄가 선고되었으나, 원청회사 대표의 업무상과실치사와 산업안전보건법위반죄에 대해서는 1심에 이어 2심에서도 무죄가 선고되었고, 현재 대법원에서 재판 계속 중이다.[184]

법원은 "원청 업체는 안전보건관리 계획 수립과 작업환경 개선에 관한 사항을 지역 발전소 발전본부에 위임했고, 태안발전본부 내 설비와 작업환경까지 점검할 주의 의무는 없다"고 하였다.

물론, 전국적으로 여러 사업장 또는 현장을 두고 있는 경우 본사의 대표이사 등 경영진에게 지역 사업장에서 발생한 사고에 대해 안전보건조치의무 위반을 물을 수 있는지 의문을 제기할 수 있다. 그러나, 태안화력발전소의 경우

---

184) 대전지방법원 서산지원 2022. 2. 10. 선고 2020고단809 판결; 대전지방법원 2023. 2. 9. 선고 2022노462 판결.

이 사고 발생 1년 전에 같은 장소에서 동일한 사망사고가 발생하였고, 이전 사고 당시 대표이사가 현장에서 사망사고 원인 및 대책을 보고받았으며, 노동재해의 예방을 위한 개선 및 대책 수립 관련 예산 편성권한이 대표이사에게 있었던 점, 안전보건 경영 기본계획 수립시 지역 발전본부가 아닌 본사가 회사 전체 안전보건관리총괄책임자로 지정되는 점 등에 비추어 경영책임자인 원청회사 대표이사에게도 산업안전보건법위반에 대한 책임을 물을 수 있다고 생각한다.

항소심 단계이지만 법원의 입장에 의하면 산업안전보건법위반의 책임을 물을 수 없으므로 중대재해처벌법위반죄도 인정하기 어려워 보인다. 그러나 중대재해처벌법이 법인의 대표이사가 안전보건관리책임자 등에게 안전보건에 관한 책임을 위임함으로써 노동재해에 대한 책임을 회피하는 것을 방지하기 위한 반성적 고려에서 중대재해처벌법이 제정된 점을 고려할 때 동일한 사고가 발생할 경우 중대재해처벌법위반죄에 대한 책임을 면하기 어려워 보인다.

제6절 이천시 물류창고 화재사건

1. 개요

끼임이나 추락사고와 달리 폭발, 화재의 경우 대규모 사상자가 발생하여 큰 피해가 발생한다. 아파트, 상가 건축과 달리 물류창고는 건축법상 내화구조와 방화벽 설치의무가 다소 완화되어[185] 연면적 1천 제곱미터 이상인 건축

---

185) 건축법 제50조(건축물의 내화구조와 방화벽) ① 문화 및 집회시설, 의료시설, 공동주택 등 대통령령으로 정하는 건축물은 국토교통부령으로 정하는 기준에 따라 주요구조부와 지붕을 내화(耐火)구조로 하여야 한다. 다만, 막구조 등 대통령령으로 정하는 구조는 주요구조부에만 내화구조로 할 수 있다.
② 대통령령으로 정하는 용도 및 규모의 건축물은 국토교통부령으로 정하는 기준에 따라 방화벽으로 구획하여야 한다.

물만 방화벽으로 구획하게 되어 있다. 따라서 기업은 건축비 절감 등을 위해 화재에 취약한 판넬 등으로 벽을 세우는 경우가 있고, 건축 과정에서 용접 등으로 인해 화재가 발생하면 급속도로 번져 대규모 재해가 발생하는 경우가 있었다. 또한 신축 현장은 스프링클러, 소화전 등 소방시설도 갖추기 전이므로 화재가 발생하면 초기 진화가 어렵고, 비상구 등도 갖추어지지 않은 상황이라 노동자들이 대피하기도 쉽지 않다.

신축 공사 현장에서 화재가 발생하면 진화도 쉽지 않아 대부분 전소하게 되고 화재 원인도 밝혀지지 않는 경우가 있다. 이 사건도 산업안전보건법위반으로 검찰이 기소하였으나, 화재 원인이 밝혀지지 않아 책임을 물을 수 없게 된 사례이다.

2. 사건의 경과

2020. 4.경 이천시 물류창고 신축현장에서 화재가 발생하여 38명이 사망하는 참혹한 사고가 발생하였다. 검찰은 화재가 냉동냉장설비 하청업체, 시공사, 감리 등의 사전작업계획 미수립, 방호조치 미실시, 화재감시자 미배치, 임시소방시설 미설치 및 발주자의 비상구 폐쇄 등 총체적인 안전관리 부실을 확인한 후 하청업체, 시공사, 감리 등 8명을 구속 기소하였다. 특히, 냉동냉장설비인 유니트쿨러 용접작업이 우레탄폼이 도포된 천장과 근거리에서 이뤄지던 중 용접불꽃에 의해 우레탄폼이 연소되어 화재가 발생한 사실이 확인되었다고 발표하였다.

검찰은 시공사 현장소장, 담당 부장을 포함하여 하청업체 현장소장 등을 구속하고, 발주처 담당팀장(상무)도 불구속 기소하면서, 발주처가 냉동창고 신축 과정에서 결로를 막겠다는 이유로 화재 대피로 폐쇄 결정을 내린 것이 사망의 원인이 되었다고 보았다.

3. 법원의 판단

법원도 1심에서는 발주처 담당팀장에게 과실이 있다고 보아 실형을 선고하였으나, 항소심에서는 개정 전 산업안전보건법에 따르면 발주처는 안전조치 의무를 감리회사에 넘겼고, 대피로 폐쇄 결정은 발주자 권한 내에 있는 설계 변경으로 보이지만, 대피로 폐쇄 결정 자체보다는 그 폐쇄가 위험작업 완료 이전에 이루어진 것이 문제된다면서 설계 변경에 대해 발주처가 시공이나 개별 작업에 대해 구체적 지시를 했다고 보긴 어렵다며 발주처 담당팀장에게 무죄를 선고하였다.[186]

이 사건에서 검찰은 다소 이례적으로 공사를 발주한 회사의 임원도 대피로 폐쇄 결정을 하였다는 이유로 화재 예방 및 대피에 관한 업무상과실치사로 기소하였다. 만일 대피로가 폐쇄되지 않았다면 희생을 막을 수 있었다는 판단이었으나, 2심 법원은 대피로 폐쇄 결정 자체가 위법하지 않았고, 폐쇄 여부를 구체적으로 지시하였다고 볼 수 없다고 판시하였다.

그 밖에 시공사 현장소장 등에 대해서도 징역 3년 6월 등 유죄를 선고하였으나, 하청업체 현장소장, 재하청업체 운영자, 작업보조자에게는 무죄를 선고하였다. 이 사건 재판에서 화재원인에 대한 공방이 벌어졌고, 애초 수사기관에서 지하 2층 냉각기 용접작업이 화재 원인으로 보았으나 재판 과정에서 다른 층에서도 용접작업이 이루어졌고, 화염 진행 패턴에 의할 때 지하 2층 용접작업이 직접적인 원인이라고 볼 수 없다고 하였다. 이로 인해 하청업체 현장소장, 작업보조자에게는 무죄가 선고되었다.

이 사건은 정확한 화재원인이 밝혀지지 않아 실체 규명에 어려움이 있었고, 이로 인해 사건 초기 참사 원인 제공자로 지목된 발주처에 대해 무죄가 선고되었다.

만일 중대재해처벌법이 시행되었다면 건설공사발주자도 도급인처럼 책임을 물을 수 있었을 것이다. 건설공사발주자는 산업안전보건법 제2조제10호에 의하면 건설공사를 도급하는 자로서 건설공사의 시공을 주도하여 총괄·관리하지 아니하는 자를 말하므로, 산업안전보건법상 도급인의 책임을 묻지는 않

---

186) 수원지방법원 여주지원 2020. 12. 29. 선고 2020고단802 판결; 수원지방법원 2021. 7. 16. 선고 2021노260 판결; 대법원 2021. 11. 25. 선고 2021도10383 판결.

을 것이지만¹⁸⁷⁾ 발주자가 그 건설사업을 총괄하는 권한과 책임이 있다면 중 대재해처벌법의 적용대상이 될 수 있다.

기업 실무자로서는 공사를 발주할 경우 시공사와의 관계, 설계 변경의 권한과 절차, 세부 공정에 대한 지휘 권한 유무 등을 공사 계약에 명백히 해놓아야 할 것이다.

이 사건은 특히 정확한 화재원인이 법정에서 끝내 밝혀지지 않았다. 화재 등 대형참사가 발생한 경우 그 원인에 대한 조사도 신속하게 이루어져야 한다. 수사기관이나 노동청에서 현장에서 원인을 조사하지만 기업에서도 목격자 확보, 초기 현장 사진 촬영 등을 통해 사고 원인을 알 수 있도록 대비하여야 한다. 사고 원인이 명확하게 밝혀질 경우 재발방지도 할 수 있을 뿐 아니라 발주처, 원청, 하청 업체 등의 책임 소재를 명확히 하여 불필요한 사법 비용을 줄일 수 있게 될 것이다.

제7절 광주 아파트 붕괴사건

1. 개요

1970. 마포 와우아파트 붕괴, 1994. 성수대교 붕괴, 1995. 삼풍백화점 붕괴 등 충격적인 붕괴사고가 있었다. 붕괴사고와 같이 후진적 사고가 더는 일어나지 않을 줄 알았으나, 2022. 1.경 대기업에서 건설 중인 아파트가 붕괴되는 사고가 발생하였다. 입주 전 콘크리트 양생 과정에서 발생한 사고로 시민들이 피해를 입지 않았으나, 하청업체 노동자가 6명이나 사망하는 큰 재해가 발생하였다.

과거 붕괴사고는 건물이 완공되어 사용 중에 부실시공 내지 관리소홀로 인

---

187) 산업안전보건법 제67조에서 건설공사발주자의 산업재해 예방조치를 규정하고 있으나, 위반시 동법 제175조제1항에 따라 5천만원 이하의 과태료에 불과하다.

해 발생한 것이지만 이번 아파트 붕괴사고는 공사기간 단축을 위한 무리한 작업, 콘크리트 양생 부실 관리가 원인이었다. 아파트 건축의 경우 입주기한이 있고 분양자들이 조속한 입주를 희망하여 무리한 공사가 진행된다. 또한 공사기법의 발달로 골조 및 콘크리트 타설은 거의 하루에 한 층 이상씩 올리는 속도이며, 아래 층 콘크리트 타설시 받쳐놓았던 동바리를 철거하여 위층에 콘크리트 타설 후 받치는 등 안전에 위협을 가할 요인이 다수 있어 보인다.

현재 우리나라 건축의 대부분을 차지하는 습식건축을 대체하여 미리 완성된 구조물을 조립하는 방식으로 아파트를 건축하는 건식공법을 점차 확대하는 방안도 재해 예방에 도움이 되지 않을까 생각한다.

2. 사건의 경과

2022. 1. 광주 화정동에서 신축 중인 아파트 23~39층 건물이 붕괴되어 6명이 사망하는 사고가 발생하였다. 이 사건은 중대재해처벌법 시행 보름 전에 발생하여 세간의 주목을 받기도 하였다.

검찰, 경찰, 노동청은 수사반을 구성하여 시공사, 하청업체, 감리업체 등에 대한 수사 후 시공사 본사 임원 2명, 현장 임원 3명 등을 포함하여 총 21명을 재판에 넘겼다.

검찰은 시공사 현장소장, 하청업체 등 현장 관계자 기소 이후 시공사 본사에 대한 수사를 진행하여 시공사 본사의 사장 및 건설본부장을 업무상과실치사, 건설기술진흥법위반 등 혐의로 불구속 기소하였다.

기존 하청업체 등 현장관계자에 대해서 ① 구조검토 없이 설계 하중에 영향을 미치는 데크 플레이트와 콘크리트 지지대 설치, ② 39층 바닥 타설 시 하부 3개층 동바리 철거, ③ 콘크리트 품질·양생 부실 관리의 업무상 과실이 있다고 보았다.

추가 수사를 통해 검찰은 시공사(원청) 본사 사장 및 건설본부장이 현장에 품질관리자를 법정인원보다 적게 배치하거나 다른 업무를 겸직시킴으로써 콘크리트 품질시험이 제대로 이루어지지 않게 하고, 안전관리계획 이행을 제대로 관리·감독하지 않아 현장에서 안전관리 조직을 구성하지 않고 자체안전

점검도 실시하지 않아 이 사건 사고원인인 '구조검토 없는 구조변경, 동바리 무단 철거, 콘크리트 품질·양생 부실 등'을 유발하여 6명이 사망하는 사고가 발생하였다고 판단하였다.

다만, 시공사의 책임과 관련하여 시공사의 규모(시공능력평가 10위 이내), 현장의 관리 감독 체계, 시공사의 구체적 지시 여부 등에 비추어 위 현장이 시공사가 실질적으로 지배 운영 관리하는 사업장으로 볼 수 있을지 다소 의문이고 현재 1심에서도 이 부분이 치열하게 다투어지고 있다.

제8절 중대재해처벌법위반 사건 법정 구속 사례

1. 개요

중대재해처벌법 시행이 1년을 지나면서 최근 중대재해처벌법위반으로 기소되는 사례가 늘어나고, 법원의 선고도 이어지고 있는 가운데, 2023. 4. 26. 창원지방법원 마산지원은 중대재해처벌법위반 사건에 관하여 처음으로 경영책임자인 피고인에게 실형을 선고하고 법정구속을 하였다.[188] 해당 사건은 2023. 4. 6. 선고된 중대재해처벌법위반사건 첫 판결[189]에 이어 두 번째로 선고된 사건인데, 첫 판결에서는 피고인에게 집행유예가 선고되었으므로, 처음으로 실형이 선고된 판결이라고 할 수 있다.

2. 사건의 경과

피해자는 A제강 하청업체의 소속 근로자로서 철제 방열판 보수 작업을 진행하던 중 방열판에 연결된 섬유벨트가 끊어져 방열판이 낙하하면서 피해자

---

188) 창원지방법원 마산지원 2023. 4. 26. 선고 2022고합95 판결.
189) 의정부지방법원 고양지원 2023. 4. 6. 선고 2022고단3254 판결.

를 덮쳐 피해자의 왼쪽 다리가 방열판과 바닥사이에 협착되어 응급실에서 치료 중 실혈성 쇼크로 사망하였다.

하청업체 대표인 피고인 1은 피해자의 사업주로서 중량물 취급 작업에 관한 작업계획서를 작성하지 아니하고 손상된 섬유벨트를 사용하도록 하는 등 안전보건조치의무를 위반하였고, 원청업체 대표인 피고인 2는 경영책임자 겸 안전보건총괄책임자로서 안전보건관리책임자인 하청업체 대표가 하청업체 근로자의 중량물 취급 작업에 관한 작업계획서를 작성하였는지 점검하지 않았고(안전보건조치의무 위반), 안전보건관리책임자 등이 업무를 충실히 수행할 수 있도록 평가하는 기준을 마련하거나, 도급 등을 받는 자의 산업재해 예방을 위한 조치능력과 기술에 관한 평가기준이나 절차를 마련하는 등 안전보건 관리체계의 구축 및 그 이행에 관한 조치를 전혀 하지 않았다(안전보건 확보의무 위반).

한편, 위 사고 이후 사업장에 대하여 실시된 중대재해 발생 사업장 감독에서 총 21개의 안전조치 및 보건조치 불이행 사항이 적발되었다.

검찰은 하청업체 대표를 산업안전보건법위반죄 및 업무상과실치사죄로, 원청업체 대표를 산업안전보건법위반죄, 업무상 과실치사죄 및 중대재해처벌법위반(산업재해치사)죄로, 원청업체를 산업안전보건법위반죄 및 중대재해처벌법위반(산업재해치사)죄에 관하여 양벌규정에 따라 기소하였다.

3. 법원의 판단

피고인들 모두가 공소사실을 인정하였으므로, 재판의 쟁점은 산업안전보건법위반죄 및 업무상 과실치사죄와 중대재해처벌법위반죄 상호간의 죄수문제190)와 중대재해처벌법에 따른 경영책임자(원청업체 대표)에 대한 양형판단 문제로 귀결되었다.

법원은 안전조치의무위반치사로 인한 산업안전보건법위반죄 및 업무상과실치사죄와 중대재해처벌법위반(산업재해치사)죄 상호간의 죄수는 모두 상상

---

190) 검사는 산업안전보건법위반죄와 업무상과실치사죄는 상상적 경합으로, 위 두 죄와 중대재해처벌법위반죄 상호간은 실체적 경합으로 공소를 제기하였다.

적 경합관계에 있다고 판단하였다. 즉, 각각의 의무위반행위를 하나의 동일하고 단일한 행위로 평가하여, 1개의 행위가 여러 개의 죄에 해당하는 경우로서 형법 제40조에 따라서 가장 중한 죄(중대재해처벌법위반죄)에 정한 형으로 처벌하였다.

특기할만한 점은 경영책임자인 원청업체 대표에 대하여 징역 1년 실형을 선고하였다는 점이다. 원청업체 대표는 2011.경에 검찰청-고용노동부 합동점검에서 안전조치의무위반 사실이 적발되어 벌금형 처벌을 받았고, 2020. 12.경 부산지방고용노동청 창원지청의 사고 예방 감독에서 안전조치의무위반 사실이 다시 적발되어 벌금형 처벌을 받았으며, 심지어 2021. 5.경 사업장에서 산업재해 사망사고가 발생하여 2022. 5. 1심에서 징역 10개월에 집행유예 2년을 선고받고, 2023. 2. 항소심에서 벌금 1,000만원으로 감형되었다.

그럼에도 다시 유사한 사고가 발생하자 법원은 원청업체 대표에 대해 A제강 사업장에 근무하는 근로자 등 종사자의 안전권을 위협하는 구조적 문제가 있고, 2022. 1. 27. 중대재해처벌법이 시행되었음에도 경영책임자로서 안전보건 확보의무를 제대로 이행하지 않았다는 이유로 징역 1년의 실형을 선고하였다.

그 외 하청업체 대표에 대하여는 산업안전보건법위반죄 및 업무상과실치사죄를 인정하여 징역 6개월, 집행유예 2년과 사회봉사 40시간을 선고하였고, 원청업체 A제강에 대해서는 양벌규정에 따라 벌금 1억원을 선고하였다.

4. 시사점

위 사건에서 보는 바와 같이, 중대재해처벌법의 입법목적과 제정경위를 고려하면, 종래보다 경영책임자에게 훨씬 강력한 의무가 부과되고 그에 따라 처벌수위도 높아질 수밖에 없다. 기업실무자로서는 중대재해처벌법 시행 이후 기업에서 마련한 안전보건 조치에 대한 내역을 점검하고, 새로이 만든 대책이나 제도는 그 내용을 정확하게 근로자들에게 전달하여야 한다.

실형이 선고되었다는 결과만 가지고 기업들이 중대재해처벌법에 대한 두려움을 가질 필요는 없다. 중대재해처벌법은 기업 대표를 엄벌에 처하자는 것이 아니라 안전보건 확보의무를 더욱 제대로 하라는 취지이다. 안전보건 확보의무를 제대로 조치하고, 그 조치 내역을 잘 정리하여 놓고, 항상 노동재해가 발생하지 않도록 전 직원이 주의한다면 중대재해처벌법이 적용될 여지는 없을 것이다.

비록 안전보건 확보의무가 다소 막연하나, 중대재해처벌법 시행령, 시행규칙이나 산업안전보건법 시행령, 시행규칙을 참고하여 자신의 사업장에 해당하는 안전조치를 이행하고 근로자들에게 주의를 환기시키는 등 노력을 기울이면 된다.

실무자 입장에서 근로자들에 대한 교육을 실시하면 건성으로 듣거나 아무런 반응이 없는 경우도 볼 수 있다. 하지만 교육 내용을 전부 숙지하라는 것이 아니라, 안전하게 작업을 해야 한다는 취지만 전달된다면 그 교육은 절반 이상은 성공한 것이다.

건설현장에서 작업 시작 전 반장이나 상급자가 근로자들에게 5분만 안전에 대한 주의를 주고, 안전장비를 점검하면 그 자체도 좋은 교육이 되고 재해 예방에 도움이 될 것이다.

안전보건 확보의무는 기업에 부담이 되는 것이 아니라 노동재해를 절감하여 오히려 기업의 비용을 줄이고 생산성을 향상시킬 수 있다.

기업의 목적은 이윤 창출이지만 이윤 창출도 더욱 인간답게 살기 위한 것인데, 노동재해가 빈발하면 인간답게 살수 없게 된다. 인간의 생명권은 어느 무엇과도 바꿀 수 없는 존귀한 것이고, 한 사람의 생명은 전 우주와도 바꿀 수 없을만큼 소중한 존재이므로 기업 실무자들도 노동재해로 인한 생명권 위협을 줄이기 위한 각고의 노력을 해야 한다.

저자 소개

최창민

사법시험 제42회 합격, 사법연수원 제32기

인천인제고등학교 졸업, 서강대학교 법학과 및 동대학원 졸업(법학석사), CAL STATE LA visiting
    scholar

서울중앙지방검찰청 검사

대검찰청 공안수사지원과장

서울중앙지방검찰청 공공수사 제1부장검사

현) 법무법인 인화 형사총괄 변호사

김영진

사법시험 제42회 합격, 사법연수원 제32기

경복고등학교 졸업, 서강대학교 법학과 졸업

북한이탈주민법률지원단 변호사

서울지방변호사회 청년변호사평의회 의원

현) 법무법인 인화 대표변호사

방정환

사법시험 제40회 합격, 사법연수원 제30기

서울선덕고등학교 졸업, 경희대학교 법과대학 및 동대학원 졸업(법학박사)

경희대 법학전문대학원 겸임교수

서울특별시의회 법률고문

현) 법무법인 인화 대표변호사

최경섭

사법시험 제45회 합격, 사법연수원 제35기

서울재현고등학교 졸업, 경희대학교 법과대학 졸업

전국노동상담소 자문위원

국토해양부 정보공개심의위원

현) 법무법인 인화 경영총괄변호사

노동재해실무

초판발행	2023년 9월 25일
지은이	최창민·김영진·방정환·최경섭
펴낸이	안종만·안상준
편 집	장유나
기획/마케팅	조성호
표지디자인	이영경
제 작	고철민·조영환
펴낸곳	(주) **박영사**
	서울특별시 금천구 가산디지털2로 53, 210호(가산동, 한라시그마밸리)
	등록 1959. 3. 11. 제300-1959-1호(倫)
전 화	02)733-6771
f a x	02)736-4818
e-mail	pys@pybook.co.kr
homepage	www.pybook.co.kr
ISBN	979-11-303-4503-1 93360

정 가	24,000원